DAS BLV
BONSAI
HANDBUCH

W0052305

DAS BLV
BONSAI
HANDBUCH

Harry Tomlinson

Ein Dorling Kindersley-Buch

BLV Verlagsgesellschaft mbH
München Wien Zürich
80797 München

Titel der englischen Originalausgabe:
POCKET ENCYCLOPEDIA OF BONSAI

Übersetzung aus dem Englischen: Krista Leach
Lektorat: Barbara Kiesewetter
Satz und DTP: Studio Pachlhofer, Tirol
Einbandgestaltung: Studio Schübel, München

Printed in Singapore · ISBN 3-405-14850-2

Inhalt

Einleitung

Niemand, der dieses Buch gelesen und sich an den Illustrationen erfreut hat, wird die Bedeutung des Wortes »Bonsai« nicht kennen; es gibt allerdings Menschen, die diesen Begriff mißverstehen – manche glauben, Bonsai sei eine Art kriegerische Kunst, andere halten Bonsai sogar für eine langhaarige Hunderasse.

Die Bedeutung von Bonsai

Bonsai kommt aus dem Japanischen und beschreibt einen Baum oder Strauch, der in eine flache Schale gepflanzt und so gestaltet wird, daß er einem normal großen Baum gleicht. »Bonsai« besteht aus zwei japanischen Wörtern: »bon« bedeutet flache Schale oder Tablett, »sai« Pflanze oder Pflanzung. Das zusammengesetzte Wort »Bonsai« umfaßt jedoch viel mehr als die wörtliche Übersetzung. Es ist die Verbindung von künstlerischem Ausdruck und natürlicher Wirkung, die einen Bonsai von einem Baum, der lediglich in einen Topf gepflanzt wurde, unterscheidet.
Ihr Ziel als Bonsaigestalter ist die idealisierte Wiedergabe der Natur; ihr liegt das sorgfältige Studium der Bäume in der Natur zugrunde. Sie sollten jedoch nicht versuchen, ein zu genaues Abbild der Natur zu schaffen und exakt nachzugestalten. Bemühen Sie sich stattdessen, einen Eindruck davon zu vermitteln, wie der Baum in seiner natürlichen Umgebung wächst.
Bonsai kann Ihre künstlerischen Neigungen besser ausfüllen als beispielsweise die Malerei, Fotografie, Töpferei oder Holzschnitzerei. Denn die Gestaltung von Bonsai bedeutet immer Wachstum und Veränderung. Diese einzigartige

Eine Landschaft, die sich immer wieder ändert
Farbe zu allen Jahreszeiten liefert diese Pflanzung auf einem Tuff-Felsen:
Japanische Mädchenkiefer, roter Ahorn 'Deshojo', eine rosafarbenen Azalee
und eine Quitte, eine niedrigwachsende *Acaena* sowie Heidekraut und Moos.

Englische Miniaturlandschaft
Die Sammlung des Autors, auf Regalen in seiner Baumschule ausgestellt, spiegelt die natürliche Schönheit
      und Vielfalt der englischen Landschaft wieder.

Kombination von Kunst und Gartenbau befriedigt die Liebe zur Natur, besonders die zu Bäumen. Sie können sich am Wechsel der Jahreszeiten erfreuen, selbst wenn Sie in der Stadt wohnen. Wenn Sie Bäume mit Felsen und anderen Pflanzen kombinieren, können Sie außerdem noch wunderbare Miniaturlandschaften schaffen.

Bonsai für alle

Viele Fachleute sind der Meinung, daß Bonsai eine geheimnisvolle Kunst oder Disziplin sei, die jahrelanger Übung bedarf, um ansehnliche Ergebnisse zu erzielen. In Wahrheit kann jedoch jeder erfolgreich Bonsai gestalten.

Dazu sind allerdings eine gewisse Hingabe und auch Enthusiasmus nötig. Sie werden außerdem entdecken, daß mit Ihrer Erfahrung die Qualität Ihrer Gestaltungen wächst. Bonsai macht Freude, weil man es auf verschiedenen Ebenen – je nach Interesse und Fertigkeiten – ausüben kann; als eine schöne Kunst, als besondere Form des Gärtnerns, als eine leidenschaftliche Passion oder als Hobby.

Die Bandbreite der Bonsai-Liebhaber reicht von solchen, die nur einen oder zwei liebevoll aufgezogene Bäume besitzen bis zu jenen, die hingebungsvolle Gestalter sind und dank ihrer künstlerischer Fähigkeiten große Sammlungen von außergewöhnlichen Bäumen aufbauen.

Gegensätzliche Stimmung und Stilart
Die Fülle der Blüten der Satsuki-Azalee 'Kaho' (Bild oben) erzielt einen ganz anderen Effekt als die kräftige, aber etwas düster wirkende Gruppe japanischer Zwergzedern auf einem ausgehöhlten Tuff-Felsen.

Die Kunst des Bonsai lernen

Dieses Buch ist als praktisches Nachschlagewerk sowohl für Anfänger als auch für Experten gedacht. Es erklärt die Ursprünge und Entwicklungen von Bonsai (Seite 14–35) und beschreibt die Grundsätze dieser faszinierenden Kunst. Genaue Einzelheiten der fünfzehn klassischen Stilarten, in denen Bäume und Sträucher gestaltet werden können sowie ihre Vorbilder in der Natur werden auf den Seiten 116–121 beschrieben. Die Fotos zeigen hervorragende Beispiele der verschiedenen Stilarten.

Im Kapitel »Bonsai-Baumarten von A–Z« (Seite 36–113) findet der Leser Porträts über Kultivierung und Formgebung verschiedener Pflanzen.

Jedes Beispiel ist mit einem Farbfoto illustriert und mit Anmerkungen versehen, um die charakteristischen Merkmale zu erklären. Dieses Verzeichnis wird durch ein Lexikon über Bäume und Sträucher, die man als Bonsai ziehen kann, ergänzt (Seite 184–209). Es enthält alle wichtigen Einzelheiten von mehr als 300 geeigneten Pflanzen, z. B. wie man einen Bonsai aus Samen, Stecklingen oder Baumschulpflanzen zieht. Dabei werden die Grundtechniken des Schneidens und Drahtens mit Hilfe von Illustrationen exakt erklärt; Informationen zu Werkzeugen und Schalen finden Sie auf den Seiten 122–129.

Die »Schritt für Schritt«-Pläne auf den Seiten 136–161 zeigen, wie vollendete Bonsai aus Rohmaterial gestaltet werden. Wenn Sie diesen Anleitungen folgen, sollten Sie in der Lage sein, in kurzer Zeit recht gute Ergebnisse zu erzielen. Wenn Sie eine Pflanze in einer Baumschule kaufen und sie in Form schneiden, können Sie sogar in kurzer Zeit einen Bonsai formen.

Dies ist allerdings nur der Anfang. Allmählich werden Sie, wie alle Künstler und Handwerker, mehr Geschicklichkeit erzielen und lernen, wie Sie Ihren Bonsai verfeinern und verbessern. Im Kapitel über Pflegemaßnahmen (Seite 170–183) erfahren Sie, wie Sie Ihre Bonsai gesund erhalten und das Kapitel über Vermehrung (Seite 162–169) zeigt, wie Sie Pflanzen vermehren und Ihren Bestand vergrößern können.

Wie weit Sie die Bonsaikunst betreiben, hängt von Ihrem Interesse und Ihrer Hingabe ab, auch von der Tatsache, wieviele Mühe Sie darauf verwenden, etwas über Bonsai zu lernen – etwa wie man sie gestaltet und verfeinert. Entscheidend ist auch, wieviel Zeit Sie für die routinemäßige Pflege haben. So wie ein Bonsai im Laufe der Zeit reifer und besser wird, so wird auch Ihre Freude und Befriedigung an Bonsai wachsen. Die Zahl der Bonsai, die Sie sammeln, ist nur eine Frage des Platzes, den Sie zur Verfügung haben. Die Anzahl der Gestaltungen wiederum ist nur eine Frage Ihres Vorstellungsvermögens und Ihres Geldbeutels. Eine Warnung sei hier noch ausgesprochen: Bonsai schaden nicht Ihrer Gesundheit (es sei denn, Sie lassen ein großes Exemplar auf Ihre Zehen fallen oder Sie kommen mit Ihren Fingern der Schere zu nahe). Die Liebe zu Bonsai kann und wird aber zur totalen Leidenschaft werden – eine Tatsache, die die meisten Bonsai-Enthusiasten nur zu gern auf sich nehmen.

Natur als Inspiration für Kunst
Die vom Frost überzogene Landschaft läßt die ausgehöhlten Eichen und schlanken Birken unheimlich wirken, während Frühnebel (siehe kleines Bild) die großen schottischen Kiefern in stimmungsvolles Licht taucht.

DIE BONSAI-KUNST

KAPITEL 1

Ein Bonsai verändert sich ständig, sowohl in den
Jahreszeiten als auch im Lauf der Jahre, in denen er
wächst und heranreift. Man kann ihn nie als
»fertig« bezeichnen, denn es besteht immer die
Möglichkeit, ihn noch zu verbessern. Die hinteren
Kapitel dieses Buches beinhalten die Einzelheiten über
Gestaltung und Pflege, dieses Kapitel vermittelt
den allgemeinen Hintergrund. Es beschreibt sowohl
die fernöstlichen Ursprünge als auch die Traditionen,
auf denen die Arbeit moderner Bonsai-Künstler beruht.
Weiter werden die Kriterien beschrieben, nach
welchen man Bäume und Sträucher für Bonsai
aussucht und die verschiedenen Quellen, wo Sie
Pflanzenmaterial erhalten können.
Es wird immer wieder betont, wie wichtig es ist, die
Natur als Wegweiser für die Gestaltung von Bonsai zu
studieren. Die Grundelemente der Bonsai-Gestaltung
(z. B. die Anordnung der Äste, der Stammverlauf,
die beste Ansicht, die Größe) werden ebenfalls definiert.
Die Freude, die Bonsai während der verschiedenen
Jahreszeiten vermitteln, zeigen die farbenfrohen Bilder.
Zum Schluß gibt es einige Hinweise, wie Sie Ihre
Bonsai zu Ihrem eigenen und zum Vergnügen
anderer präsentieren können.

Eine Bonsai-Präsentation
Jeder Baum dieser Bonsai- Sammlung kann in seiner Gesamtheit
betrachtet werden, weil verschiedene Ebenen vorhanden sind.
Die Ständer und Zäune aus Holz und die Keramikschalen
verstärken das natürliche Aussehen der Bäume.

Kreativität bei der Kultivierung

Der Bonsai-Liebhaber muß künstlerische Fähigkeiten haben, ähnlich denen eines Bildhauers oder Malers, vereint mit der Liebe zur Natur und zu Pflanzen. Obwohl Bonsai eine Kunstform ist, ist sie doch einzigartig unter den Arten künstlerischer Ausdrucksformen, denn sie schließt das Element Zeit mit ein. Das Aussehen des Baumes ändert sich dauernd auf natürliche Weise sowohl durch sein Wachstum als auch durch das Fortschreiten der Jahreszeiten. Ein klassischer Bonsai besteht zu 90 % aus Kunst und zu 10 % aus gärtnerischem Können. Dieses gärtnerische Geschick ist notwendig, um den Baum am Leben zu erhalten, damit er wächst und das Werk Gestalt annimmt.

Man muß sowohl künstlerische als auch gärtnerische Fähigkeiten besitzen. Nicht alle Bonsai-Liebhaber sind erfahrene Gärtner – manche kommen mit nur geringem Wissen über das Kultivieren von Pflanzen zur Kunst, sammeln aber mit der Zeit gärtnerische Erfahrung, indem sie ihre Bäume täglich gießen, düngen und pflegen. Andere Bonsai-Liebhaber kennen sich mit der Pflanzenzucht aus, haben aber anfangs wenig Vertrauen in ihr künstlerisches Talent. Sie sind sehr geschickt, geeignetes Material für Bonsai zu beschaffen und die Bäume im besten Zustand zu erhalten. Während dieses Prozesses lernen sie allmählich auch die kreativen Aspekte der Bonsai-Gestaltung.

Natürliche Schönheit
Ein Bonsai verkörpert alle Eigenschaften eines Baumes während der Jahreszeiten – allerdings in Miniaturform. Dieser Ahorn, *Acer palmatum* 'Dissectum atropurpureum', trägt Laub, das sich im Frühling in grünlichem Purpurrot entfaltet. Im Sommer wird das Laub tiefpurpurrot und im Herbst orangefarben. Im Winter zeigt der unbelaubte Baum seine elegante Struktur.

Wirklichkeit und Täuschung

Oft werden die Bonsai-Techniken mißverstanden und es wird geargwöhnt, daß dieser Art von Kultivierung etwas unnatürliches anhafte oder daß es ein Vorgang sei, bei dem Bäume an ihrer Entwicklung gehindert oder beschädigt würden. Ein Bonsai ist selbstverständlich, verglichen mit einem großen Baum im Garten oder in der freien Natur, sehr klein. Dieses Kleinsein ist jedoch nicht das Wesentliche, es macht nur den Vorgang der Kultivierung viel einfacher. Besser ist es, Bonsai mit der Art und Weise zu vergleichen, in der Bäume und Pflanzen im Garten gezogen werden. Ein Obstbaum kann zum Spalier geschnitten, eine Rose oder Fuchsie zum Hochstamm gezogen werden, Immergrüne werden oft zu Formbäumen getrimmt usw. Bei Bonsai schneiden und gestalten Sie so, daß der Baum seine natürliche Schönheit zeigt und seine Ähnlichkeit mit einem lebenden, gesunden Baum behält.

Waldlandschaft
Diese Gruppe japanischer Lärchen, *Larix kaempferi*, wurde nach 18 Jahren Kultivierung durch zusätzliche Bäume erweitert, um die Perspektive und die Tiefenwirkung zu erhöhen und um den Eindruck eines natürlichen Dickichts zu verstärken.

Wechsel der Jahreszeiten
Im Herbst löst lebhaftes Gelb (links) das leuchtende Grün der Nadeln im Sommer ab (oben).

Bonsai-Tradition

Die Bonsai-Kunst wird üblicherweise mit Japan in Verbindung gebracht, sie entstand jedoch in China. Die Idee, Bäume in Töpfen zu ziehen, kam möglicherweise schon viel früher aus Indien dorthin. Die Japaner haben Bonsai im 8. Jahrhundert als Kunstform übernommen, zu einer Zeit, zu der sie von der chinesischen Kultur sehr beeinflußt waren. Zeichnungen auf Papierrollen aus dem 13. Jahrhundert zeigen Bäume in Töpfen, die wie Bonsai aussehen. In späteren chinesischen und japanischen Büchern und Gemälden gibt es viele Hinweise auf diese Kunst. In den fernöstlichen Kulturen bringt Kunst Ordnung in das Alltagsleben. Das Leben ist von genauen Richtlinien bestimmt. Bonsai paßt vorzüglich in diesen künstlerischen Rahmen aus Schönheit und Genauigkeit.

Die japanische Stilrichtung

Die künstlerischen Regeln und gärtnerischen Methoden bei Bonsai haben ihren Ursprung in der Geschichte Japans. Während der langen Jahrhunderte, in denen sich die Bonsai-Kunst dort entfaltete, herrschten zu verschiedenen Zeiten unterschiedliche Vorlieben. Lange waren Kiefern und Bambus das traditionelle Material für Bonsai, und reich blühende Bäume waren Gegenstand der allerersten Beschreibungen. Später wurden dann auch wunderbar blühende Sträucher, wie beispielsweise Azaleen, zu Bonsai gestaltet. Im 17. Jahrhundert, also relativ spät, kamen japanische Ahorn-Arten hinzu.

Die westliche Stilrichtung

In Europa, Amerika und Australien fand Bonsai erst im 20. Jahrhundert reges Interesse. Die westliche Tradition von Bonsai basiert auf dem japanischen Wortschatz und der japanischen Einteilung der Stilarten. Die meisten Werkzeuge und Schalen werden aus Japan importiert. Interessen und Erfahrungen westlicher Bonsai-Liebhaber sind vielfältig. Klima, Wachstumsbedingungen und die Verfügbarkeit der Bäume sind sehr unterschiedlich. Deshalb ist Bonsai bei uns vielleicht vielfältiger und weniger streng als in der japanischen Tradition.

Japanische Bonsai-Baumschule
Eine Vielzahl von Arten kann man in dieser traditionellen Bonsai-Baumschule in Omiya sehen.

Quellen für Bonsai-Material

Egal, ob Sie nur einen oder zwei Bonsai ziehen oder eine ganze Sammlung von Bonsai pflegen wollen – es gibt zahlreiche Wege, um an Pflanzen zu kommen. Jede Methode hat ihre Vor- und Nachteile und erfordert verschieden große Anstrengungen.

Der Kauf eines Bonsai

Am schnellsten und einfachsten ist es, den Baum in einem Fachgeschäft oder Gartencenter zu kaufen. Der größte Vorteil dabei ist, daß Sie sofort einen »fertigen« Bonsai besitzen. Die verschiedenen Arten können jedoch sehr teuer, von schlechter Qualität oder nur schwer zu bekommen sein. Die meisten Bonsai, die in Ländern außerhalb Asiens verkauft werden, wurden aus Japan importiert, d.h. ihr Preis enthält Transport- und Bearbeitungskosten. In manchen Gegenden gibt es kaum Bonsai-Geschäfte und Sie müssen weit fahren, bis Sie eines finden. Und manche Pflanzen, die als Bonsai verkauft werden, sind eigentlich nur Jungpflanzen, die man in eine Schale gepflanzt hat.

Bäume aus der freien Natur

Samen oder junge Bäume in der freien Natur zu sammeln, bietet keine großen Vorteile. Aber oft können ältere Bäume durch klimatische Bedingungen, einen ungünstigen Standort oder ständigen Wildverbiß kleinwüchsig geblieben sein. Manchmal ist es möglich, einen solchen Baum in der freien Natur auszugraben und gleich in eine Schale zu pflanzen. So ein Baum kann sehr alt sein und sich durch einen ausdrucksstarken, reifen Stamm, Äste sowie Rindenstruktur auszeichnen. Viel schwieriger ist es, diese »alten« Charakteristika auf andere Art und Weise zu erzeugen. Der größte Nachteil des Sammelns liegt darin, daß Sie oft viel Zeit benötigen, einen geeigneten Baum zu finden und dann brauchen Sie auch noch die Genehmigung des Landbesitzers zum Ausgraben. In manchen Gegenden ist es ungesetzlich, Pflanzen am natürlichen Standort zu entnehmen. Sehr wichtig ist es auch, daß Sie den Baum zur richtigen Jahreszeit ausgraben, ideal ist das Ende des Winters oder das zeitige Frühjahr, bevor die Knospen aufbrechen. Sie sollten ihn auf keinen Fall ausgraben, wenn der Baum in vollem Laub steht. Schwierig ist es auch, einen

Bonsai aus dem Gartencenter
Dieser chinesische Wacholder mit Dreifachstamm, *Juniperus × media* 'Blaauw', war ursprünglich für den Garten gedacht. Seit vier Jahren wird er als Bonsai gezogen.

ausgereiften Baum gleich als Bonsai zu kultivieren. Üblicherweise müssen Sie ihn vier bis fünf Jahre in ein Gartenbeet oder einen großen Topf pflanzen, damit er seine Energie zurückgewinnt. Auch ist es in der jetzigen umweltbewußten Zeit fragwürdig, ob man Bäume überhaupt in der freien Natur sammeln soll. Es gibt jedoch auch Gründe, die dafür sprechen, z.B. wenn das Land für ein Bauvorhaben gerodet werden soll.

Gartencenter-Material

Pflanzen aus Gartencentern oder Baumschulen eignen sich gut dafür, sie zu einem Bonsai zu gestalten. Man hat die Auswahl zwischen vielen Arten und sie sind auch verhältnismäßig billig. Man braucht nicht viel Zeit, um die Pflanze in Form zu schneiden und so können Sie die Grundform eines interessanten Bonsai in ein paar Stunden, vielleicht sogar nur Minuten herstellen. Der Nachteil besteht darin, daß Gartencenter- und Baumschulpflanzen für den Garten gezogen werden und daher für Bonsai nicht geeignet sind. Hochwachsende Bäume sind besonders problematisch, aber viele Arten kleinerer Bäume und Sträucher können in eine baumähnliche Form geschnitten werden.

Samen
Ausgangsmaterial für Bäume aus Samen (Seite 164/165) ist billig, hat aber einige entscheidende Nachteile. Es ist sehr zeitaufwendig, da manche Samen zwei Jahre brauchen, um zu keimen und jeder Sämling erst einige Jahre in den Garten gepflanzt werden muß, bevor er sich genügend entwickelt hat, so daß man ihn zum Bonsai gestalten kann.

Auch sehen Bäume, die man aus Samen gezogen hat, oft nicht so wie die Mutterpflanze aus. Es kann also vorkommen, daß sie nicht die attraktiven Charakteristika, wie z.B. kleine Früchte oder Blätter aufweisen – Eigenschaften, die Sie eigentlich bewogen hatten, gerade diese Art für Bonsai auszusuchen.

Stecklinge
Es hat verschiedene Vorteile, Bonsai-Material aus Stecklingen heranzuziehen (Seite 166). Material enthält man sehr einfach von bestehenden Pflanzen, es fällt z.B. beim routinemäßigen Schneiden an. Stecklinge zu ziehen ist eine sehr schnelle Methode, viele

wurzeln rasch, manchmal schon in ein paar Wochen. Sie legen in sechs Monaten so viel an Wachstum zu, wie Sämlinge in drei bis vier Jahren. Außerdem haben Stecklinge die gleichen Merkmale wie die Mutterpflanze. Der einzige Nachteil besteht darin, daß Stecklinge von manchen Arten nicht wurzeln oder sehr schwer zu kultivieren sind.

Andere Vermehrungsmethoden
Pfropfen, Absenken und Abmoosen (Seite 168) sind Vermehrungsmethoden, die alle Ableger mit genau denselben Merkmalen wie die Mutterpflanze hervorbringen. Auch diese Methoden sind, genau wie die Stecklingvermehrung, viel schneller als das Heranziehen aus Samen, weil man das Material von ausgereiften Pflanzen bekommt. Der Hauptnachteil des Pfropfens liegt für Anfänger und weniger Erfahrene darin, daß man einen beachtlichen Grad an technischen Fähigkeiten und Gewandtheit braucht.

Das Pfropfen von Bonsai-Kiefern hat einen großen Vorteil. Wenn Sie *Pinus parviflora*, die Japanische Mädchenkiefer, die sehr attraktive Nadeln hat, auf *Pinus thunbergiana*, die Japanische Schwarzkiefer pfropfen, werden Sie einen Bonsai mit starken Wurzeln und mehr Charakter erhalten. Die Schwarzkiefer hat nämlich einen groben, alt aussehenden Stamm, der von der Mädchenkiefer hingegen ist glatt.

Eine Gruppe aus Stecklingen
Diese Pflanzung aus sechsjährigem, buschigen Geißblatt, *Lonicera nitida*, wurde aus Stecklingen gezogen. Der Effekt einer natürlichen, offenen Landschaft wurde noch verstärkt, indem man die Gruppe auf eine Steinplatte gepflanzt hat.

Die Auswahl von Bäumen und Büschen für Bonsai

Theoretisch ist es möglich, jeden Baum oder Busch als Bonsai zu verwenden, trotzdem eignen sich einige besser als andere. Wenn Sie eine Pflanze aussuchen, sollten die Hauptmerkmale folgende sein: ein interessanter Stamm, eine gute Anordnung der Äste, die Rinde sollte eine attraktive Farbe und Beschaffenheit haben und das Laub sollte kompakt und filigran (vorzugsweise mit kleinen Blättern) sein. Wenn Sie einen Bonsai mit Blüten und Früchten wollen, müssen diese klein sein.

Viele wunderschöne Bäume, wie z.B. farbenfroher Ahorn, Zierapfel und grazile Lärchen sind ideal. Auch Immergrüne mit feinem oder nadelartigem Laub, wie beispielsweise Zedern, Kiefern und Wacholder sind bestens geeignet.

Große und kleine Bäume
Viele Zwergformen, wie z.B. die Zwergbirke *Betula nana* kann man problemlos zu

Bonsai gestalten, besonders zu Mame-Bonsai. Eine Reihe von leicht erhältlichen und schnellwachsenden Gartensträuchern, wie z.B. Quitte, Cotoneaster und Feuerdorn sind leicht in baumähnliche Formen zu schneiden. Am anderen Ende der Skala stehen Bäume, die in der Natur zu riesigen Dimensionen heranwachsen; sie sind eine große Herausforderung. Ein Beispiel dafür ist die Stiel-Eiche, *Quercus robur*.

Jahreszeitlich bedingte Wirkung
Der ideale Bonsai hat zwar kleine Blätter und feine Zweige, doch es gibt auch Ausnahmen: Sie wirken zu einer bestimmten Jahreszeit wunderschön, wie z.B. die Zierkirsche (*Prunus*) mit ihren üppigen Blüten. Um das ganze Jahr über interessante Bäume zu haben, sollten Sie nicht nur immergrüne Arten wählen, denn Ulme und Ahorn bieten auch im Winter einen imposanten Anblick, wenn ihre feinen Äste und Zweige ganz zu sehen sind.

Zum Bonsai »gerettet«
Diese 20 Jahre alte, im Garten wachsende Kurume-Azalee wurde bis auf einen Stumpf abgeschnitten und sollte weggeworfen werden. Glücklicherweise hat man sie aufbewahrt und zum Bonsai gestaltet.

Inspirationen aus der Natur

Viele Menschen werden durch ihre Liebe zur Natur von Bonsai angezogen. Selbst wenn sie weit entfernt von offenen Landschaften wohnen, können sie sich durch Bonsai an der Pracht und der Schönheit der Natur in praktikabler Form erfreuen, denn Vorbilder von Bonsai-Exemplaren sind die Bäume in der freien Natur.

Die Natur beobachten

Bonsai sollte immer Ihre Beobachtungen in der Natur widerspiegeln, verknüpft mit den Grundsätzen der Bonsai-Gestaltung. In der freien Natur gibt es nicht nur viele verschiedene Baumarten, auch die Art und Weise, wie die Bäume sich ihrer Umwelt und den Wetterverhältnissen anpassen, sind vielfältig. Bäume derselben Art tragen zwar ähnliche Merkmale (z.B. die Blattform oder Rindenstruktur), ansonsten können sie sich jedoch sehr verschieden

entwickeln, je nachdem ob sie einzeln oder in einer Gruppe wachsen, ob sie windgeschützt stehen oder dem Wind ausgesetzt sind, ob die Erde gut ist und sie genug Feuchtigkeit haben oder ob sie ihre Wurzeln auf der Suche nach Nährstoffen ausstrecken müssen.

Bonsai spiegeln alle Wuchsformen von Bäumen in der Natur wider: von einem einzeln stehenden, hervorragenden Baum über einen dichten Wald von Bäumen, einer bewaldeten Landschaft im Flachland bis hin zu einer felsigen Gebirgszenerie. Die Grundlagen des Pflanzens und Gestaltens, wie sie in späteren Kapiteln erklärt werden, helfen dabei, einen Sinn für Perspektive und Wirkung von Raum und Weite zu entwickeln.

Es ist sehr wichtig, Bäume in der freien Natur zu studieren, wenn Sie ein guter Bonsai-Gestalter werden wollen. Es ist nicht einmal hilfreich, einen sehr guten Bonsai als Modell für Ihren

Wurzeln über Stein
In den walisischen Bergen wächst diese Silberbirke, *Betula pendula*. Ihre Wirkung verdankt sie der Art und Weise, wie sich der Baum mit freigelegten Wurzeln, über dem felsigen Boden festgesetzt hat.

eigenen Baum zu benutzen. Die Form dieses Bonsai ist vielleicht deshalb gelungen, weil das Ausgangsmaterial hervorragend war und der Baum sorgfältig gepflegt wurde. Sie können diese Faktoren nicht alle nachahmen und somit einen guten Bonsai »kopieren«. Stattdessen sollten Sie auf das Material, das Ihnen zur Verfügung steht, eingehen und die von ihnen beobachteten Vorbilder in der Natur und die Grundlagen der Bonsai-Gestaltung berücksichtigen, um das Potential des Baumes ganz zu entwickeln.

Bonsai-Stilarten
Die Bonsai-Stilarten (Seite 116–121) haben ihren Ursprung in den spezifischen Elementen der Natur. Oft erklären die Namen der Stilarten den Ursprung der Form. Z. B. gibt der »Windgepeitschte Stil« den Eindruck eines Baumes wieder, der starkem Wind ausgesetzt ist. Manche Bäume geben selbst eine Stilart vor – die Fichte, *Picea abies*, sieht von Natur aus »streng aufrecht« aus, eine Eiche dagegen wächst in »frei aufrechter« Form. Die meisten Bäume und Sträucher können jedoch in verschiedenen Stilarten gestaltet werden.

Verschiedene Baumarten
In der freien Natur wachsen verschiedene Typen von Bäumen oft am gleichen Standort, wie hier Kiefern und Ulmen (Bild links). Bei Bonsai begrenzen die Größen und gärtnerischen Erfordernisse die Möglichkeiten, verschiedene Baumarten gemischt zu verwenden. Das Beispiel oben zeigt jedoch eine erfolgreiche Verbindung von Chinesischem Wacholder, *Juniperus × media* 'Blaauw'« mit japanischen Lärchen, *Larix kaempferi*.

Gestaltungsgrundsätze

*E*ine Bonsai-Gestaltung umfaßt die Stilart und den Zustand des Baumes, die Größe der Schale, ihre Form und Oberflächenbeschaffenheit und das Verhältnis zwischen Baum und Schale. Einige grundlegende Elemente kommen bei allen Bonsai zum Tragen. Das sind der Wurzelansatz, die Form des Stammes und die Anordnung der Äste.

Wurzelansatz

Sowohl in der Natur als auch bei Bonsai vermittelt eine interessante Anordnung der Wurzeln über der Erde einen Eindruck von Stabilität und Reife. Wurzeln junger Bäume verbergen sich jedoch unter der Erde. Die Wurzeln sollten sich im Idealfall vom Stamm aus in alle Richtungen ausstrecken, sie müssen jedoch nicht nach allen Seiten hin gleichmäßig sein, solange ein gutes optisches Gleichgewicht besteht. Selbst wenn sie auf einer Seite des Stammes ausgeprägter sind, können sie einen natürlichen Eindruck von Stabilität und Ausgewogenheit schaffen. Ein weiteres natürliches und künstlerisches Element der Bonsai-Gestaltung ist die Art, wie die Wurzeln mit dem Stamm verbunden sind, ob sie sich strahlenförmig ausbreiten, fließen oder wie eine gute Verankerung wirken.

Die Form des Stammes

Bonsai können gerade, gebogene, abgewinkelte oder geteilte Stämme haben – wie Bäume in der Natur. Das wichtigste Merkmal eines Stammes ist eine gute Verjüngung, wobei sich der Durchmesser des Stammes zur Spitze hin sanft verringert. Dicke an der Stammbasis verstärkt den Eindruck von Alter, aber ein gleichmäßig dicker Stamm vom Ansatz bis zur Spitze zerstört das Gleichgewicht. Die Stärke des Stammes sollte auch zu der jeweiligen Baumart passen, je nachdem, ob es sich um einen zarten Ahorn oder um eine wuchtige Eiche handelt. Einige Bäume brauchen viele Jahre des Wachstums und der Gestaltung, bevor sie eine ideale Form erreichen. Es ist sehr wichtig, daß der Stamm sichtbar ist, denn der Stammverlauf, die Struktur der Rinde und ihre Farbe verleihen dem Baum Charakter. Ein alter und verwitterter Stamm kann von Vorteil sein, aber meiden Sie Bäume, die einen vernarbten Stamm haben, es sei denn, man kann ein besonderes Merkmal daraus machen.

Die Anordnung der Äste

Äste formen die Grundstruktur der Silhouette des Baumes. Ihre Anordnung sollte sehr ausgeglichen sein. Äste sollten den Stammverlauf optisch unterstreichen und in Harmonie mit dem Charakter des Baumes stehen. Sie können die Silhouette durch Schneiden und Drahten radikal anpassen, müssen sich aber an die folgenden Grundregeln erinnern, wenn Sie einen Baum oder Busch zum Bonsai gestalten wollen. Eine Wendeltreppe ist ein gutes Beispiel für die ideale Anordnung der Äste; man schafft ein ausgewogenes, aber nicht unbedingt symmetrisches Muster um den Stamm herum und an ihm entlang. Der erste Ast sollte ungefähr nach dem ersten Drittel des Stammes entspringen; die stärksten Äste sollten im unteren Bereich sein. Äste sind am Ansatz normalerweise dicker und verjüngen sich nach außen. Bonsai werden so geschnitten, daß sie kegelförmig aussehen und die feinen Zweigen an der Spitze tragen.

Ausgewogenheit und Harmonie

Um eine ausgewogene Gestaltung zu erwirken, muß man die Silhouette und die Struktur des Baumes sorgfältig gestalten. Das Verhältnis zwischen Schale und Baum muß sorgfältig beachtet werden. Diese Japanische Mädchenkiefer, *Pinus parviflora*, ist ein ausgezeichnetes Beispiel einer erfolgreichen Gestaltung.

Äste an der Spitze werden kurz geschnitten. Manchmal läßt man die unteren Äste lang wachsen, bevor sie geschnitten werden, damit sie dicker werden. Äste, die sich kreuzen, sowie Äste, die aus derselben Stelle des Stammes entspringen oder sich gegenüberstehen, schneidet man heraus. Durch Drahten kann man oft einen Ast so anordnen, daß er eine bestehende Lücke schließt.

Freigelegte Wurzeln

Die Form und die Beschaffenheit freigelegter Wurzeln sind ein interessanter Aspekt bei Bonsai. Die sichtbare Ausbreitung der Wurzeln unterstreicht den Eindruck von Alter, wie man es hier bei dieser Stiel-Eiche, *Quercus robur*, sehen kann.

Anordnung der Äste

Die Anordnung der Äste gleicht sich dem gewundenen Stammverlauf an, so entsteht eine attraktive, dreieckige Silhouette.

Kräftiger Stamm

Die starken Wurzeln und die rauhe Rinde dieses 50jährigen Baumes sind das Ergebnis einer Pfropfung auf den Stamm einer Japanischen Schwarzkiefer, *Pinus thunbergiana*. Damit der Stamm dicker wird, hat man diesen Baum für ein paar Jahre in den Garten gesetzt.

Der Reiz der Wurzeln

Die sichtbaren Wurzeln vertiefen den reifen Eindruck, den dieser schöne Baum vermittelt. Sie verankern den Baum optisch in seiner klobigen, unglasierten Schale.

Die Vorderseite

Obwohl man Bonsai von allen Seiten betrachten kann, werden sie so gestaltet, daß sie eine Vorderseite oder eine bevorzugte Seite haben. Einen Bonsai sollte man in Augenhöhe betrachten, wobei man sich auf einen Punkt ungefähr in der Mitte des Stammes konzentriert. Von diesem Blickwinkel aus sollte die Anordnung der Äste perfekt sein; Sie sollten gleichsam in den Baum »hineinsehen« können und die Äste sollten eine angenehme Silhouette bilden. Die Vorderseite sollte Ihnen den schönsten Teil der Wurzeln, die anmutigste Biegung des Stammes und die beste Stammverjüngung zeigen.

Biegungen im unteren Teil des Stammes sieht man am besten, wenn sie zur Seite verlaufen und nicht auf den Betrachter zukommen. Einen Baum, dessen Biegung nach vorn zeigt, nennt man »hühnerbrüstig«, ein sehr unerwünschtes Merkmal. Nur das oberste Drittel des Baumes darf Äste besitzen, die nach vorn wachsen. Damit man Tiefe und Perspektive erreicht, sollten die Äste auf der Rückseite des Baumes vom Betrachter wegzeigen. Übrigens: Anfänger, die Fotos anstatt lebender Bäume betrachten, machen oft den Fehler, daß sie nicht auf die hinteren Äste achten, da diese auf den Fotos nicht zu sehen sind.

Die Spitze des Baumes sollte zum Betrachter hingeneigt sein, er sollte sich, wie die Japaner sagen »verneigen«! Eine Spitze, die nach hinten zeigt, sieht nie richtig

Acer palmatum
'Seigen'
Vorderseite des Ahorns

AHORN, AUS VERSCHIEDENEN BLICKWINKELN BETRACHTET

Linke Seitenansicht   *Rechte Seitenansicht*   *Ansicht von hinten*

aus (siehe auch Bild Seite 24). Bevor man die Vorderseite wählt, sollte man Wurzeln, Stamm, Spitze und Äste von verschiedenen Blickwinkeln aus beurteilen, um die beste Kombination zu finden. Durch Schneiden und Drahten kann man die Spitze und die Äste anpassen, daher sind Stamm und Wurzeln viel maßgeblicher für Ihre Entscheidung. Am kritischsten sind die Wurzeln, da man sie nur sehr schwer verändern kann.

Die Größe eines Bonsai

Bonsai hat nichts mit »Bäume kleinmachen« zu tun: Der Bonsai ist kleiner als ein Baum in der freien Natur, damit man besser daran arbeiten kann. Die Größe bewegt sich von kleinen Bäumen, die Sie auf einer Hand balancieren können, bis hin zu übermannsgroßen Exemplaren. Die meisten Bonsai gehören der mittleren Kategorie, mit einer Größe von 15 bis 60 cm an, denn sehr kleine oder sehr große Bäume weisen spezielle Probleme auf. Große Bäume, die über 2 m hoch sind, sind zwar sehr beeindruckend, aber schwer zu transportieren. Selbst das Bewegen, um Pflegemaßnahmen durchzuführen, erweist sich als schwierig. Sehr kleine Bäume in winzigen Schalen müssen bei trockenem und heißem Wetter mehrmals täglich gegossen werden. Auch ist die Gestaltung sehr kompliziert. Bei einem winzigen Baum muß ein einziges Blatt einen Ast oder die ganze Spitze des Baumes darstellen. Sie können vielleicht nur zwei Äste und die Spitze darstellen – bei ganz

Ein Gefühl
für das richtige Verhältnis
Die kurzen Nadeln und die kompakte Silhouette dieser kleinen Japanischen Mädchenkiefer, *Pinus parviflora*, vermittelt einen überzeugenderen Eindruck von Weite als ihn ein ausgewachsener Baum erwecken könnte.

kleinen Bonsai sollte man sich auf ein Minimum beschränken, nach dem Prinzip »weniger ist mehr«. Die geringe Größe dieser Mame-Bonsai ermöglicht es jedoch, auf kleinstem Raum eine große Sammlung unterzubringen.

Ein Sinn für Verhältnismäßigkeit

Wie groß Ihr Bonsai auch sein mag, er muß einen realistischen Eindruck vermitteln. Kleinblättrige Bäume sind dazu eher geeignet. Je größer die Blätter und je gröber Laub und Zweige eines Bonsai sind, desto schwieriger ist es, ihn als ausgewachsenen Baum darzustellen. Einige Bäume eignen sich einfach nicht für kleine Bonsai, andere dagegen sind für extra-große Exemplare ungeeignet, viele Arten kann man jedoch zu Bonsai mittlerer Größe gestalten. Bei Gruppen- und Landschaftspflanzungen hat man oft mehr Spielraum, um sie im richtigen Verhältnis zu gestalten. Das bezieht sich auch auf die mitverwendeten Steine und Unterpflanzungen (Seite 148–161).

Die Farbe des Frühlings

Der Frühling ist mit seiner willkommenen Rückkehr von Farbe und Wachstum nach der Öde des Winters eine besonders aufregende Zeit in der Welt der Bonsai. Neue Knospen beginnen zu schwellen und aufzubrechen und bringen frisches, neues Laub und die ersten Blüten. Allmählich beschleunigt sich das Wachstum, bis jeder Baum und Strauch vor Lebenskraft förmlich explodiert. Im zeitigen Frühjahr ist die Japanische Lärche, *Larix kaempferi*, einer der ersten Bäume, dessen Laub sich zeigt. Ihre glänzenden, neuen, grünen Nadeln kündigen die kommende Jahreszeit an. Der Fächerahorn, *Acer palmatum*,

und besonders die rotblättrigen Züchtungen 'Seigen' und 'Deshojo' und der limonengrüne 'Ukon' entfalten ihre Blätter zu brillanter, farbenfroher Pracht. Selbst die laubabwerfenden und immergrünen Arten, die grüne Blätter haben, zeigen eine atemberaubende Vielfalt von Farbtönen und Strukturen.

Wenn das Wetter den ganzen Winter hindurch mild ist, kann man sich darauf verlassen, daß die Herbstkirsche, *Prunus subhirtella* 'Autumnalis', eine wahre Fülle weißer und blaßrosafarbener Blüten hervorbringt. Blüten im lebhaften Rot oder Rosa und reinem Weiß schmücken Zierquitten, *Choenomeles japonica*, *C. speciosa* sowie *C. superba*.

Gelbe Blütenkätzchen
Ergänzt durch den hellen, cremefarbenen Ton einer mattglasierten Schale, sind die gelben Blütenkätzchen der Kriechweide, *Salix repens*, ein eindrucksvolles Kennzeichen des Frühlings.

Nach und nach entfalten dann andere Bäume ihre Blätter und wunderschöne Blüten schmücken die Äste von Zieräpfeln und Kirschen. Die Wisterie zeigt das verschwenderisches Schauspiel ihrer herabhängenden Blütenbüschel in zartem Blau, Mauve oder in Weiß vor einem Hintergrund aus frischem, grünen Laub. Als letzte, im späten Frühjahr, öffnen die vielen Zuchtformen der Azaleen, *Rhododendron*, ihre farbenfrohen Blüten.

Leuchtende Blätter
Diese Ahorn-Zuchtform, der wunderschöne *Acer palmatum* 'Deshojo' ist wegen seines lebendigen, roten Laubes beliebt. Damit sich im Spätsommer diese prächtigen Blätter ein zweites Mal entfalten, benutzt man die Technik des Blattschnitts (Seite 181).

Zarte Blüten
Die herabhängenden Blütentrauben machen die Wisterie zu einem der attraktivsten Frühjahrsblüher sowohl bei Bonsai als auch in der Natur.

Duftende Blüten
Die Blüten des Zierapfels, *Malus baccata* var. *mandshurica* sind nicht nur schön anzusehen, sie duften auch stark.

Die Herrlichkeit des Sommers

*F*ür Bonsai-Liebhaber ist die Vielfalt der Grüntöne der Blätter der zahlreichen Bäume und Büsche eine der größten Attraktionen des Sommers. Andere Bonsai sorgen für einen eindrucksvollen Kontrast mit ihrem bunten oder panaschierten Laub. Im Hochsommer stehen die Bäume und Sträucher in vollem Laub und auch die Immergrünen sehen durch das zusätzliche neue Laub bemerkenswert frischer aus.

Wenn der Sommer voranschreitet, wachsen alle Bonsai sehr kräftig und verändern sich dauernd. Blühende Bäume sind jetzt besonders attraktiv. Die üppigen Blüten der Satsuki-Azaleen, *Rhododendron*, sind eine der Herrlichkeiten des Sommers. Die verschiedenen Sorten des Granatapfels, *Punica granatum*,

haben im Hochsommer weiße, gelbe oder rosafarbene Blüten, und das Fünffingerkraut, *Potentilla*, ist mit kleinen Blüten in ähnlichen Farbschattierungen geschmückt. Zwergmispeln, *Cotoneaster*, und Feuerdorn, *Pyracantha*, blühen ebenfalls im Sommer und beginnen zum Ende dieser Jahreszeit, ihre farbenfrohen Früchte auszubilden, genau wie der Holzapfel.

Zu Beginn des Sommers können Sie besonders bei Ahorn-Arten, einen Blattschnitt durchführen. Im Spätsommer werden neue Blätter sprießen und man kann sich noch einmal an den herrlichen Farben des Frühlings erfreuen.

Auffallende Merkmale
Die rosa Farbe der Rinde und der Äste wiederholt sich bei der Schattierung des Laubes. Dies ist charakteristisch für den 'Sanga Kaku'-Ahorn. Dies beweist, daß nicht nur Blüten und Blätter einen Baum im Sommer interessant machen. Der kompakte Wuchs des Fächerahorns, *Acer palmatum*, macht ihn für Bonsai noch reizvoller.

Bedeckt mit Blüten
Die Blüten der Sat-
suki-Azalee, *Rhodo-
dendron indicum*
'Kaho', sind wie bei
den meisten Azaleen
sehr groß für einen
Bonsai. Weil sie so
reichlich vorhanden
sind, bedecken sie die
Äste völlig. Es ent-
steht der Eindruck
einer farbigen Wolke
aus zarten Blüten.

Ein Farbenspektrum
Wie man hier sehen kann, haben die Zuchtformen
der Satsuki-Azalee oft vielfarbige oder gestreifte
Blüten. Dadurch bietet schon ein einziger Baum
ein lebhaftes Bild.

Ein vielseitiger Busch
Der Fünffingerstrauch ist als Bonsai
genauso populär wie als blühender
Busch im Garten. Dieses Exemplar
(*Potentilla fruticosa*) hat leuchtend gelbe Blüten. Die Farbskala reicht jedoch
von Weiß über Cremefarben und Gelb
bis hin zu Rosa und Orange.

Die Farben des Herbstes

D er Herbst ist genauso farbenfroh wie der
Frühling, sein Glanz hält jedoch länger an.
So hat man mehr Zeit, seine Schönheit zu
bewundern. Während die Blätter von einigen
Laubbäumen ihre Farbe verändern und bereits
beginnen abzufallen, haben andere noch nicht
einmal mit ihrem auffallenden Farbwechsel
begonnen. Wieder andere Bäume sind bereits
völlig kahl. Die kräftigen, starken Farben –
Gelb, Orange, Rot und Purpur – des Ahorns,
erregen im Herbst Aufsehen.

Pfaffenhütchen und Scheinkamelien bringen
sogar noch kräftigere Rottöne hervor, und
während die Blätter des Gingkos sich zu Dotter-
blumengelb verändern, wechseln die Nadeln der
Lärche von glänzendem Grün zu lebhaftem
Gold. Die Blätter der Buche, werden rotbraun
und die Blätter der Birken bekommen eine satt-
goldene Färbung. Die extravaganten roten Beeren der Eberesche, *Sorbus aucuparia*, hängen in
Büscheln dekorativ zwischen dem orange- und
goldfarbenen Laub. Wenn das Laub von einigen
früchtetragenden Arten abfällt, wie beispielsweise vom Holzapfel, *Malus sylvestris*, oder von der
Japanischen laubabwerfenden Stechpalme, *Ilex
serrata* und einigen Zwergmispeln, sieht man
die Struktur der Äste, behangen mit glänzenden Früchten.

Ein spektakuläres Bild
Die einzelnen Bäume dieser dichten Dreispitzahorn-Gruppe, *Acer
buergerianum*, befinden sich in
verschiedenen Stadien der
Laubfärbung. Sie liefern so
eine weite Skala von Farbtönen, die von Grün und
Orange bis hin zu schil-
lerndem Scharlachrot
reicht.

Früchetragende Arten

Beeren sind eine zusätzliche Quelle für
Herbstfarben, wie bei dieser Zwermispel,
die auf einen Lavastein gepflanzt wurde.
Die blaugrüne, glasierte Schale kontra-
stiert sehr schön mit dem glänzenden
Rot der Früchte und Blätter.

Weiche Färbung

Das dunkle Graubraun des Stammes und das Grüngrau der Schale
ergänzen das zarte Gelb der Blätter dieser Englischen Ulme, *Ulmus
procera*.

Farbenwechsel

Diese Gruppenpflanzung von *Fagus crenata*
gibt den Eindruck eines Buchenwaldes im
Herbst naturgetreu wieder. Blätter in allen
Schattierungen von Gelb bis Braun zeichnen
sich gut gegen die blassen Stämme ab.

Der Reiz des Winters

Der Winter ist eine wichtige Jahreszeit bei Bonsai. Er wird geschätzt, weil viele Bonsai besser aussehen, wenn ihr Aufbau nicht hinter Blättern verborgen bleibt. Die Japaner haben traditionsgemäß ihre großen Ausstellungen zu dieser Jahreszeit. Der Winter ist auch die beste Zeit, um immergrüne Bäume zu betrachten. Diese scheinen trotz härtester Bedingungen Stärke und Beharrlichkeit auszudrücken. Auch bilden sie einen angenehmen Kontrast zu den leichteren, zarteren Umrissen der Laubbäume. Wenn sie keine Blätter haben, zeigen Laubbäume, wie beispielsweise die Chinesische Ulme, *Ulmus parviflora*, und der Dreispitzahorn, *Acer buergerianum*, ihre feinen Zweige. Andere wie die Lagerströmie, *Lagerstroemia indica*, und die Scheinkamelie, *Stewartia*, zeigen ihre bezaubernd strukturierte, farbige Rinde. An manchen Bäumen hängen den ganzen Winter über Früchte, die die düstere Szene mit Farbtupfern beleben.

Die Chinesische Quitte, *Cydonia sinensis*, sieht mit ihrer Winterkombination aus strenggeformten Ästen, dekorativer Rinde und hellen Früchten besonders anziehend aus. Im späten Winter künden die duftenden Blüten am blanken Holz der Aprikose, *Prunus mume*, den kommenden Frühling an. Bald folgen die fröhlich gelben Blüten des Winterjasmins, *Jasminum nudiflorum*, die ebenfalls an blattlosen Ästen hängen.

Verfeinerte Details
Im Winter, wenn keine Blätter ihre feinen Umrisse verdecken, kommen stark verzweigte Arten wie die Koreanische Hainbuche, *Carpinus turczaninowii*, am besten zur Geltung.

Eindruck von Substanz
Immergrüne, wie diese Japanische Schwarzkiefer, *Pinus thunbergiana*, vermitteln den Eindruck von Substanz, Farbe und Masse. Aufrechte, hellgrüne Nadeln und die rauhe Rinde dieser Art haben das ganze Jahr ihre Wirkung, besonders eindrucksvoll sind sie aber dann, wenn andere Bäume kahl sind.

Seltene Blüten
Einer der wenigen Bäume, die im Winter blühen, ist *Prunus mume*. Diese attraktive Zuchtform hat einen Bonus, da sie Blüten in verschiedenen Farben, von Weiß bis Dunkelrosa, an der gleichen Pflanze hervorbringt.

Eindrucksvolle Silhouette
Laubabwerfende Bäume, wie diese knorrige, alte Stiel-Eiche, *Quercus robur*, sind unbelaubt besonders eindrucksvoll, wenn man ihre wunderschöne Struktur besser sehen kann.

Wie man Bonsai präsentiert

Die meisten Bonsai sind widerstandsfähig und müssen permanent im Freien bleiben. Idealerweise sollte man sie vor einem schlichten Hintergrund betrachten können. Sie brauchen gute Lichtverhältnisse und Schutz vor heftigem Wind. Diese Kriterien werden erfüllt, wenn man sie auf Regalen vor einer Wand aufstellt. Die Wand muß gute Lichtverhältnisse bieten und darf keine Schatten auf die Bäume werfen. Drehen Sie Ihre Bonsai von Zeit zu Zeit. Wenn Sie die Bäume immer in der gleichen Position lassen, können die hinteren Äste aus Lichtmangel oder durch intensive Hitze, die durch die Wand reflektiert wird, absterben. Felspflanzungen brauchen feuchtere Standorte. Ein oder zwei Bäume können draußen auf einem Wassertablett stehen. Eine größere Sammlung muß auf einer Bank oder einem Regal stehen, die ein Wasserbecken bilden.

Die Präsentationshöhe

Die Höhe des Standorts eines Bonsais ist normalerweise ein Kompromiß zwischen einer praktischen Höhe für die bequeme Versorgung der Bäume und der besten Position zum Betrachten. Normalerweise stehen Bonsai auf Bänken in Tischhöhe oder auf Regalen. Wenn sie auf der Veranda stehen, wo man sie beim Sitzen betrachten kann, dürfen sie etwas niedriger plaziert werden. Bonsai können auch auf einer Gartenmauer stehen.

Stellen Sie einen Bonsai nie so auf, daß Sie auf ihn hinuntersehen müssen. Wenn man den Bonsai nicht auf den Boden stellt verhindert man auch, daß er Schlammspritzer abbekommt und daß Insekten in die Schale gelangen können. Ein großer Baum darf auf dem Boden stehen, aber in einiger Entfernung. Benutzen Sie ein Podest für die Präsentation eines Solitärs.

Höhenunterschiede bei der Präsentation

In diesem Garten sind die Bonsai auf verschiedenen Höhen plaziert. Vor dem dunklen Zaun kommen sie viel besser zur Geltung.

Japanische Inszenierung
Eine Bambuswand ist ein perfekter Hintergrund.

Reflektionen im Wasser
Eine Felslandschaft in einem flachen Wassertablett.

Traditionelle Ausstellung
Bei dieser klassischen Tokonoma-Ausstellung steht
der Baum mit dem Felsen zusammen in einer Nische.

Präsentation von Bonsai im Haus

Manchmal möchten Sie einen Freiland-Bonsai
vorübergehend im Haus aufstellen. Stellen Sie
den Baum an einen hellen Ort, aber nicht auf
ein Fensterbrett mit voller Sonneneinstrahlung.
Vermeiden Sie Hitzequellen und seien Sie vorsichtig bei elektrischen Geräten. Ein Baum, den
man auf einen Fernseher stellt, ist der Hitze, die
von der Rückseite des Gerätes ausstrahlt, ausgesetzt.

Selbst die zwangloseste Art der Präsentation im
Haus benötigt Raum, um den Baum darzustellen. Der beste Hintergrund ist eine einfache,
farblose Wand. In Japan war der traditionelle
Platz eine Tokonoma-Nische.

Gießen kann im Haus ein Problem sein. Da
Baum und Schale eine Einheit bilden, sollten Sie
diese nicht dadurch zerstören, daß Sie die Schale
wegen des Wasserabflusses auf einen Untersatz
oder ein Tablett stellen. Gießen Sie den Bonsai
einfach in der Küche oder draußen und lassen
Sie ihn gut abtropfen, bevor Sie ihn wieder auf
seinen Platz stellen.

Die Vorbereitung von Bonsai für Ausstellungen

Es gibt wenige günstige Gelegenheiten, Bonsai
auszustellen.

Auf nationaler Ebene stellen Bonsai-Liebhaber
ihre besten Exemplare vor und die Organisato-
ren suchen daraus nochmals die allerbesten
Exemplare aus.

Es ist wichtig, sowohl den Baum als auch die
Schale gut vorzubereiten, damit sie bei der Ausstellung in bester Verfassung sind. Die Silhouette
wird verfeinert und welke Blätter werden entfernt, damit der Baum gepflegt wirkt. Jäten Sie
die Erdoberfläche und entfernen Sie abgestorbene Pflanzenreste von der Schale. Frischen Sie das
Moos, die Gräser oder Bodendeckerpflanzen auf
oder erneuern Sie sie. Putzen Sie Schmutz und
Wasserränder von der Schale ab und polieren
Sie ihre Oberfläche. Wenn sauber gedrahtet
wurde und der Draht noch notwendig ist, kann
er am Baum bleiben.

Wenn Sie nur einen oder zwei Bonsai ausstellen,
haben Sie sicherlich keinen Einfluß darauf, wie
und wo er präsentiert wird. Also sind die oben
genannten Bedingungen Ihre letzte Gelegenheit,
den Baum in seinem Bestzustand zu zeigen.
Wenn Sie Mame-Bonsai (Miniatur-Bonsai)
ausstellen, weist man Ihnen vielleicht einen
Platz zu, wo Sie die Pflanzen selbst gruppieren
können.

BONSAI
VON A–Z

KAPITEL 2

Attraktive Bonsai können aus einer Vielfalt von
Bäumen und Sträuchern gezogen werden.
Dieses Kapitel vermittelt detaillierte Informationen
über ca. 80 verschiedene Arten und Formen.
Die Bäume und Sträucher sind in alphabetischer
Reihenfolge ihrer botanischen Namen aufgelistet.
Der kurze, aber informative Text beschreibt die
Charakteristika jeder Pflanze, ihren Ursprung,
ihre Herkunft und die jeweiligen Eigenschaften,
die sie für Bonsai geeignet machen.
Farbfotos zeigen besonders gelungene
Bonsai-Exemplare eines jeden Baums und
Strauchs; die Bildunterschriften weisen auf
die speziellen Merkmale hin. Ein Detailbild
zeigt ein typisches Blatt jedes Bonsai und hilft
so bei der Bestimmung.
Außerdem finden Sie Ratschläge, wie man
die jeweilige Art als Bonsai gestaltet und
pflegt, sowie Vorschläge, welche Stilarten
und Größen sich am besten eignen.

Die geeignete Art auswählen
Ein Aspekt der Bonsai-Kunst liegt darin, einen Baum oder Strauch
so wachsen zu lassen, wie es seinem natürlichen Charakter
entspricht. Hier wurden Zwergfichten (*Picea abies* 'Little Gem')
für eine Felspflanzung verwendet, um ein naturgetreues Bild
von alten, windgepeitschten Bäumen auf einem Berg zu schaffen.
Die einzelnen Exemplare sind nicht einmal 8 cm groß.

Wie man das Pflanzenverzeichnis benutzt

Diese Seiten erklären, wie das Pflanzenverzeichnis konzipiert ist. Um Ihnen eine Hilfestellung zu geben, zeigt Ihnen die gegenüberliegende Seite das System, das angewandt wurde. Auf den Seiten 184–209 finden Sie ein noch umfassenderes Verzeichnis mit mehr als 300 Arten, die sich für Bonsai eignen. Es bietet eine weitere Reihe von Büschen und Bäumen an, die Sie zu Bonsai formen können. Außerdem nennt es zusätzliche Variäteten und Kulturformen.

Wie Sie sich in dem Führer zurechtfinden

Die etwa 80 verschiedenen Bäume und Sträucher sind in alphabetischer Reihenfolge ihrer Gattungs- und Artennamen geordnet. Zuerst kommt der botanische Name, gefolgt von der deutschen Bezeichnung. Wenn eine Baumart zwei botanische Namen hat oder neu eingeteilt wurde, wird sie unter dem bekannteren Namen eingeordnet. Das Synonym wird dann in kleinerer Schrift dahinter in Klammern gesetzt.

Beschreibung jeder Baumart

Der einleitende Text über jede Pflanze beschreibt ihren Ursprung und ihre natürliche Herkunft. Außerdem werden interessante geschichtliche Einzelheiten über die Pflanze erklärt. Die natürliche Gestalt, Struktur und die Wuchseigenschaften der Pflanze sollen Ihnen helfen, die beste Stilart für Bonsai herauszufinden. Aufgelistet sind auch hervorstechende Eigenschaften wie die Rindenstruktur, jahreszeitlich bedingte Besonderheiten wie Blüten, Früchte oder farbenprächtige Herbstfärbungen. Interessante Kulturformen oder verwandte Arten werden auch erwähnt, besonders dann, wenn sie für eine bestimmte Größe oder Stilart besser geeignet sind als die Hauptart. Zwergformen sind durch ihre kleineren Blätter und Zweige besser für kleinere Bonsai geeignet. Eine Unterart kann resistenter gegen Trockenheit oder Frost sein und daher andere Klimabedingungen besser tolerieren.

Stilarten und Größen

Sie finden die geeignetsten Stilarten für jede Baumart, wie beispielsweise streng oder frei aufrecht. Die Erfahrung hat gezeigt, daß diese Stilarten praktikabel und erfolgreich sind. Eine Art, die natürlicherweise aufrecht wächst, wird als Bonsai in dieser Stilart auch erfolgreich sein. Welche Stilart Sie für einen Bonsai wählen, hängt auch von der ursprünglichen Form der Pflanze ab. Für zusätzliche Informationen über Stilarten schlagen Sie bitte auf den Seiten 116–121 nach. Die natürliche Struktur ihrer Zweige, die Blattgröße und Wachstumsgeschwindigkeit macht jede Pflanze für besondere Bonsai-Größen geeignet. Zum Beispiel wird es schwierig sein, eine großblättrige Pflanze zu einem winzigen Bonsai zu gestalten. Die empfohlenen Größen sind: extra groß über 90 cm; groß 45–90 cm; mittelgroß 20–45 cm; klein 10–20 cm; sehr klein bis zu 10 cm.

Diese Größen sind jedoch nur ungefähre Werte; sie sind aufgeführt, um Richtlinien für die Größe von Bonsai zu geben.

Pflegehinweise

Unter »Pflegetips« finden Sie die wichtigsten Hinweise zur Erhaltung und Pflege von Bonsai. Die Pflegetips befinden sich in einem Kasten und sind zur leichten und schnellen Auskunft mit Symbolen versehen. (siehe auch Kasten auf der gegenüberliegenden Seite). Weitere detaillierte Informationen über die routinemäßige Pflege finden Sie auf den Seiten 170–183, Tips zur Vermehrung auf den Seiten 162–169.

Illustrationen

Jedes Foto eines Bonsai ist mit Unterschriften versehen. Das Alter, die Höhe, die Stilart, die Struktur, jahreszeitliche bedingte Besonderheiten und die Methoden der Gestaltung werden beschrieben. Denken Sie daran, daß es unmöglich ist, eine Bonsai-Fotografie oder sogar einen »echten« hervorragenden Bonsai zu »kopieren«. Stattdessen müssen Sie das vorhandene Pflanzenmaterial studieren, seine natürlichen Merkmale beachten und es so ziehen, daß es ein einzigartiges Exemplar wird.

Wahl der Schale

Stil und Materialien der Schalen werden beschrieben, weil eine gut gewählte Schale ein wichtiger Bestandteil einer Bonsai-Gestaltung ist. Die gezeigten Schalen reichen von handgetöpferten

Schalen bis hin zu japanischen Tokoname-Schalen. Die Gründe für die Wahl der Größe, Form und Glasur jeder Schale geben Ihnen Hinweise für die Auswahl Ihrer eigenen Schale, siehe auch Seite 122–125.

Beschreibung der Blätter

Jedes Bonsai-Porträt zeigt ein separates Foto eines einzelnen Blattes in der angegebenen Verkleinerung seiner Originalgröße. Die Beschreibung hilft Ihnen bei der Bestimmung von Bäumen und Sträuchern.

Symbole für Pflegetips

- ◉ Standort, beste Lichtverhältnisse, Spezialpflege im Winter oder Sommer (siehe auch Seite 172)
- ⬓ Gießen: Häufigkeit und Menge (Seite 174)
- ⊡ Düngung: Häufigkeit, Menge und Düngerart (siehe auch Seite 174)
- ▥ Umtopfen: geeignetste Jahreszeit, wie oft umgetopft werden muß (siehe auch Seite 176–177)
- ✄ Schneiden: beste Jahreszeit für den Instandhaltungsschnitt (siehe auch Seite 178–181)
- ⬚ Vermehrung; die verläßlichsten Methoden, die beste Jahreszeit (siehe auch Seite 162–169)

Allgemeine Beschreibung
Sie umfaßt die Geschichte und die besonderen Merkmale jedes Baums oder Strauchs. Aufgelistet sind die Gattungen, Kulturformen und verwandten Arten, die für Bonsai geeignet sind.

Bestimmung
Der botanische Name, nach dem dieser Führer geordnet ist, wird kursiv gedruckt, Synonyme, soweit vorhanden, erscheinen in Klammern. Der deutsche Name ist in Normalschrift gedruckt.

Der Kasten für Pflegetips
Anmerkungen über Pflege und Vermehrung der beschriebenen Pflanze werden Punkt für Punkt gegeben. Zum sofortigen Erkennen hat jedes Thema sein eigenes Identifikationssymbol.

Vorschläge zur Gestaltung
Tips zu den geeignetsten Stilarten und Größen der vorgestellten Pflanze.

Die Bildlegende
Die Hauptbildlegende gibt Ihnen die Größe, das Alter und die Stilart des Bonsai an und zeigt Ihnen seine Hauptmerkmale.

Blattbeschreibung
Zur leichteren Identifizierung werden die Blätter jeder abgebildeten Pflanze in Lebensgröße oder in einer angegebenen Verkleinerung gezeigt.

Jahreszeitlich bedingte Besonderheiten
Jedes Exemplar wird zu der Jahreszeit gezeigt, in der seine speziellen Merkmale zum Tragen kommen. Dies gilt für Frühlingsblüten oder schöne Blätter im Herbst.

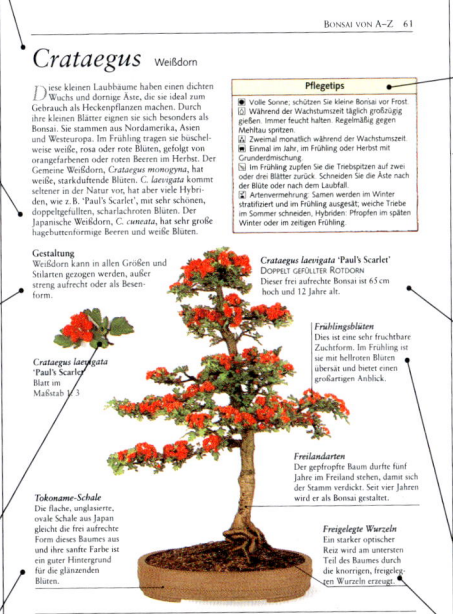

Schale
Hier finden Sie wichtige Informationen über den Typ und Stil der Schale. Außerdem werden die Gründe für die Wahl einer besonderen Form oder Farbe aufgeführt.

Spezielle Belange
Einzelheiten, wie der Baum gestaltet wurde oder besonders hervorstechende Merkmale werden hier erklärt.

Acer buergerianum (A. trifidium) Dreispitzahorn

Der Dreispitzahorn ist ein laubabwerfender Baum und hat von Natur aus einen aufrechten Wuchs. Da er tolerant gegenüber dem Schneiden, gegenüber Bodentrockenheit und Luftverschmutzung ist, wird er in vielen Städten als Straßenbaum gepflanzt. Im Herbst entwickelt sein Laub auffällige Färbungen in Orange und Rot. Im Gegensatz zu vielen anderen Ahornarten brauchen seine Wurzeln im Winter Schutz, da ihr hoher Wassergehalt sie für Frostschäden empfindlich macht.

A.b. var. *formosanum* ist eine interessante Unterart, die nicht so groß wie die Hauptgattung wird, aber dichte, ledrige Blätter hat. Eine ungewöhnliche Kulturform für Bonsai ist *A.b.* 'Mino Yatsubusa', eine Zwergform mit einem spitzen Gipfel. Im Herbst sehen ihre schmalen, glänzenden Blätter aus, als habe man sie scharlachrot oder orangefarben lackiert. *A. ginnala*, der Amur-Ahorn, ist für strenge Winterbedingungen eine gute Alternative, da seine Wurzeln frostresistenter sind.

Gestaltung

Der Dreispitzahorn kann in allen Stilarten, außer der Besenform, und in allen Größen gezogen werden. Die Wurzelstruktur macht diese Bäume besonders für die Wurzeln-über-dem-Felsen-Stilart geeignet.

Acer buergerianum
Blatt im Maßstab 1:3

Die Struktur der Äste
Nach der Gestaltung des Stammes steht der Baum seit 5 Jahren in einer Schale. In dieser Zeit wurde die Struktur der Äste verfeinert.

Blattfarbe
Das Laub hat bis zum Herbst ein frisches Grün, später variiert die herrliche Färbung von Orange bis Rot.

Gestaltung des Stammes
Der solide Stamm mit seiner Verjüngung zur Spitze zu wurde dadurch geschaffen, daß man den Baum einige Jahre ins Freiland setzte und ihn jedes Jahr beträchtlich zurückschnitt.

Tokoname-Schale
Die Proportionen dieses Baumes werden durch die Größe seiner grauen, unglasierten Schale im Gleichgewicht gehalten.

Acer buergerianum
DREISPITZAHORN
Dieser Baum ist 20 Jahre alt und 55 cm hoch. Er ist frei aufrecht gestaltet.

Pflegetips

◉ Volle Sonne; Frostschutz.

◌ Während der Wachstumszeit täglich gießen. Im Winter relativ trocken halten, um das Risiko von Frostschäden zu verringern.

▣ Im zeitigen Frühjahr jedes Jahr umtopfen, wenn die Knospen anschwellen, aber noch bevor sie aufbrechen. Frostgeschädigte Wurzeln bis ins alte Holz zurückschneiden. Verwenden Sie eine gut wasserdurchlässige Erdmischung.

▧ Schneiden Sie neue Triebe während der Wachstumsperiode auf ein bis zwei Blattpaare zurück. Bei kräftigen, gut gedüngten Bäumen kann im Hochsommer ein Blattschnitt erfolgen.

▨ Samen im Spätherbst säen (Frostschutz); Schneiden Sie Stecklinge im Hochsommer aus noch nicht verholzten Trieben. Verholzte Stecklinge (bleistiftdick bis handgelenkdick) werden im Spätwinter oder im zeitigen Frühjahr geschnitten; Abmoosen im Frühling.

Acer buergerianum
DREISPITZAHORN

Die Wurzel-über-dem-Felsen-Stilart ist charakteristisch für diese starke Kaskade von Wurzeln. Der Baum ist 25 Jahre alt und 38 cm hoch. Die dichte Laubmasse gleicht die Beschaffenheit und das Gewicht des Felsens aus.

Acer ginnala
AMUR-AHORN

Diese widerstandsfähige Art wird oft dort anstelle von *A. buergerianum* genommen, wo die Winter sehr rauh sind. Diese Gruppenpflanzung ist jetzt 15 Jahre alt und 60 cm hoch.

Dreilappige, spitze Blätter
Im Herbst wechselt das Laub von Grün zu einem brillianten Karmesinrot.

Schmale, ovale Schale
Die braune, unglasierte japanische Tokoname-Schale steht auf einer größeren, lackierten Holzscheibe, um ein Gegengewicht zu der Baumgruppe zu bilden.

Asymmetrische Gestalt
Diese wird erreicht, indem man die größten Bäume außerhalb der Mitte pflanzt und die kleineren Exemplare an die Seiten und in den Hintergrund, um einen Eindruck von Tiefe zu vermitteln.

Acer campestre Feldahorn

Die Blätter des Feldahorns haben eine attraktive Form und werden im Herbst leuchtendgelb. Er ist ein kleiner, laubabwerfender Baum und in Europa heimisch. Wie mit anderen Ahornarten trifft man auch mit *Acer campestre* als Bonsai eine gute Wahl (siehe auch gegenüberliegende Seite und die Seiten 44 und 45). Seine relativ groben Zweige machen ihn für kleinere Bonsai-Größen ungeeignet. Die Ausnahme bilden extra kleine Bonsai, wo ein einziges Blatt die Masse von Laub und Zweigen an einem Ast symbolisiert.

Gestaltung

Feldahorn ist für alle Stilarten außer der Literatenform geeignet. Die beste Größe ist mittel- bis sehr groß, aber man kann auch extra kleine Bonsai gestalten.

Pflegetips

� Volle Sonne erzielt die beste Herbstfärbung; vor der heißesten Mittagssonne im Hochsommer schützen. Extra kleine Bonsai vor Frost schützen.

◊ Während der Wachstumsperiode täglich gießen. Im Winter sparsam, aber immer feucht halten.

⚘ Alle zwei Wochen während des ganzen Sommers.

⬛ Alle zwei bis drei Jahre umtopfen, wenn die Knospen anschwellen, aber noch bevor sie aufbrechen. Verwenden Sie eine Grunderdmischung.

✎ Schneiden Sie neue Triebe während der ganzen Wachstumsperiode auf ein bis zwei Blattpaare zurück. Schneiden Sie lange Internodien rücksichtslos zurück. Ein Blattschnitt im Sommer bewirkt kleinere Blätter und eine schöne Herbstfärbung. Sofort nach dem Blattschnitt drahten.

✂ Säen Sie im Winter. Schneiden Sie Stecklinge im Sommer aus noch nicht verholzten Trieben. Abmoosen im Frühling oder Sommer.

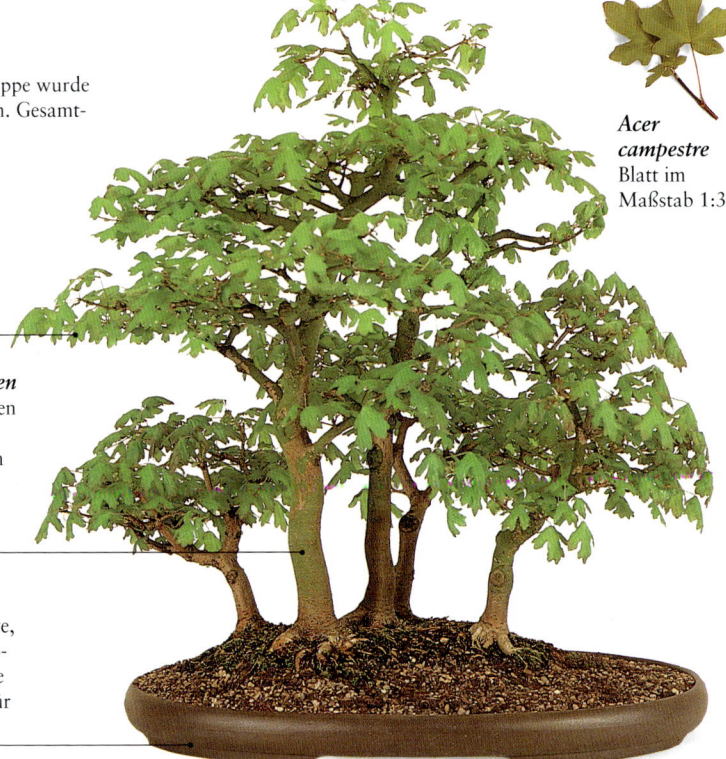

Acer campestre
FELDAHORN
Diese 13 Jahre alte Gruppe wurde aus Stecklingen gezogen. Gesamthöhe 53 cm.

Acer campestre
Blatt im Maßstab 1:3

Starke Blattfärbung
Das lebhaft-leuchtende Sommerlaub wird im Herbst hellgelb.

Optische Tiefe schaffen
In dieser asymmetrischen Gruppe wird durch unterschiedliche Höhen und Stammdicken der Eindruck von Raum vermittelt.

Flache Schale
Eine braune, unglasierte, ovale, japanische Tokoname-Schale bildet eine niedrige, breite Basis für diese Baumgruppe.

Acer palmatum Fächerahorn

Viele attraktive Qualitäten machen diesen Baum zu einem Bonsai-Klassiker. Er reagiert gut auf die Gestaltung als Bonsai und hat eine anmutige Aststruktur, feingeformte, fünflappige Blätter und das Laub verändert sich mit den Jahreszeiten von den verschiedenen Grüntönen im Frühling zu Rot und Rostbraun im Herbst. Die Rinde älterer Exemplare entwickelt eine schöne, silbrige Farbe. Diese Art, die auch in China und Korea heimisch ist, wird seit Jahrhunderten in Japan kultiviert. Es gibt bereits über 250 Zuchtformen.

Gestaltung

Fächerahorn ist für alle Stilarten, außer der Literatenform, geeignet. Er kann in allen Größen gestaltet werden.

Pflegetips

◉ Volle Sonne, leichte Schattierung im Sommer. Vor strengem Frost unter –10° schützen.
◔ Während der Wachstumsperiode täglich gießen. Um Blattschäden zu vermeiden, Blätter bei Sonneneinstrahlung nicht befeuchten. Im Winter sparsam gießen, die Erde jedoch immer feucht halten.
▴ Im ersten Monat, nachdem das Laub entfaltet ist, wöchentlich düngen. Danach bis in den Spätsommer hinein vierzehntägig.
▪ Bis der Baum 10 Jahre alt ist, jedes zweite Jahr im zeitigen Frühling, danach, wenn es notwendig ist. Verwenden Sie eine Grunderdmischung.
▨ Im Frühling neue Triebe auf ein bis zwei Blattpaare zurückschneiden. Lange Internodien zurückschneiden. Für kleine Blätter und eine schöne Herbstfärbung totaler Blattschnitt im Hochsommer. Nach dem Blattschnitt drahten.
▣ Aussaat im Winter. Stecklinge aus noch nicht verholzten Trieben im Sommer. Absenken und Abmoosen im Frühling oder Sommer.

Acer palmatum
FÄCHERAHORN
Dieses Exemplar wurde aus Samen gezogen und frei aufrecht gestaltet. Es ist 8 Jahre alt und 53 cm hoch.

In Form geschnitten
Der schöne Stamm ist das Resultat von fünfjährigem Wachsen im Freiland. Der Baum ist seit einem Jahr in einer Schale und wurde nur durch Schneiden geformt.

Acer palmatum
Blatt im Maßstab 1:3

Herbstfärbung
Das zierliche, fünflappige Laub wird dunkelrot und rostbraun und löst das frische Grün des Frühlings und des Sommers ab.

Mattglasierte, ovale Schale
Die natürliche Erdfarbe dieser Schale von Bryan Albright gleicht die dunkle Färbung des Laubes aus.

Acer palmatum-Zuchtformen Fächerahorn

Die Zuchtformen von *Acer palmatum* sind so vielfältig, daß sie allein eine ganze und noch dazu hervorragende Sammlung ausrichten könnten. Im Frühling kann die Farbe ihres Laubes mit der Leuchtkraft der meisten Blüten konkurrieren und die Formen und Größen der Blätter sind erstaunlich vielseitig. Manche Blätter sind klein und kompakt in rubinroten oder scharlachroten Farbtönen. Die großen, gelappten, grün oder purpur gezeichneten Blätter anderer Zuchtformen vermitteln den Eindruck von ruhigem Dahinschweben. Wie auch immer die Frühlings- oder Sommerfärbung sein mag, die Blätter aller Zuchtformen nehmen im Herbst eine vielfältige Skala von Farbtönen von blassem Gelb über Orange und Rot bis hin zu Purpur an. Zusätzlich haben einige Zuchtformen farbenprächtige Stämme, andere interessante Muster und sich verändernde Schattierungen.

Gestaltung

Fächerahorn ist für alle Größen und Stilarten, außer der Literatenform, geeignet.

Acer palmatum 'Deshojo'
Blatt im
Maßstab 1:3

***Acer palmatum* 'Deshojo'**
ROTER FÄCHERAHORN
Dieses Exemplar ist 40 Jahre alt, 80 cm hoch und als Doppelstamm gestaltet.

Brillante Frühlingsfarben
Das glänzende, rote Laub wird im Sommer grün und hat im Herbst lebhafte Rot- und Orangeschattierungen.

Doppelstamm
Starke, interessant geformte Wurzelansätze geben diesem anmutigen Stamm Stabilität. Die Stammdicke wurde durch das Wachstum im Freiland erreicht.

Grüne, glasierte Schale
Die Farbe dieser japanischen Schale unterstreicht die rote Frühlings- und Herbstfärbung und wiederholt die Farbe des Sommerlaubs.

Acer palmatum 'Ukon'
UKON-FÄCHERAHORN
Diese Bäume wurden vor sechs Jahren
aus neunjährigen, gepfropften Bäumen zu einer Gruppe gepflanzt.
Die Gesamthöhe beträgt 75 cm.
Die gebogenen Stämme sind
sorgfältig angeordnet und
gestatten sogar ein paar
Überkreuzungen, um
eine natürliche Wirkung
zu erzielen.

Frische Sommerfarbe
Das Laub ist im Sommer limonengrün und verleiht dieser Gruppe
ein luftig-leichtes Aussehen.

Diskrete Schlichtheit
Diese japanische Toko-
name-Schale ist flach, oval,
braun und unglasiert; so ist
sicher, daß die Aufmerksamkeit auf die Baumgruppe
gelenkt wird.

Acer palmatum 'Dissectum atropurpureum'
GEFIEDERTER ROTER FÄCHERAHORN
Die Eleganz dieser Zuchtform wird durch ihre
leichte, gespreizte Struktur offenkundig. Der frei
aufrechte Baum ist 30 Jahre alt und 65 cm hoch.
Die feingefiederten Blätter wechseln im Herbst
von Purpur in leuchtendes Orange.

Pflegetips

⬤ Ein Standort in vollem Licht sorgt für eine
auffallende Herbstfärbung; im Sommer schattieren. Vor Frost unter –10 °C schützen.

⬓ Während der Wachstumsperiode täglich gies-
sen. Keine Wassertropfen auf Blätter fallen lassen,
die der Sonne ausgesetzt sind. Im Winter sparsam
gießen, die Erde jedoch feucht halten.

⬙ Im ersten Monat, nachdem sich das Laub
entfaltet hat, wöchentlich düngen. Danach bis in
den Spätsommer hinein vierzehntägig.

⬛ Bis der Baum 10 Jahre alt ist, jedes zweite Jahr
im zeitigen Frühling. Danach, wenn es notwendig
ist. Verwenden Sie eine Grunderdmischung.

⬚ Im Frühling neue Triebe auf ein bis zwei Blattpaare zurückschneiden. Große Blätter während
der Wachstumsperiode entfernen. Lange Internodien zurückschneiden, um kurze Internodien
zu bekommen. Totaler Blattschnitt im Hochsommer sorgt für kleine Blätter und eine schöne
Herbstfärbung. Am besten gleich nach dem
Blattschnitt drahten.

⬕ Stecklinge aus noch nicht verholzten Trieben
im Sommer. Absenken oder Abmoosen im Frühling oder Sommer.

Arundinaria Bambus

Die anmutigen Bambushalme geben jedem Garten eine orientalische Atmosphäre, da ihre grasartigen Blätter auch noch in der leisesten Brise erzittern. Bambus kommt aus dem Fernen Osten, besonders aus China und Japan. Sie werden oft falsch benannt. Der »Heilige Bambus« ist zum Beispiel überhaupt kein Bambus, sondern *Nandina domestica*, ein Strauch, der mit den Berberitzen verwandt ist (siehe auch Seite 189). Die Arten, die am häufigsten für Bonsai verwendet werden, sind *Arundinaria*, *Sasa* und *Phyllostachys*. Sie werden normalerweise als Gruppen gestaltet, um einen Bambushain darzustellen, oder um gegenüber anderen Baumarten einen Akzent zu setzen oder als Komplementärpflanze zu dienen.

Gestaltung

Der Mehrfachstamm ist die geeignetste Stilart. Einzelstamm-Stilarten werden manchmal für Zuchtformen, die starke, interessante Stämme haben, gebraucht. Aber da die einzelnen Stämme nur 5 bis 6 Jahre leben, muß man Ersatztriebe wachsen lassen. Die Größen sind normalerweise klein bis mittelgroß.

Pflegetips

● Halbschatten. Vor Frost schützen.
◊ Täglich gießen – Pflanzen, die auf Tabletts oder in flachen Schalen gepflanzt wurden, sogar mehrmals täglich. Nicht im Wasser stehen lassen.
▣ Alle zwei Wochen im Frühling und im Sommer mit einem Dünger mit hohem Stickstoffgehalt.
▣ Jedes zweite Jahr im späten Frühjahr umtopfen. Bei flachen Schalen und Tabletts Grunderdmischung verwenden, bei tiefen Schalen eine gut wasserdurchlässige Erdmischung.
▧ Zwergformen im zeitigen Frühjahr bis auf den Grund zurückschneiden. Größere Arten können durch systematisches Herausziehen der Blattscheiden unter Kontrolle gehalten werden.
▣ Zur Vermehrung Rhizome im zeitigen Frühjahr teilen.

Arundinaria nitida
Blatt im
Maßstab 1:3

Arundinaria nitida
BAMBUS
Dieses sechsjährige
Exemplar wurde als
Mehrfachstamm gezogen.
Die Höhe beträgt 25 cm.

Grasähnliche Stengel
Das frische, grüne Laub
wächst an anmutigen,
gebogenen Stengeln.

Mehrfachstamm
Um die Stämme zu erneuern,
werden die Halme alle zwei
Jahre im Frühling bis auf
den Grund abgeschnitten.

Trommelförmige Schale
Das klobige Aussehen der
glasierten, japanischen
Tokoname-Schale verankert
diese leichte und luftige Art
optisch in der Erde.

Nandina domestica
»HEILIGER« oder
»HIMMLISCHER« BAMBUS
Dieser Bonsai kann größen- und stil-
mäßig mit *Arundinaria* verglichen werden. Um Bäume in einer Landschaft
widerzuspiegeln, wurde dieser Bambus
zusammen mit einem Felsen gruppiert.

Zierliche, zusammengesetzte Blätter
Das Laub verfärbt sich im Herbst, bevor es
abfällt, in leuchtendes Scharlachrot.

Ovale Schale
Die eindrucksvolle, blaue, glasierte
japanische Tokoname-Schale unterstreicht die feine Struktur der Pflanze.

Phyllostachys aurea
'BUDDHA'S BELLY'
Diese kleinen Gruppen sind 20 cm
hoch und als Mehrfachstamm gezogen. Sie sind so gepflanzt, daß
sie den Eindruck von Landschaften vermitteln.

Ein extravaganter Baldachin
Die frischen, grünen Blätter bilden an der Spitze
ein wohlgeordnetes
Büschel; zum unteren
Teil des Bonsai hin ist
das Ganze aufgelockerter.

Tokoname-Schalen
Die eine Schale ist grün,
glasiert und oval, die
andere ist unglasiert,
braun mit einem glasier-
ten Wasserbecken. Ein
Wasserbecken ist eine
sehr effektive Art, den
Eindruck einer Land-
schaft zu erwecken.

Namensursprung
Der Name »Buddha's Belly«
kommt von den seltsamen Verdik-
kungen oberhalb jedes Knotens.

Betula nana Zwergbirke

*I*m Herbst werden die winzigen Blätter der
Zwergbirke goldfarben. Auch die feinen Zweige sind sehr attraktiv. Das ganze Jahr über ist der
kupferfarbene, glänzende Stamm genauso schön
wie der weiße Stamm der Hänge-Birke (siehe
gegenüberliegende Seite). Diese Merkmale
machen *Betula nana* zu einem ausgezeichneten
Baum für Bonsai, obwohl sie im Garten ziemlich
wuchern kann, wenn sie nicht zurückgeschnitten
wird. Der Name »Arktische Birke«, wie sie auch
genannt wird, deutet an, daß diese Birke in den
nördlichen Regionen heimisch ist und die extreme
Kälte am Polarkreis überleben kann. Sie wächst
auch in Gebirgsregionen, die nur drei Monate im
Jahr schnee- und eisfrei sind.

Pflegetips
● Volle Sonne oder Halbschatten. Frostschutz.
◌ Während der Wachstumsperiode täglich gießen. Im Winter sparsam, aber die Erde feucht halten.
✿ Erst einen Monat nach dem Öffnen der Blätter anfangen zu düngen, dann alle zwei Wochen während der Wachstumsperiode.
▬ Jedes zweite Jahr im zeitigen Frühling vor dem Knospenaufbruch umtopfen. Verwenden Sie eine Grunderdmischung.
✂ Während des ganzen Sommers neue Triebe auf ein bis zwei Blätter zurückschneiden. Im Winter Formschnitt durchführen und sich überkreuzende Äste herausschneiden.
✄ Stecklinge aus noch nicht verholzten Trieben im Frühling und im Sommer. Stecklinge bewurzeln sehr leicht.

Gestaltung
Betula nana ist für die frei aufrechte Gestaltung
und geneigte Stilarten, für Felsenformen, die
Besenform, den Doppelstamm, für Gruppenpflanzungen und die streng aufrechte Stilart, gewundene Stämme und für Saikei geeignet. Besonders
eignet sie sich für extrakleine und kleine Bonsai.

Betula nana
Blatt im
Maßstab 2:3

Betula nana
ZWERGBIRKE
Diese 12 Jahre alten Bäume, die
aus Stecklingen gezogen wurden,
bilden eine kompakte Gruppe mit
einer Gesamt-
höhe von
35 cm.

Kleine, gezackte Blätter
Das schimmernde, grüne
Laub nimmt im Herbst eine
hübsche orange Färbung an.

Komposition
Die Stämme von 21 Bäu-
men sind mit verschiedener
Neigung auf eine Felsplatte
gepflanzt, damit sie ihre
vielen zarten Zweige und
Blätter entfalten können.

Betula pendula   Hänge-Birke

Birken gehören zu den tolerantesten und unempfindlichsten Laubbäumen und sind in den gemäßigten und kalten Regionen der nördlichen Hemisphäre beheimatet. Die Baumart, die am häufigsten für Bonsai verwendet wird, ist die Hänge-Birke. Sie hat den bekannten, weißen Stamm, elegante Zweige und Blätter, die sich im Herbst goldbraun färben. Sie müssen einen Baum jahrelang in einem Topf halten, bevor sich die Rinde an dem glänzenden, kupferbraunen Stamm in ein schimmerndes Silberweiß mit Rissen, Sprüngen und schwarzen Linien verwandelt. Das gleiche Ergebnis erzielen Sie, wenn Sie den Baum für zwei bis drei Jahre ins Freiland setzen.

Gestaltung
Frei aufrecht, Doppelstamm und Gruppenpflanzungen sind geeignete Stilarten. Die besten Größen sind klein bis sehr groß.

Pflegetips

- ● Volle Sonne oder Halbschatten. Frostschutz.
- ◔ Täglich während der Wachstumsperiode. Im Winter feucht halten.
- ⁂ Erst einen Monat nach dem Öffnen der Blätter anfangen zu düngen, dann alle zwei Wochen bis in den Spätsommer hinein.
- ◼ Vor dem Knospenaufbruch alle zwei Jahre im zeitigen Frühjahr umtopfen bis der Baum zehn Jahre alt ist, danach je nach der Wurzelentwicklung. Verwenden Sie eine wasserdurchlässige Erdmischung.
- ◳ Neue Triebe im Frühling auf zwei bis drei Blätter zurückschneiden, ebenso bei weiterer Wachstumsschüben verfahren. Große Blätter während der ganzen Wachstumsperiode entfernen. Birken bluten sehr aus, benutzen Sie deshalb ein Wundenverschlußmittel.
- ◪ Aussaat im Winter oder Frühling.

Betula pendula
Blatt im Maßstab 1:3

Wohlgestaltetes Laub
Die Blätter sind attraktiv gezackt und wechseln im Herbst von Grün in ein sattes Gelb und Orange.

Betula pendula
HÄNGE-BIRKE
Dieser frei aufrechte Baum ist 35 Jahre alt und 75 cm hoch. Er ist ein Findling und wird seit 20 Jahren als Bonsai gestaltet.

Gewundener Stamm
Der Gesamteindruck ist der eines starken, aufrechten Baumes. Die sanften Biegungen und der gewundene Stamm erhöhen den optischen Eindruck.

Halbmatte, glasierte Schale
Die rechteckige Schale von Petra Engelke schafft den horizontalen Ausgleich zu dem gebogenen Stamm.

Caragana arborescens   Gemeiner Erbsenbaum

Die *Caragana*-Arten sind zähe, anpassungs-
fähige Bäume, die in der Natur auch in kar-
ger Erde und bei windigen, frostigen Bedingungen
überleben können. Seltsamerweise kann man sie
als Zimmerbonsai, auch in sehr warmen Räumen,
ziehen. Sie gehören zu den Leguminosen und sind
in Zentralasien beheimatet. *C. arborescens*, der
laubabwerfende Gemeine Erbsenbaum, kommt
aus Sibirien und wird oft als Bonsai gezogen. Ihr
gebrechliches und zartes Erscheinungsbild straft
ihre rauhe Natur Lügen. Viele Arten des *C. sinica*
(*C. chamlagu*), des mongolischen Rotstrauchs,
werden aus China und Taiwan exportiert. Im
Zimmer oder in milden Gegenden sind die Blätter
oft halb-immergrün.

Pflegetips
◉ Drinnen und draußen voll sonnig. Zimmerbonsai, die draußen stehen, benötigen Frostschutz.
◌ Alle ein bis zwei Tage während der Wachstums-periode. Im Winter ziemlich trocken halten.
⚏ Während der Wachstumsperiode alle zwei bis drei Wochen düngen.
▣ Alle zwei Jahre im Winter oder im zeitigen Frühling umtopfen. Verwenden Sie eine wasser-durchlässige Erdmischung.
▧ Wenn sich junge Bäume noch entwickeln, im Winter kräftig zurückschneiden und Äste entfernen. Neue Triebe im Sommer einkürzen. Vorsicht vor scharfen Stacheln.
▤ Im Frühling mit stratifizierten Samen. Im Sommer Stecklinge aus noch nicht verholzten Trieben.

Gestaltung
Diese Bäume eignen sich für alle Stilarten, außer
der streng aufrechten und sehen in
allen Größen gleichermaßen
attraktiv aus.

**Caragana
arborescens**
Blatt im Maßstab 1:3

Zierliches Laub
Das symmetrische,
kompakte Laub wech-
selt im Herbst von fri-
schem Grün zu Gelb.

Caragana arborescens
GEMEINER ERBSENBAUM
Dieser kleine, frei aufrechte
Bonsai ist vier Jahre alt und
15 cm hoch.

Aufrechter Wuchs
Diesen aus Samen gezogene Baum ließ
man zunächst auf eine Höhe von 90 cm
wachsen, schnitt ihn dann auf 8 cm her-
unter und topfte ihn ein. Er wird erst
seit einem Jahr als Bonsai gestaltet.

**Cremefarbene,
glasierte Schale**
Die runde, klobige Schale
verstärkt die Proportionen
dieses kleinen Exemplars.

Carmona microphylla *(Ehretia buxifolia)* Fukientee

Dieser große Strauch ist den Bonsai-Liebhabern als *Carmona microphylla* bekannt, aber der korrekte, botanische Name *Ehretia buxifolia* beschreibt seine kleinen, immergrünen, buchsbaumartigen Blätter (Seite 190) und seinen kompakten Wuchs genauer. Man kann ihn ohne zu drahten, nur durch Schneiden, zum Bonsai gestalten. Er ist eine sehr überzeugende »baumähnliche«, tropische Pflanze und wächst in gemäßigten Klimazonen sehr gut als Zimmerbonsai. Im Frühling und Frühsommer schmiegen sich weiße Blüten zwischen seine glänzenden, dunkelgrünen Blätter. Die grünen Beeren werden, wenn sie reif sind, rot. Die meisten Bonsai-Pflanzen dieser Art kommen aus Südchina.

Pflegetips
● Volle Sonne, aber in heißen Sommern leicht schattieren. Mindesttemperatur 15 °C. ◊ Erde immer feucht halten. Im Winter sparsamer gießen. ♣ Im zeitigen Frühjahr bis zum Herbstanfang alle zwei Wochen düngen. Im Winter alle vier bis sechs Wochen. ▣ Im zeitigen Frühling alle zwei Jahre umtopfen in eine Grundermischung. ▧ Sobald sich sechs bis acht Blätter an den neuen Trieben gebildet haben, auf zwei bis drei Blätter zurückschneiden. Verholzte Äste drahten. ▨ Aussaat zu Gewächshausbedingungen das ganze Jahr. Stecklinge aus noch nicht verholzten Trieben im Frühling oder Sommer.

Gestaltung
Der Fukientee kann leicht in alle Stilarten gebracht werden. Er ist für alle Größen geeignet.

Carmona microphylla
FUKIENTEE
Dieses 30jährige Exemplar ist im chinesischen Doppelstamm-Stil gestaltet und 87 cm hoch.

Carmona microphylla
Blatt im Maßstab 1:3

Buchsbaumartige Blätter
Das glänzende, grüne Laub verdeckt vollkommen die Äste.

Doppelstamm
Ein niedriger Ast ist als Doppelstamm gestaltet und hebt die Linie des Hauptstammes hervor.

Grüne, glasierte Schale
Die Tönung und Form dieser chinesischen Schale unterstreicht die Färbung und Silhouette des Baums.

Carpinus Hainbuche

Beheimatet in den kühleren Regionen Europas und Ostasiens, sind die Hainbuchen kleine Bäume mit ovalen Blättern an langen, schmalen Ästen. Die Gemeine Hainbuche, *Carpinus betulus*, hat eine deutlich gestreifte und gefurchte graue Rinde. Ihr glänzendes, grünes Laub wird im Herbst hellgelb. *C. laxiflora*, die Japanische locker-blütige Hainbuche trägt im Herbst auffallende Blütenkätzchen. Besonders für Bonsai geeignet ist die Koreanische Hainbuche, *C. turczaninowii*. Sie hat zarte, gut verästelte Zweige und kleine Blätter, die sich im Herbst in glänzendes Orangerot färben.

Gestaltung

Alle Größen und Stilarten, außer der streng aufrechten Form, sind für Hainbuchen als Bonsai geeignet.

Laub im Überfluß
Der Baum ist mit gerippten, gesägten und spitzen Blättern in glänzendem Grün bedeckt.

Carpinus laxiflora
Blatt im Maßstab 1:3

Ausgewogene Form
Der Stamm zeigt eine gute Verjüngung und trägt wahre Massen von Laub.

Carpinus laxiflora
JAPANISCHE LOCKERBLÜTIGE HAINBUCHE
Dieser 30 Jahre alte Baum ist frei aufrecht gestaltet und 75 cm hoch.

Tokoname-Schale
Diese flache, mattglasierte, getüpfelte, cremefarbene, ovale Schale ergänzt die ausgedehnte Form des Baumes.

Cedrus Zedern

Diese beeindruckenden, immergrünen Koniferen sind alle für Bonsai geeignet. Die Gattung hat nur vier Arten. *Cedrus atlantica*, die Atlas-Zeder, kommt aus dem Atlasgebirge in Algerien und Marokko. Ihre attraktive Sorte, *C.a.* 'Glauca', die Blauzeder, hat blaugraue Nadeln und eine blaßgraue Rinde. *C. libani* ssp. *brevifolia*, die Zypern-Zeder, hat Büschel von dunkelgrünen Nadeln. *C. deodara*, die Himalaja- oder Indische-Zeder, hat größere Nadeln und hängende Triebe. Die sich horizontal ausbreitenden Äste der Libanon-Zeder *C. libani* machen diese wiederum unverkennbar.

Gestaltung

Gestalten Sie Zedern in streng aufrechter oder frei aufrechter Stilart, als Doppelstamm oder Gruppenpflanzung. *C. brevifolia* ist für sehr kleine bis große Bonsai geeignet, die anderen Arten für mittlere bis extragroße Bonsai.

Immergrünes Laub

Diese Konifere hat kleine, grüne Nadeln, die in kompakten Büscheln wachsen.

Vergrößerte Perspektive

Diese braune, unglasierte, japanische Tokoname-Schale ist flach und damit eine natürlich aussehende, flache Basis.

Pflegetips

◉ Während des ganzen Jahres vollsonnig. Vor extremen Temperaturen, besonders vor eisigen Winden schützen. Junge Pflanzen sind besonders verletzbar.

◔ Während der Wachstumsperiode täglich gießen, etwas weniger das restliche Jahr über. Zwischen den Wassergaben muß die Feuchtigkeit vollständig aufgenommen werden.

⚘ Alle zwei Wochen während der Wachstumsperiode.

▣ Alle drei bis fünf Jahre im Frühling umtopfen. Versorgen Sie *C.a. glauca* mit zusätzlicher Feuchtigkeit (sprühen), da sie auf Wurzelstörungen oft mit Nadelabwurf reagiert. Verwenden Sie eine wasserdurchlässige Erdmischung.

✎ Bei jedem Wachstumsschub und im Frühling neue Triebe zurückzupfen. Nadeln nicht schneiden.

▤ Aussaat im Frühling. Stecklinge aus noch nicht verholzten Trieben im Frühling, verholzte Stecklinge im Herbst. Pfropfen im Hochsommer.

Cedrus atlantica
Blatt im Maßstab 1:3

Cedrus atlantica
ATLASZEDER
Die Gesamthöhe dieser schönen Gruppenpflanzung aus 20 Jahre alten Bäumen beträgt 105 cm.

Elegante Zwischenräume

Die weiten Räume zwischen den langen, geraden Stämmen fein verbunden durch das Netzwerk der Äste, geben der Gruppe Anmut.

Celastrus orbiculatus Baumwürger

Beheimatet in China und Japan, wird dieser kräftige, laubabwerfende Kletterstrauch hauptsächlich wegen der Schönheit seiner Früchte gezogen. Diese verholzten, grünen Kapseln spalten sich auf und zeigen ihr goldgelbes Futter und drei brillantrote Samen. Sie bleiben fast den ganzen Winter über am Baum. Die mittelgrünen Blätter sind oval und gezähnt, die Blüten sind grün und unauffällig. Verhältnismäßig kleine Blätter und Früchte und geschmeidige, leicht zu drahtende Äste machen diesen Strauch, wenn er sorgfältig geschnitten wird, sehr für Bonsai geeignet.

Gestaltung

Der Baumwürger eignet sich für frei aufrechte und geneigte Stilarten, für Halbkaskaden, Kaskaden, Felspflanzungen, Doppelstämme, Wurzel-über-dem-Felsen-Stil und Gruppenpflanzungen. Die besten Größen sind klein bis mittelgroß.

Pflegetips
◉ Um die Fruchtbildung im Herbst zu unterstützen, vollsonnig aufstellen. Kleine Bonsai müssen vor Frost und eisigen Winden geschützt werden.
⬙ Täglich während der Wachstumsperiode reichlich gießen. Im Winter sparsamer, aber immer feucht halten.
⬖ Alle zwei Wochen während der Wachstumsperiode.
▣ Im zeitigen Frühjahr, jedes oder jedes zweite Jahr umtopfen. Verwenden Sie eine Grunderdmischung.
⬚ Im Frühling, nachdem die Blätter erschienen sind, neue Triebe auf ein bis zwei Blätter zurückschneiden. Im Spätherbst wieder auf zwei bis drei Blätter zurückschneiden. Drahten im Sommer.
▦ Stecklinge von noch nicht verholzten Trieben im Sommer. Absenken oder Abmoosen im Frühling oder Sommer.

Ovale Blätter
Das glänzende Grün des Laubes wird im Herbst gelb.

Celastrus orbiculatus
BAUMWÜRGER
Dieser acht Jahre alte Baum ist in der Wurzel-über-dem-Felsen-Stilart gestaltet worden. Er ist 20 cm hoch.

Celastrus orbiculatus
Blatt im Maßstab 1:3

Wurzelmerkmale
Ein dramatischer Effekt wird durch die starken Wurzeln, die die Oberfläche des grauen, japanischen Ibigawa-Felsens umklammern, geschaffen.

Getüpfelte, cremefarbene Schale
Diese halbmatte, ovale, japanische Tokoname-Schale gibt dem unteren Teil der Gestaltung Tiefe und Ausgewogenheit.

Choenomeles (Chaenomeles) Zierquitte

Die Zierquitte ist eine der bezauberndsten und pflegeleichtesten Pflanzen für die Bonsai-Gestaltung. Sie ist in China und in Japan beheimatet. Die meisten bringen im zeitigen Frühjahr, wenn die Äste noch kahl sind, spektakuläre Blüten in Weiß, Rosa, Orange oder Rot hervor. Die weißblühende *Choenomeles speciosa* 'Niralis' eignet sich besonders gut für Bonsai, genau wie die vielen Zuchtformen der *C. × superba*. Zu den besten gehört 'Étna' mit vielen zinnoberroten Blüten und 'Pink Lady' mit rosaroten Blüten. Die Zierquitte *C. japonica* hat rote Blüten und ihre hochgeschätzte Zwergform, *C.j.* 'Chojubai' produziert das ganze Jahr kleinere, weiße oder rote Blüten.

Gestaltung
Zierquitten eignen sich für alle Stilarten, außer für die streng aufrechte und die Besenform. Die Größen können extraklein bis mittelgroß sein.

Pflegetips

- ● Volle Sonne. Vor Frost schützen.
- ◌ Täglich während der Wachstumsperiode gießen. Übersprühen, außer zur Blüte- und Früchtezeit. Im Winter sparsamer gießen.
- ⚙ Nach der Blüte bis zum Laubabwerfen, alle zwei Wochen düngen.
- ▣ Jedes Jahr oder alle zwei Jahre Mitte Herbst umtopfen oder sehr vorsichtig im zeitigen Frühjahr, bevor sich die Knospen öffnen. Verwenden Sie eine Grunderdmischung.
- ✎ Mitte Herbst auf zwei Knospen zurückschneiden. Wurzelschößlinge entfernen.
- ▦ Aussaat im zeitigen Frühjahr. Stecklinge aus noch nicht verholzten Trieben im Hochsommer. Verholzte Stecklinge im Winter. Um einen Bonsai innerhalb eines Jahres zu bekommen, nehmen Sie einen verholzten Steckling mit einem ungeformten Stamm. Teilung ist möglich. Pfropfen wird bei den berühmten Hybriden der *C. japonica* angewandt.

Chaenomeles japonica 'Chojubai'
JAPANISCHE ZWERGZIERQUITTE
Diese 38 cm hohe Pflanze ist 12 Jahre alt, aus Stecklingen gezogen und in »gewundener« Stilart gestaltet.

Choenomeles
japonica 'Chojubai'
Blatt im
Maßstab 1:3

Blüten und Laub
Scharlachrote Blüten werden an kahlen Ästen im zeitigen Frühjahr getragen und erscheinen das ganze Jahr hindurch immer wieder zwischen den glänzenden, grünen Blättern.

Mehrfachstamm
Um diesen Effekt zu erzielen, wurde die strauchartige Beschaffenheit dieser Art genutzt und niedrige Äste auf die Erde abgesenkt.

Flache, ovale Schale
Diese Schale mit ihrem feinen Schimmer ist von Petra Engelke. Ihre Form ergänzt die weite Ausdehnung und den »gewundenen« Stil des Bonsai.

Choenomeles sinensis *(Cydonia sinensis)* Chinesische Scheinquitte

Die Chinesische Scheinquitte kommt aus China und Korea und hat eine attraktive, schuppige Rinde und Massen von glänzenden, grünen Blättern. Diese nehmen im Herbst alle Schattierungen von Gold, Orange, Rot und Purpur an. Aus kleinen rosafarbenen Frühlingsblüten werden im Herbst duftende, gelbe Früchte. Im Winter, wenn das deutliche Muster der gebogenen Äste durch die dekorative Rinde und durch die Früchte noch mehr zur Geltung gebracht wird, ist dieser Baum besonders eindrucksvoll. Die Chinesische Scheinquitte hat viele Namen und wird nun korrekt als *Cydonia sinensis* klassifiziert. Hier ist sie unter ihrem bekanntesten Synonym aufgeführt als Vergleich zu *Choenomeles* (siehe Seite 55).

Pflegetips

◉ Volle Sonne. Vor Frost schützen.

◔ Täglich während der Wachstumsperiode gießen. Wenn die Früchte reifen, sehr reichlich gießen. Im Winter sparsamer, aber immer feucht halten.

▣ Während der Wachstumsperiode alle zwei bis drei Wochen düngen.

▣ Jedes zweite Jahr im Herbst nach dem Wurzelschnitt umtopfen in eine Grunderdmischung.

▧ Kürzen Sie neue Triebe im Sommer auf zwei bis drei Blätter, drahten Sie, solange die Äste noch biegsam sind. Schneiden Sie starke Äste im Herbst zurück.

▣ Stratifizierte Samen im zeitigen Frühjahr aussäen. Stecklinge von noch nicht verholzten Trieben im Sommer.

Gestaltung

Die Chinesische Scheinquitte sieht am besten als frei aufrechte Stilart, als Doppelstamm oder als Gruppenpflanzung gestaltet aus. Sie eignet sich für mittelgroße bis große Bonsai.

Choenomeles sinensis
CHINESISCHE SCHEINQUITTE
Mit 25 Jahren hat dieser Doppelstamm-Bonsai eine Höhe von 90 cm erreicht.

Choenomeles sinensis
Blatt im Maßstab 1:3

Sich veränderndes Laub
Die dicken, glänzenden, ovalen Blätter verändern sich allmählich von frischem Grün in eine Vielzahl von warmen Herbsttönen.

Doppelstamm
Die farbenprächtige, abblätternde Rinde ist charakteristisch für diese Art und läßt den gut ausgewogenen Stamm im besten Licht erscheinen.

Blaue, glasierte Schale
Die ovale, japanische Tokoname-Schale stellt einen Kontrast zu den sich verfärbenden Blättern dar.

Chamaecyparis   Scheinzypresse

Scheinzypressen kommen aus Japan und Nordamerika und sind zähe, langlebige Immergrüne, die normalerweise kegel- oder säulenförmig wachsen. Ihre flachen, fächerförmigen Äste haben schuppenartige Blätter. Die Hinoki-Zypresse, *Chamaecyparis obtusa*, wird am meisten für Bonsai verwendet. Ihre dunkelgrünen, stumpf-endenden Blätter sind an der Unterseite blau eingefaßt. Zwei Zwergzuchtformen sind für Bonsai hervorragend geeignet. *C.o.* 'Nana Gracilis' ist in Europa und Nordamerika am bekanntesten. Die japanische Zwergform 'Yatsubusa' ist jedoch noch besser, da sie zierlicher und kompakter wächst.

Gestaltung

Chamaecyparis sehen in allen Stilarten, außer der Besenform, gut aus. Sie eignen sich für alle Größen.

Pflegetips

◉ Hell, im Sommer jedoch vor voller Sonne schützen, um Verbrennungen an den Blättern zu vermeiden. Bei Kälte, besonders wenn die Erde gefroren ist, Laub vor austrocknenden Winden schützen.

◌ Vom Spätfrühling bis in den frühen Herbst täglich gießen und Blätter besprühen. Lassen Sie die Erde nie austrocknen.

◨ Vom zeitigen Frühjahr an bis in den Spätherbst alle zwei Wochen düngen.

◪ Junge Bäume werden alle zwei Jahre von Anfang bis Mitte des Frühjahres umgetopft. Bäume, die älter als 10 Jahre sind, erst umtopfen, wenn die Wurzeln die Schale ausfüllen.

◩ Zupfen Sie die Spitzen der Blattfächer während der Wachstumsperiode zurück.

◧ Stecklinge bewurzeln im Sommer oder Herbst am besten in scharfem Sand. Pfropfen im Spätsommer, außer bei der 'Yatsubusa'-Zuchtform.

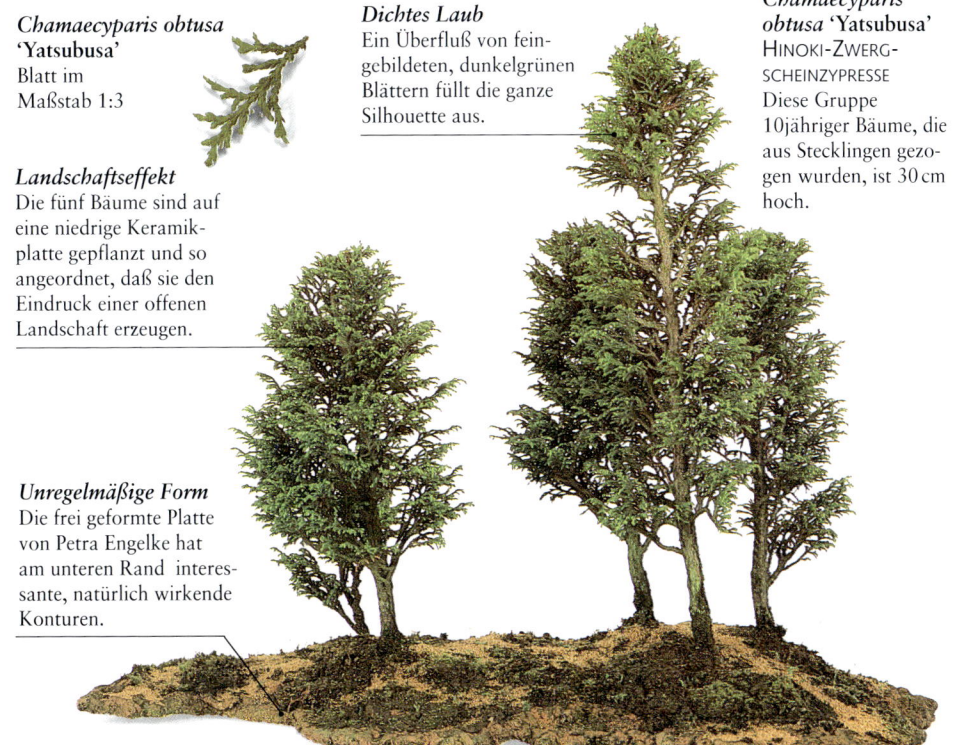

Chamaecyparis obtusa 'Yatsubusa'
Blatt im Maßstab 1:3

Dichtes Laub
Ein Überfluß von feingebildeten, dunkelgrünen Blättern füllt die ganze Silhouette aus.

Chamaecyparis obtusa 'Yatsubusa'
HINOKI-ZWERGSCHEINZYPRESSE
Diese Gruppe 10jähriger Bäume, die aus Stecklingen gezogen wurden, ist 30 cm hoch.

Landschaftseffekt
Die fünf Bäume sind auf eine niedrige Keramikplatte gepflanzt und so angeordnet, daß sie den Eindruck einer offenen Landschaft erzeugen.

Unregelmäßige Form
Die frei geformte Platte von Petra Engelke hat am unteren Rand interessante, natürlich wirkende Konturen.

Cotoneaster Zwergmispel

Kleine Blätter, Blüten und Früchte machen die vielen Mitglieder der Cotoneaster-Gattung geradezu ideal für die Bonsaigestaltung. Cotoneaster kommen oft in Gärten vor und es gibt sowohl laubabwerfende als auch immergrüne Sträucher. Es gibt Arten mit bodenbedeckendem, halbhohem oder aufrechtem Wuchs, daher sind sie für eine Vielzahl von Bonsai-Stilarten geeignet. Der laubabwerfende Cotoneaster horizontalis mit seinen dunkelgrünen, glänzenden Blättern, seinen rosafarbenen Blüten und leuchtenden, orange-roten Beeren wird oft zu Bonsai gestaltet. Ein anderer laubabwerfender Busch, C. praecox, ist besonders im Herbst eine Augenweide, wenn seine Blätter scharlachrot werden und seine glänzenden roten Beeren ergänzen. Aus vielen immergrünen Cotoneastern kann man auch gute Bonsai gestalten.

C. microphyllis zum Beispiel hat schmale Blätter, weiße Blüten und große, rote Beeren. Der kompakte C. conspicuus 'Decorus' bringt dagegen Massen von duftenden, weißen Frühlingsblüten hervor. Eine attraktive Zuchtform ist C. 'Skogholm', deren große Früchte einen Kontrast zu den kleinen Blättern bilden. Der winzige C. congestus ist ideal für kleine Bonsai.

Gestaltung

Cotoneaster sind für frei aufrechte und geneigte Stilarten, für Kaskaden und Halbkaskaden, für Felspflanzungen, für Wurzel-über-dem-Felsen-Gestaltungen, für Doppelstamm und für Gruppenpflanzungen geeignet. Sie eignen sich für extrakleine bis mittelgroße Bonsai.

Cotoneaster horizontalis
FÄCHERZWERGMISPEL
Dieser frei aufrechte Baum ist jetzt 8 Jahre alt und hat eine Höhe von 25 cm erreicht.

Winklige Form
Die ausgeglichene Silhouette und die Windungen des Stammes und der Äste sind durch sorgfältiges Drahten erreicht worden.

Cotoneaster horizontalis
Blatt im Maßstab 2:3

Farbenprächtige Früchte
Wenn die Blätter im Herbst fallen, verleihen die glänzenden roten Beeren dem Baum weiterhin Anziehungskraft.

Blaue, glasierte Schale
Diese wolkenförmige, japanische Tokoname-Schale bietet einen dramatischen Farbkontrast zu den brillanten Früchten und Herbstblättern.

Cotoneaster 'Skogholm'
ZWERGMISPEL
'Skogholm' ist eine vorteilhafte Zwergmispel. Diese Halbkaskade, aus einem Steckling gezogen, ist 8 Jahre alt und nur 12 cm hoch. Die blaßblaue Schale ergänzt die immergrünen Blätter und die leuchtend roten Beeren.

Pflegetips

◉ Volle Sonne. Vor Frost schützen.

◌ Täglich während der Wachstumsperiode gießen, immer feucht halten. Im Winter ausreichend gießen, damit die Erde, besonders bei den immergrünen Arten, nicht austrocknet.

⊡ Alle zwei Wochen bis zur Blüte düngen, danach bis in den Spätsommer einmal monatlich.

⊟ Bis die Pflanze 10 Jahre alt ist, jedes Jahr im zeitigen Frühjahr umtopfen, danach, wenn die Wurzeln die Schale ausfüllen. Verwenden Sie eine Grunderdmischung.

◫ Im zeitigen Frühjahr alte Äste zurückschneiden. Schneiden Sie neue Triebe während der Wachstumsperiode konstant mit der Schere zurück. Sie erhalten damit eine stärkere Verästelung.

◪ Stratifizierte Samen im Frühjahr aussäen. Stecklinge von noch nicht verholzten Trieben im Sommer, verholzte Stecklinge im Herbst oder Winter.

Weiße Blüten
Im Frühling ist das glänzende, grüne Laub geschmückt mit kleinen sternförmigen Blüten.

Cotoneaster conspicuus 'Decorus'
ZWERGMISPEL
Dieses Exemplar wurde zur frei aufrechten Stilart gezogen. Es ist 10 Jahre alt und 20 cm hoch.

In Form geschnitten
Eine Vegetationsperiode im Freiland verhalf dem Strauch zu reichlichem Zuwachs. Die Form des Bonsai wurde nur durch Schneiden erreicht.

Graubraune, runde Schale
Die tiefe, japanische Tokoname-Schale gibt der zarten, asymmetrischen Gestalt des Baumes Stabilität.

Crassula arborescens   Jadebaum

*I*n ihrer Heimat Südafrika kann diese immergrüne Sukkulente zu einem Baum von drei Metern Höhe heranwachsen. Man kann sie sehr leicht vermehren, indem man ein einziges Blatt in sandige, wasserdurchlässige Erde steckt. Aus dem Jadebaum kann man einen interessanten, baumähnlichen Zimmerbonsai machen. Die Blätter der *Crassula arborescens*, der Art, die am häufigsten als Bonsai kultiviert wird, sind von jadefarbenem Grün und bekommen im vollen Sonnenlicht eine rote Tönung. Im Winter oder in einigen Regionen im Frühling schmücken kleine, blaßrosa Blüten den Baum.

Gestaltung

Das Jadebaum kann als frei aufrechte Stilart, als Doppelstamm oder Mehrfachstamm gezogen werden. Er ist für mittlere bis große Größen geeignet.

Pflegetips
◉ Volle Sonne, warmer Standort. Mindesttemperatur 10 °C.
◊ Im Sommer mäßig gießen. Am kühlen Standort nur alle drei bis vier Wochen, damit die Blätter nicht runzlig werden.
⬚ Einmal im Monat vom späten Frühjahr bis zum Herbstanfang.
▣ Jedes zweite Jahr im Frühling umtopfen. Verwenden Sie eine wasserdurchlässige Erdmischung.
▧ Die neuen Triebe im Frühling zurückzupfen, Äste während der Wachstumsperiode schneiden. Um ein baumähnliches Aussehen zu erzielen, entfernen Sie Blätter vom Stamm und von der Basis der alten, niedrigen Äste.
▨ Stecklinge oder einzelne Blätter zu jeder Jahreszeit. Verwenden Sie sandige, wasserdurchlässige Erde.

Crassula arborescens
JADEBAUM
Dieser 20 Jahre alte Baum wurde in der Mehrfachstamm-Stilform als Zimmerbonsai gezogen und ist 70 cm hoch.

Crassula arborescens
Blatt im Maßstab 1:3

Baumartiges Aussehen
Dicke, fleischige Stengel lassen dieses Exemplar wie einen Mehrfachstamm aussehen.

Traditionelle, glasierte chinesische Schale
Die handfeste, runde Schale unterstreicht die kräftigen Stämme und betont, wie sie an der Basis des Baumes zusammentreffen.

Rot umrandetes Laub
Die massigen Sukkulentenblätter sind eindrucksvoll leuchtend grün und werden rot umrandet, wenn der Baum im vollen Sonnenlicht wächst.

Crataegus Weißdorn

Diese kleinen Laubbäume haben einen dichten Wuchs und dornige Äste, die sie ideal zum Gebrauch als Heckenpflanzen machen. Durch ihre kleinen Blätter eignen sie sich besonders als Bonsai. Sie stammen aus Nordamerika, Asien und Westeuropa. Im Frühling tragen sie büschelweise weiße, rosa oder rote Blüten, gefolgt von orangefarbenen oder roten Beeren im Herbst. Der Gemeine Weißdorn, *Crataegus monogyna*, hat weiße, starkduftende Blüten. *C. laevigata* kommt seltener in der Natur vor, hat aber viele Hybriden, wie z. B. 'Paul's Scarlet', mit sehr schönen, doppeltgefüllten, scharlachroten Blüten. Der Japanische Weißdorn, *C. cuneata*, hat sehr große hagebuttenförmige Beeren und weiße Blüten.

Pflegetips

- ◉ Volle Sonne; schützen Sie kleine Bonsai vor Frost.
- ◌ Während der Wachstumszeit täglich großzügig gießen. Immer feucht halten. Regelmäßig gegen Mehltau spritzen.
- ⊡ Zweimal monatlich während der Wachstumszeit.
- ▣ Einmal im Jahr, im Frühling oder Herbst mit Grunderdmischung.
- ▨ Im Frühling zupfen Sie die Triebspitzen auf zwei oder drei Blätter zurück. Schneiden Sie die Äste nach der Blüte oder nach dem Laubfall.
- ▤ Artenvermehrung: Samen werden im Winter stratifiziert und im Frühling ausgesät; weiche Triebe im Sommer schneiden, Hybriden: Pfropfen im späten Winter oder im zeitigen Frühling.

Gestaltung
Weißdorn kann in allen Größen und Stilarten gezogen werden, außer streng aufrecht oder als Besenform.

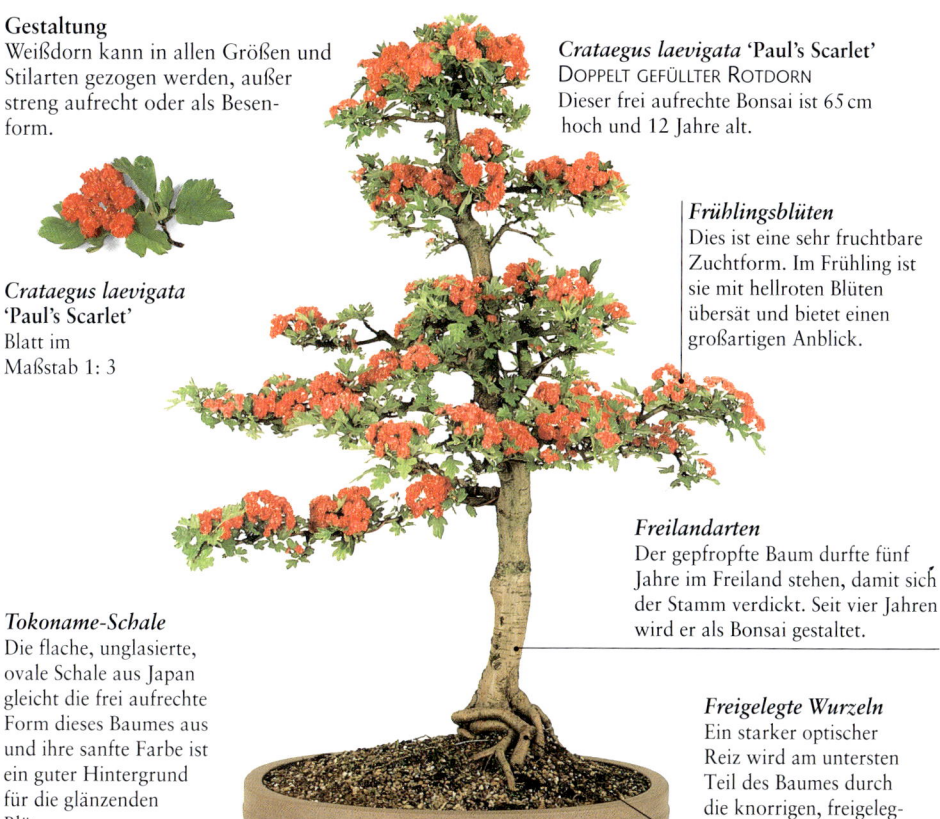

Crataegus laevigata 'Paul's Scarlet'
Blatt im Maßstab 1:3

Crataegus laevigata 'Paul's Scarlet'
DOPPELT GEFÜLLTER ROTDORN
Dieser frei aufrechte Bonsai ist 65 cm hoch und 12 Jahre alt.

Frühlingsblüten
Dies ist eine sehr fruchtbare Zuchtform. Im Frühling ist sie mit hellroten Blüten übersät und bietet einen großartigen Anblick.

Freilandarten
Der gepfropfte Baum durfte fünf Jahre im Freiland stehen, damit sich der Stamm verdickt. Seit vier Jahren wird er als Bonsai gestaltet.

Tokoname-Schale
Die flache, unglasierte, ovale Schale aus Japan gleicht die frei aufrechte Form dieses Baumes aus und ihre sanfte Farbe ist ein guter Hintergrund für die glänzenden Blüten.

Freigelegte Wurzeln
Ein starker optischer Reiz wird am untersten Teil des Baumes durch die knorrigen, freigelegten Wurzeln erzeugt.

Cryptomeria japonica   Japanische Sicheltanne

Diese immergrüne Gattung hat nur eine Art, *Cryptomeria japonica*. Es sind jedoch viele Zuchtformen aus ihr entwickelt worden. *C. japonica* ist ein großer Baum mit einem geraden Stamm; er wird in Europa und Nordamerika zur Zierde gepflanzt, in Japan dagegen als Nutzholz. Seine Form ist normalerweise kegelförmig. Er hat schöne Farben: das spitze, nadelähnliche Laub ist glänzend blaugrün, die Rinde ist rotbraun und schält sich in Streifen ab. Bei Kälte oder Frost kann sich die Tönung des Laubes von frischem Grün in Olivgrün, Braun oder fast Purpurrot verändern. Die glänzende Farbe kommt aber schnell zurück, wenn das Wetter wärmer wird. Eine japanische Zwergform, *C. j.* 'Yatsubusa' wird oft für Bonsai gewählt. Sie wächst von Natur aus kegelförmig und ihr Laub hat eine straffe, kompakte Form.

Gestaltung
Streng aufrecht, Felsenform, Doppelstamm, Mehrfachstamm und Gruppenpflanzungen sind geeignete Stilarten. Zwergformen eignen sich besonders für Felspflanzungen und Saikei. *C. japonica* wird am besten für mittlere und sehr große Bonsai genommen. Die Zwergformen für sehr kleine und mittlere Größen.

Cryptomeria japonica 'Yatsubusa'
JAPANISCHE SICHELTANNE
Diese Gruppe von 10 bis 15 Jahre alten Bäumen wurde vor vier Jahren zusammengepflanzt und hat eine Gesamthöhe von 63 cm erreicht.

Perspektivische Wirkung
Bei dieser Gestaltung gibt es zwei Gruppen, wobei die kleineren, schlankeren Bäume im Hintergrund stehen und so die Vorstellung von Tiefe vermitteln.

Schieferplatte
Durch das natürliche Material mit seinem unregelmäßigen Umriß erhält man den realistischen Rahmen für eine Landschaft.

Pflegetips
◉ Volle Sonne, im Sommer leicht schattieren. Vor Frost und austrocknenden Winden schützen.
◌ Während der Wachstumsperiode einmal täglich großzügig gießen und übersprühen. Im Winter sparsamer gießen.
⊡ Vom Frühling bis zum Spätherbst alle zwei Wochen düngen.
▣ Alle zwei Jahre in der Jahresmitte umtopfen. Bei älteren Bäumen etwa alle fünf Jahre, je nach der Entwicklung der Wurzeln. Verwenden Sie eine Grunderdmischung.
▨ Während der Wachstumsperiode neue Triebe, wenn sie ca. 12 mm lang sind, zurückzupfen.
▤ Stecklinge aus noch nicht verholzten Trieben im Sommer.

Cryptomeria japonica
'Yatsubusa'
Blatt im Maßstab 2:3

Feines Laub
Das Laub folgt eng dem Stamm-
verlauf. Im Herbst werden die
Nadeln intensiv bronzefarben.

Elaeagnus   Ölweide

Die Familie der Ölweiden beinhaltet immergrüne und laubabwerfende Sträucher und kleine Bäume. Viele sind schnellwüchsig und widerstandsfähig gegen Wind. Sie sind in Asien und Nordamerika beheimatet, werden aber überall gezogen. Einige sind laubabwerfend, andere immergrün. Aus *Elaeagnus multiflora* kann man gute Bonsai gestalten, sie sind laubabwerfend und ihre Blätter sind an der Oberseite grün und auf der Unterseite silbrig. Die kleinen, duftenden Blüten erscheinen im Frühling und bringen im Sommer blutrote, längliche Früchte hervor. Das immergrüne Laub von *E. pungens*, der Dornigen Ölweide, ist auf der Oberseite leuchtend grün und die Unterseite ist weiß und braun gesprenkelt. Im Herbst hat sie wohlriechende, weiße Blüten.

Gestaltung
Frei aufrechte und geneigte Stilarten, die Halbkaskade und die Kaskade sind für die Ölweide geeignet; für kleine bis große Bonsai.

***Elaeagnus
multiflora***
Blatt im Maßstab 1:3

Elaeagnus multiflora
REICHBLÜTIGE ÖLWEIDE
Dieses kräftige 10jährige Exemplar wurde gepfropft und ist jetzt 20 cm hoch.

Der Reiz der Blätter
Die Unterseiten der ledrigen, leuchtend grünen Blätter sind silbrig, manche sind leicht braun gesprenkelt.

Nach oben gerichtetes Wachstum
Der Baum wurde nur durch Schneiden gestaltet. Die Wuchsrichtung der Zweige geht nach oben, was das Drahten überflüssig macht.

Blaue, glasierte Schale
Die Farbe dieser wolkenförmigen, japanischen Tokoname-Schale ergänzt die Fülle von glänzendem Laub.

Euonymus   Spindelstrauch

D iese Sträucher und kleinen Bäume, bekannt
als »Spindeln«, wachsen auf allen Kontinen-
ten außer in Südamerika und Afrika. Sie sind sehr
mannigfaltig und können sowohl laubabwerfend
als auch immergrün sein. Das Laub und die
Früchte der laubabwerfenden Arten stellen im
Herbst blendende Farben zur Schau. Der schönste
ist *Euonymus alata*, der Geflügelte Spindelstrauch. Es gibt zwei Arten, aus denen man
attraktive Bonsai gestalten kann. Einmal ist das
E. europaea, das Europäische Pfaffenhütchen, mit
herrlichen scharlachroten Samenkapseln und
dann der Japanische Spindelstrauch, *E. hamilto-
niana* ssp. *sieboldianus*. Seine blaßgrünen Blüten
werden zu weißrosa Früchten mit roten Samen.

Gestaltung
Euonymus-Bäume und Sträucher eignen sich für alle Stilarten, außer
der Besenform. Sie sind für
alle Größen geeignet.

Pflegetips
● Heller Standort mit etwas Sonne. Kleine Bonsai im Winter vor Frost schützen.
◌ Im Sommer täglich gießen. Im Winter nicht so häu-fig. Die Blätter in der Wachstumsperiode besprühen.
⚙ Vom späten Frühjahr bis zum späten Sommer alle zwei Wochen düngen.
▬ Jedes Jahr im zeitigen Frühjahr umtopfen, bis der Baum 10 Jahre alt ist. Dann alle zwei Jahre oder wenn die Wurzeln die Schale ausfüllen. Verwenden Sie eine Grunderdmischung.
✄ Die neuen Triebe im Frühjahr auf zwei bis drei Blätter zurückschneiden. Während der Wachstums-periode zweimal wiederholen. Schneiden Sie alte Äste im Herbst oder im zeitigen Frühjahr.
✇ Vermehren durch Stecklinge aus noch nicht ver-holzten Trieben im Sommer, durch verholzte Steck-linge im Herbst, im Frühling oder Sommer durch Absenken.

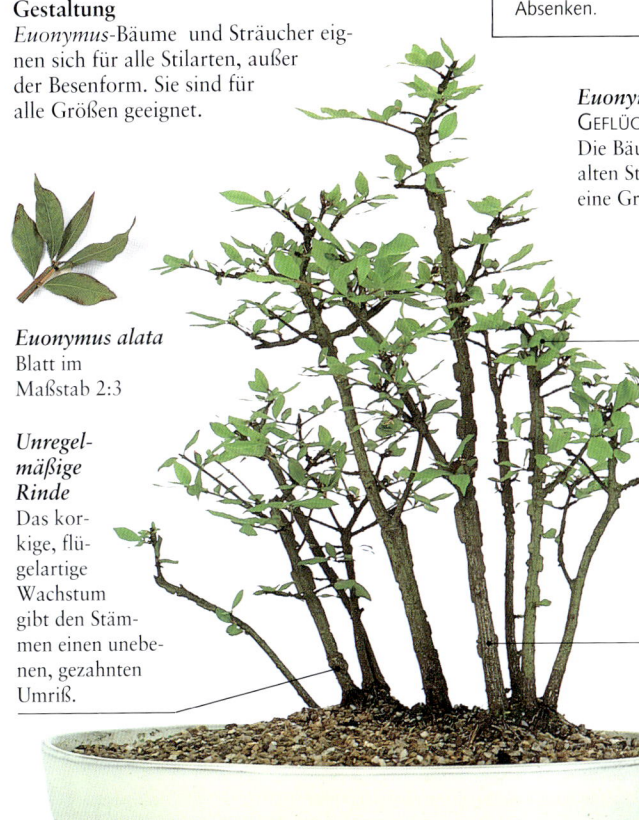

Euonymus alata
Blatt im
Maßstab 2:3

*Unregel-
mäßige
Rinde*
Das kor-
kige, flü-
gelartige
Wachstum
gibt den Stäm-
men einen unebe-
nen, gezahnten
Umriß.

Euonymus alata
GEFLÜGELTER SPINDELSTRAUCH
Die Bäume, die aus drei bis fünf Jahre
alten Stecklingen gezogen wurden, bilden
eine Gruppe von 20 cm Höhe.

Zusammengesetzte Blätter
Das frische, grüne Laub färbt
sich im Herbst rot ein.

Eine zierliche Gruppe
Diese Pflanzung wird seit einem
Jahr als Gruppe gestaltet. Schlan-
ke, abgewinkelte Stämme und
Äste, die andere kreuzen, erzeugen
ein natürliches Aussehen.

Weiße, glasierte Schale
Diese einfache Schale
bringt die dunklen Stäm-
me und das glänzende,
farbige Laub zur Geltung.

Fagus crenata   Japanische Kerbbuche

Die beeindruckenden Buchen sind Laubbäume, die in der nördlichen Hemisphäre wachsen. Die beruhigende Brise eines Buchenwaldes wird bei Bonsai oft neu geschaffen, indem man die Bäume zu einer Waldpflanzung gruppiert. Die rostbraunen, abgestorbenen Blätter der Japanischen Kerbbuche bleiben den ganzen Winter über am Baum. Sie fallen erst ab, wenn die neuen Knospen sie im Frühling dazu zwingen. Diese Buche hat spitzere, schmälere und kleinere Blätter als die europäischen Arten (siehe gegenüberliegende Seite) und hat einen blassen, schlanken Stamm. Es ist üblich, den Stamm mit Wasser und einer alten Zahnbürste weißer zu schrubben. Mit einer schwefeligen Lösung, die man manchmal im Winter benutzt, um Schädlinge abzutöten, kann man die Rinde fast weiß bleichen.

Gestaltung
Frei aufrecht, streng aufrecht, geneigt, Doppelstamm, Mehrfachstamm und Gruppenpflanzungen sind geeignete Stilarten. Wegen der Blattgröße eignen sie sich für mittlere bis sehr große Bonsai.

Fagus crenata
JAPANISCHE KERBBUCHE
Diese Gruppe 15jähriger Bäume hat eine Gesamthöhe von 75 cm.

Gekerbte, ovale Blätter
Das Laub wechselt im Herbst von frischem Grün zu Rostbraun und bleibt den ganzen Winter am Baum.

Dichtgepflanzte Gruppe
Die Gestaltung besteht aus drei Gruppen von eng zusammengepflanzten Stämmen.

Farbunterschied
Die fast weiße Rinde des erwachsenen Baums bildet einen schönen Gegensatz zu der warmen Herbstfarbe der Blätter.

Ovale, unglasierte Schale
Eine flache, abgerundete Schale erhöht den Eindruck einer natürlichen Landschaft.

Pflegetips
◉ Volle Sonne, im Sommer halbschattig. Schützen Sie junges Laub vor Wind.
◊ Täglich während der Wachstumsperiode gießen. Das Laub verbrennt sehr leicht, daher an sonnigen Tagen Wasser auf den Blättern vermeiden. Im Winter sparsamer gießen, aber achten Sie darauf, daß die Erde nicht austrocknet.
▣ Alle vierzehn Tage düngen, einen Monat nach der Entfaltung des Laubes bis in den Spätsommer hinein.
▣ Jedes zweite Jahr im zeitigen Frühjahr umtopfen, bis der Baum 10 Jahre alt ist. Danach erst wieder, wenn die Wurzeln die Schale ausfüllen. Verwenden Sie eine Grunderdmischung.
▧ Im Frühling die Triebspitzen auf zwei Blattpaare zurückzupfen. Große Blätter nur während der Wachstumsperiode entfernen. Kein Blattschnitt.
▤ Frische Samen im Herbst, stratifizierte Samen im Frühling säen.

Fagus crenata
Blatt im Maßstab 1:3

Fagus sylvatica Rotbuche

Die in Europa beheimatete Buche ist ein majestätischer Baum mit anmutigen, sich ausstreckenden Ästen. Ihr dichtes Laub wechselt von frischem, hellem Frühlingsgrün zu einem dunkleren Grün im Sommer und hat herbstliche Rostbraun- und Goldtöne. Die Buche wird allgemein als Nutzholz, als Zierde oder für Hecken gepflanzt. Buchen wachsen langsam, es dauert sehr lange, bis sich ein einzelner dickstämmiger Bonsai entwickelt. Dafür wird man durch das Ergebnis großartig belohnt. Buchen werden oft als Gruppenpflanzungen gestaltet, da sie bereits reif aussehen, wenn sie erst wenige Jahre alt sind. Diejenigen Arten von *Fagus sylvatica*, die purpurrote oder geschlitzte Blätter haben, sollten als Einzelexemplare gezogen werden.

Gestaltung

Streng aufrecht, frei aufrecht, geneigte Form, Doppelstamm, Mehrfachstamm und Gruppenpflanzungen sind gute Stilarten. Mittlere und sehr große Bonsai sind wegen der größeren Blätter am besten.

Pflegetips

◉ Volle Sonne, aber in der starken Sommersonne schattieren. Schützen Sie junges Laub vor Wind.

◌ Täglich während der Wachstumsperiode gießen. Bei praller Sonne kein Wasser auf die Blätter fallen lassen, da sie sonst verbrennen. Im Winter sparsamer gießen, aber die Erde immer feucht halten.

⚏ 14tägig düngen, beginnen Sie einen Monat nach der Laubentfaltung und dann bis in den Spätsommer hinein.

▭ Jedes zweite Jahr im zeitigen Frühjahr umtopfen, bis der Baum 10 Jahre alt ist. Danach je nach Entwicklung der Wurzeln. Verwenden Sie eine Grunderdmischung.

▧ Im Frühling die Triebspitzen auf zwei Blattpaare pinzieren. Entfernen Sie große Blätter jederzeit während der Wachstumsperiode, aber vermeiden Sie einen völligen Blattschnitt.

☑ Frische Samen im Herbst, stratifizierte Samen im Frühling säen.

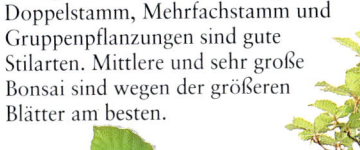

Fagus sylvatica
Blatt im Maßstab 1:3

Wohlgestaltetes Laub
Die seidigen, gezackten, ovalen Blätter sind im Sommer grün und nehmen im Herbst eine goldene Färbung an.

Typische Form
Die Silhouette zeigt den charakteristischen, aufrechten, sich ausbreitenden Wuchs der Buche.

Fagus sylvatica
ROTBUCHE
Dieses schöne, frei aufrechte Exemplar wurde seit 20 Jahren als Bonsai gestaltet. Es ist 35 Jahre alt und 90 cm hoch.

Unglasierte, ovale Schale
Die warmen Töne dieser japanischen Tokoname-Schale ergänzen das Frühjahrs- und Sommergrün und verstärken das satte Herbstlaub.

Ficus   Feige

*F*eigenbäume sind meistens tropische Pflanzen
und wachsen wild im Dschungel Südostasiens.
Diese große Familie besteht aus hunderten von
Arten. *Ficus elastica*, der bekannte Gummibaum,
wird als Zimmerpflanze gezogen, aber die klein-
blättrigeren Arten sind für Bonsai besser geeignet.
In Europa und Nordamerika sind die häufigsten
Arten *F. benjamina*, die zierliche Birkenfeige und
die aufrechte *F. microcarpa*, die Banyan-Feige. In
Australien, mit seinem wärmeren Klima wachsen
mehr Arten, beispielsweise *F. macrophylla*,
F. rubiginosa und *F. platypoda*.

Gestaltung

Kleinblättrige Arten eignen sich am besten für
kleine Bonsai, obgleich Feigen in allen Größen
und Stilarten, außer der Literatenform, gezogen
werden können. Die hervorragenden Luftwurzeln
der Banyan-Arten, wie *F. retusa*, werden oft in
Wurzel-über-dem-Felsen-Pflanzungen gestaltet.

Pflegetips

◉ Toleriert wenig Licht. Vor Frost und Windzug
schützen. Mindesttemperatur 15 °C. Vermeiden Sie
Schwankungen bei der Temperatur und bei der Erd-
feuchtigkeit.
◊ Im Sommer reichlich gießen, besonders bei
schlechten Lichtverhältnissen (z.B. bei Bonsai in normal beleuchteten Räumen). Für Luftfeuchtigkeit
durch Übersprühen sorgen.
⚡ Während der Wachstumsperiode alle zwei
Wochen düngen.
▦ Jedes zweite Jahr im Frühjahr umtopfen. Verwen-
den Sie eine Grunderdmischung.
▨ Während der Wachstumsperiode auf zwei bis
drei Blätter zurückschneiden. Bei starken Pflanzen im
Sommer totaler Blattschnitt. Die Schnittstellen son-
dern einen milchigen Gummisaft ab. Daher größere
Äste im Winter schneiden und mit Wundverschluß-
mittel behandeln. Drahten zu jeder Zeit möglich.
☑ Stecklinge aus noch nicht verholzten Trieben im
Sommer. Abmoosen im Frühjahr.

Ficus microcarpa
BANYAN-FEIGE
Dieses 25jährige, frei aufrechte Exemplar ist
75 cm hoch.

Ficus microcarpa
Blatt im Maßstab 1:3

Immergrüne Blätter
Glänzendes Laub deckt
die Äste völlig ab.

Gesamtes Wurzelwerk
Die starken Luftwurzeln
umschlingen den unteren
Teil des Stammes von
diesem gesunden,
kräftigen Baum.

Kraftvoller Stamm
Eine interessante Anordnung von
Ästen in unterschiedlichen Win-
keln wird durch den schweren
Stamm noch unterstützt.

Grüne, wolkenförmige Schale
Die Gestaltung ist durch die Form
und Größe dieser glasierten, chinesischen Schale ausgewogen.

Fuchsia Fuchsie

Viele Menschen haben eine Vorliebe für diese Sträucher mit ihren wunderschönen Blüten. Fuchsien sind subtropische Pflanzen aus Mittel- und Südamerika, trotzdem können einige von ihnen leichte Fröste überstehen. Sie werden oft als Hochstamm gezogen. Der Haupttrieb wird an einem Stab befestigt und die Seitentriebe werden entfernt, damit ein Stamm entsteht. Die neuen Triebe werden in der Krone so geschnitten und pinziert, daß sie »trauern«. Mit der gleichen Technik können Sie baumartige Formen gestalten. Fuchsien mit kleinen Blättern und Blüten sind am besten für Bonsai geeignet, wie zum Beispiel *F. microphylla*, *F. × bacillaris* und die Sorten 'Tom Thumb' sowie 'Lady Thumb'.

Gestaltung

Gestalten Sie Fuchsien in frei aufrechter und geneigter Form, als Halbkaskade, Kaskade und als Wurzel-über-dem-Felsen-Stil in sehr kleinen bis mittleren Größen.

Pflegetips

● Volle Sonne. Zimmerfuchsien brauchen einen hellen Standort. Wenn sie draußen wachsen, benötigen sie eine Mindesttemperatur von 7 °C.

◊ Täglich während der Wachstumsperiode gießen. Im Winter die Erde gerade noch feucht halten oder zwischen dem Gießen austrocknen lassen. Übersprühen, um Luftfeuchtigkeit herzustellen.

⚡ Während der Wachstumsperiode alle zwei Wochen düngen.

▣ Einmal im Jahr, im zeitigen Frühjahr umtopfen. Verwenden Sie eine Grunderdmischung.

◣ Zupfen Sie neue Triebe ständig während der Wachstumsperiode zurück. Äste im Winter schneiden.

◨ Stecklinge aus noch nicht verholzten Trieben im Frühling oder Sommer.

Fuchsia microphylla
Blatt im
Maßstab 2:3

Wurzel-über-dem-Felsen
Die Gestaltung auf dem Felsen hebt die interessanten Formen und die Beschaffenheit sowohl des Stammes als auch der Wurzeln hervor.

Fuchsia microphylla
ZWERGFUCHSIE
Dieses Exemplar wird mehr wegen seiner interessanten Struktur als wegen seiner Blüten gezogen. Der acht Jahre alte Baum ist nur 15 cm hoch. Er wurde aus einem Steckling in der Wurzel-über-dem-Felsen-Stilart gezogen.

Baumähnliche Form
Winzige Blätter und zierliche Zweige tragen zu dem realistischen, baumartigen Erscheinungsbild bei, selbst bei diesem sehr kleinen Maßstab.

Ovale, japanische Tokoname-Schale
Die Einfachheit dieser flachen braunen, unglasierten Schale lenkt die Aufmerksamkeit auf die Attraktivität des Baums.

Gingko biloba Gingko

Der Gingko wird als Zierbaum überall auf der Erde gepflanzt. Die Japaner pflanzen ihn an geheiligten Stätten, sehr oft neben buddhistischen Tempeln. Wenn der Baum älter wird, nehmen seine offenen, aufrechten Äste ein dichtes, säulenförmiges Aussehen an. Bei Bonsai ist das Schneiden die einzige Möglichkeit, diese Tendenz zu einem flammenförmigen Aussehen zu unterstützen. Der Gingko ist einer der wenigen laubabwerfenden Koniferen und der einzige Überlebende einer Baumfamilie, die in prähistorischer Zeit verbreitet war. Botaniker dachten lange, der Baum sei in der Natur ausgestorben, bis er im 17. Jahrhundert in Ostchina wiederentdeckt wurde.

Pflegetips

● Volle Sonne. Junge Bäume im Halbschatten. Insbesondere die Wurzeln vor Frost schützen.

◌ Täglich während der Wachstumsperiode gießen. Im Winter relativ trocken halten, feuchte Wurzeln werden leicht durch Frost geschädigt.

✿ Vom Frühling bis zum Hochsommer alle zwei Wochen düngen.

▣ Bis der Baum 10 Jahre alt ist, jedes Jahr im zeitigen Frühjahr umtopfen, danach jedes zweite Jahr. Bei älteren Bäumen jedes dritte Jahr. Verwenden Sie eine Grundmischung.

✂ Während der Wachstumsperiode zweimal neue Triebe auf zwei bis drei Blätter zurückschneiden, wobei das oberste Blatt nach außen zeigen sollte. Äste nach dem Laubfall schneiden. Vermeiden Sie große, sichtbare Schnitte, da sie nicht überwallen. Nicht drahten.

☘ Samen im Herbst stratifizieren und im zeitigen Frühjahr aussäen. Verholzte Stecklinge im Herbst. Abmoosen im Frühling.

Gestaltung

Frei aufrecht und Mehrfachstamm sind wie geschaffene Stilarten für den Gingko. Wegen der großen Blätter und der groben Zweige sind mittlere bis sehr große Größen am besten.

Gingko biloba
Blatt im Maßstab 1:3

Gingko biloba
GINGKO
Dieser 20 Jahre alte, streng aufrechte Baum ist 75 cm hoch.

Herbstlaub
Die großen, attraktiv geformten Blätter wechseln im Herbst von Grün zu blassem Gelb.

Ein dicker Stamm
Der junge Baum wurde einige Jahre lang ins Freiland gesetzt, um einen starken Stamm zu bilden. Seit 12 Jahren wächst er in einer Schale.

Unglasierte Schale
Die Breite und die Tiefe dieser japanischen Tokoname-Schale gibt der schmalen, aufrechten Gestaltung ein Gegengewicht.

Gleditsia triacanthos Gleditschie

Die Gleditschie ist ein eleganter Baum mit gefiederten, farnartigen Blättern, die im Herbst blaßgelb werden. Ihre Samen sind in langen, braunen Hülsen, wie sie für die Familie der Leguminosen charakteristisch sind, eingebettet. Ihre Äste sind mit verzweigten, dreikantigen Dornen bedeckt. Die Gleditschie kommt aus dem Zentrum und dem Osten der Vereinigten Staaten von Amerika. Die großen Bäume sind widerstandsfähig gegen Luftverschmutzung und werden daher oft in Städten angepflanzt. Aus dem gleichen Grund wächst er auch in Stadtgärten als Bonsai gut.

Gestaltung
Frei aufrecht, geneigt, Halbkaskaden, Kaskaden und Doppelstämme sind geeignete Stilarten. Die besten Größen sind klein bis mittelgroß.

Pflegetips

● Volle Sonne. Im Winter vor Frost schützen, um das Absterben von Zweigen verhindern

◊ Während der Wachstumsperiode täglich gießen. Im Winter sparsamer, um die Erde gleichmäßig feucht zu halten.

⚬ Während der Wachstumsperiode alle zwei Wochen düngen.

■ Jedes zweite Jahr im Frühling umtopfen. Verwenden Sie eine Grunderdmischung.

✎ Im Winter Äste stark zurückschneiden oder ganz entfernen. Im Frühling erscheinen neue Triebe aus dem altén Holz. Ein Sommerschnitt besteht nur aus dem Einkürzen neuer Triebe.

✂ Im Frühling durch Aussaat. Stecklinge aus noch nicht verholzten Trieben im Sommer.

Gleditsia triacanthos
Blatt im Maßstab 2:3

Frische, grüne Blätter
Das zierliche, gefiederte Laub täuscht ein zartes Aussehen des Bonsai vor. In Wirklichkeit hat der Baum eine starke, widerstandsfähige Konstitution.

Gleditsia triacanthos
GLEDITSCHIE
Dieser frei aufrechte Baum ist sechs Jahre alt und 25 cm hoch.

Gestaltung der Form
Der Stamm wurde durch vierjähriges Wachstum im Freiland verdickt. Der Baum ist erst seit einigen Monaten in der Schale und seine Form wird noch weiter verfeinert.

Deutsche »Schilf«-Schale
Die glasierte, runde Schale von Petra Engelke gleicht die Höhe und die radiale Ausbreitung dieses Bonsai aus.

Ilex crenata
Japanische, immergrüne Stechpalme

Die Stechpalmen sind Bäume und Sträucher der nördlichen Hemisphäre. *Ilex crenata* und *I. serrata* (siehe gegenüberliegende Seite) werden beide allgemein als »Japanische Stechpalme« benannt, obwohl sie sich nicht ähnlich sehen und auch andere Wuchseigenschaften haben. *I. crenata* ist ein langsam wachsender, immergrüner Strauch mit winzigen, kleinen Blüten und buchsbaumartigen Blättern (Seite 190). Die weiblichen Pflanzen tragen glänzende, schwarze Beeren. *I. crenata* eignet sich mit ihren kleinen Blättern und den feineren Ästen viel besser für Bonsai als *I. aquifolium*, die bekannte Europäische oder Englische Stechpalme. Nützliche, kompakte Zuchtformen, bei denen sich die Anzucht lohnt, sind *I. c.* 'Convexa' und *I. c.* 'Stokes'.

Gestaltung
Für alle Stilarten, außer der Besenform und für sehr kleine bis große Bonsai geeignet.

Ilex crenata 'Convexa'
JAPANISCHE, IMMERGRÜNE STECHPALME
Dieser frei aufrechte Baum ist 15 Jahre alt und 20 cm hoch.

Der Reiz der Farbe
Das ganze Jahr über haben die glänzenden, immergrünen Blätter ihren Reiz.

Kompliziertes Gefüge
Starke, verflochtene Wurzeln, die über der Erde exponiert sind, erhöhen den Reiz der Gestaltung.

Pflegetips
● Gleichgültig ob Sonne oder Schatten; extrem schattenverträglich. Bei Bonsai, die draußen stehen, müssen die Wurzeln vor Frost und das Laub vor eisigen Winden geschützt werden.
🌢 Zumindest im Sommer täglich gießen, im Winter weniger häufig. Im Sommer übersprühen.
⚘ Während der Wachstumsperiode alle zwei Wochen düngen.
▣ Jeden zweiten Frühling umtopfen. Verwenden Sie eine Grunderdmischung.
✎ Um eine schöne Gestalt zu bekommen, werden junge Exemplare konstant geschnitten. Bei der Weiterzucht werden überflüssige Äste entfernt und die neuen Triebe auf zwei bis drei Blätter zurückgeschnitten. Vorsicht beim Drahten.
▥ Stecklinge aus noch nicht verholzten Trieben im Frühling oder Sommer. Um fruchtende Bäume zu erhalten, nehmen Sie Stecklinge von weiblichen Pflanzen.

Ilex crenata 'Convexa'
Blatt im Maßstab 2:3

Asymmetrische Gestalt
Der lange, untere Ast, der an der Hauptbiegung des Stammes entspringt, trägt zu der dreieckigen Silhouette bei.

Grüne, glasierte Schale
Diese runde Schale mit ihren feinen Schattierungsnuancen stammt von Petra Engelke.

Ilex serrata   *(I. sieboldii)* Japanische, laubabwerfende Stechpalme

Die schmalen, gesägten Blätter von *Ilex serrata* ähneln mehr den Blättern von Kirsch- oder Apfelbäumen, als denen der Europäischen Stechpalme, *I. aquifolium.* Daher ist diese in Japan beheimatete Pflanze ausgezeichnet für Bonsai geeignet. Im Herbst und Winter bildet die etwas graue Rinde einen schönen Gegensatz zu den leuchtenden, roten Beeren und dem farbigen Laub. Um Beeren zu erhalten, müssen Sie eine weibliche Pflanze nehmen. Eine männliche Pflanze (nicht unbedingt ein Bonsai) muß wegen der Befruchtung in der Nähe sein. In Japan nimmt man manchmal die weißbeerige *I. s.* 'Leucocarpa' für Bonsai. Es gibt auch noch eine Zuchtform mit gelben Beeren. Die Zwitterform *I. s.* 'Subtilis' ('Koshobai') ist eine ideale Zwergform für kleinste Bonsaigrößen.

Pflegetips

● Volle Sonne oder Schatten. Ein Standort in der Sonne ist für eine gute Herbstfärbung und das frühe Reifen der Beeren am besten. Vor Frost schützen.

◊ Während des ganzen Sommer täglich gießen. Damit die Früchte nicht abfallen, Erde immer feucht halten.

⊡ Während der Wachstumsperiode alle zwei Wochen düngen.

▣ Bis der Baum zehn Jahre alt ist, jedes Jahr im zeitigen Frühjahr umtopfen, danach alle zwei Jahre, Verwenden Sie eine Grunderdmischung.

⬀ Alle überflüssigen Triebe im Sommer entfernen, solange sie noch weich sind. Andere Triebe auf zwei bis drei Blätter zurückschneiden.

⊡ Aussaat von stratifizierten Samen im zeitigen Frühjahr. Die meisten Sämlinge sind männlich und fruchten nicht. Stecklinge aus noch nicht verholzten Trieben im Frühling oder Sommer. Abmoosen im Frühling.

Gestaltung

Die japanische, laubabwerfende Stechpalme kann für alle Stilarten genommen werden und sieht in allen Größen gut aus.

Ilex serrata
Blatt im Maßstab 2:3

Ilex serrata
JAPANISCHE, LAUBABWERFENDE STECHPALME
Dieser frei aufrechte Baum ist 5 Jahre alt und 45 cm hoch.

Eindrucksvolle Farben
Die zarten, ovalen Blätter wechseln von Hellgrün zu roten und purpurfarbenen Schattierungen bevor sie im Herbst abfallen.

Offene Aststruktur
Der gespaltene Stamm, attraktiv gealtert, trägt eine Krone von offenen Ästen. Dies ist besonders im Winter interessant, wenn er mit glänzenden, roten Beeren geschmückt ist.

Blaue, glasierte Schale
Eine wolkenförmige, japanische Tokoname-Schale hält die Gestaltung im Gleichgewicht.

Jasminum nudiflorum Winterjasmin

Im tiefsten Winter heben sich die leuchtenden, gelben Blüten des *Jasminum nudiflorum* gegen seine gebogenen grünen, unbelaubten Äste ab. Gleichgültig, ob der Winterjasmin als der bekannte kletternde Strauch oder als Bonsai gezogen wird, immer sind seine fröhlichen, sternförmigen Blüten sehr willkommen. Im Frühling und Sommer bedecken schmale dunkelgrüne Blätter die Stengel. Die Größe der Blätter und Blüten macht diesen bezaubernden, laubabwerfenden Strauch besonders gut für Bonsai geeignet.

Gestaltung
Winterjasmin sieht sehr gut in frei aufrechten und geneigten Stilarten aus. Auch für Halbkaskaden, Felspflanzungen, Wurzel-über-dem-Felsen-Pflanzungen und Mehrfachstamm ist er geeignet. Er kann in sehr kleinen bis mittleren Größen gezogen werden.

Pflegetips

◉ Sonniger Standort, aber im Sommer vor praller Sonne und im Winter vor scharfen Frösten schützen.
◌ Im Sommer täglich gießen. Immer feucht halten.
⊡ Nach dem Abblühen bis in den Spätsommer zwei- bis dreimal im Monat düngen.
⊡ Jährlich bevorzugt im Herbst umtopfen. Wenn vorsichtig umgegangen wird, auch zu jeder anderen Jahreszeit. Verwenden Sie eine Grunderdmischung.
⊠ Blüten erscheinen am vorjährigen Holz. Im späten Frühjahr neue Triebe auf ein Blattpaar zurückschneiden. Im Herbst die Äste noch einmal auf drei bis vier Blattpaare zurückschneiden.
⊡ Stecklinge aus noch nicht verholzten Trieben im Sommer, verholzte Stecklinge im Herbst oder Winter. Abmoosen im Sommer.

Blüten, bevor das Laub kommt
Im Winter erscheinen sonnengelbe Blüten an kahlen Ästen. Bald folgen ihnen winzige, dunkelgrüne Blätter.

Jasminum nudiflorum
Blatt im Maßstab 2:3

Baumartiges Aussehen
Um diese Struktur des Stammes und der Äste zu erreichen, war kein Drahten notwendig. Sie wurde durch Schneiden erzielt.

Jasminum nudiflorum
WINTERJASMIN
Diese strauchartige Pflanze ist zehn Jahre alt, frei aufrecht gestaltet und 17cm hoch.

Tokoname-Schale
Diese blaue, glasierte, ovale Schale schafft einen hervorragenden Farbkontrast zu den Blüten.

Juniperus chinensis 'Blaauw' Chinesischer Wacholder

Zwei Wacholder aus dem Nordosten Asiens, *Juniperus chinensis* und *J. sabina* haben sich auf natürliche Art gekreuzt und *J. × media*, heute *J. chinensis*, hervorgebracht. Aus dieser Kreuzung haben Gärtner viele Zuchtformen für den Garten entwickelt. Das Laub ist oft eine Mischung aus jugendlichen, nadelartigen und erwachsenen, schuppenförmigen Blättern. Dies ist für Bonsai eine schwierige Kombination, darum verwendet man meistens Zuchtformen oder Klone, die entweder den einen oder anderen Blatt-Typ aufweisen. *J. chinensis* 'Blaauw' ist eine starkwachsende Konifere mit Ästen, die abgeschrägt aufwärts und fächerförmig wachsen. Das Laub ist schuppenförmig und blaugrün. Die rauhe, purpur-braune Rinde läßt den Baum, selbst wenn er noch jung ist, reif aussehen.

Pflegetips

⊙ Volle Sonne, im Sommer im Halbschatten. Vor strengem Frost schützen.

◔ Im Sommer täglich gießen und übersprühen. Im Winter feucht halten.

⊡ Von Beginn der Wachstumsperiode an bis Mitte Herbst alle zwei Wochen düngen.

▪ Bis der Baum zehn Jahre alt ist jedes zweite Jahr, im zeitigen Frühjahr umtopfen, danach alle fünf Jahre (Kontrollieren Sie jährlich die Wurzeln). Verwenden Sie eine wasserdurchlässige Erdmischung.

▧ Um eine kompaktere Form zu erhalten, zupft man während der Wachstumsperiode die Spitzen der frischen Triebe mit den Fingern. Dabei jedoch nicht zu kräftig auf einmal vorgehen, da sonst jugendliches, nadelartiges Wachstum angeregt wird. Drahten ist zu jeder Jahreszeit möglich.

▨ Stecklinge aus noch nicht verholzten Trieben zu jeder Zeit.

Gestaltung
Chinesische Wacholder eignen sich für alle Größen und Stilarten außer der Besenform.

Juniperus chinensis 'Blaauw'
CHINESISCHER WACHOLDER
Dieser schöne, wurzelverbundene Dreifachstamm, der viele feine Charakteristika aufweist, ist 20 Jahre alt und 85 cm hoch.

Juniperus chinensis 'Blaauw'
Blatt im Maßstab 1:3

Immergrünes Laub
Zarte, schuppenartige Blätter verleihen der Gestaltung üppige Pracht.

Umfangreiches Training
Der Dreierstamm wurde aus einem vielstämmigen Baum gestaltet. Um eine horizontale Ausdehnung der Äste zu erreichen, wurde geschnitten und gedrahtet. Er wird erst seit vier Jahren als Bonsai gestaltet.

Rechteckige Schale
Die graue, unglasierte, japanische Tokoname-Schale unterstreicht das Graugrün des Laubes

Juniperus rigida Igelwacholder

Dieser kleine, immergrüne Baum mit seinen zierlich gebogenen Ästen ist in seiner Heimat Japan eine beliebte Bonsai-Pflanze. Sein gebräuchlicher Name kommt von seinen zarten, nadelartigen Blättern. Wenn männliche und weibliche Bäume während der Blütezeit zusammen wachsen, produzieren die weiblichen Bäume grüne Beeren, die in einem Zeitraum von zwei Jahren purpurschwarz heranreifen. Ein anderer attraktiver Igelwacholder ist *J. communis*. Er hat blasse Nadeln und seine zahlreichen, kultivierten Zuchtformen beinhalten flachwachsende und säulenförmige Arten. *J. communis* stammt aus Europa, Nordamerika und Asien.

Gestaltung
Igelwacholder sind für alle Größen und Stilarten, außer der Besenform, geeignet.

Pflegetips
● Volle Sonne. Vor Frost schützen.
◌ Während des ganzen Sommers täglich gießen und übersprühen. Im Winter sparsamer gießen, jedoch feucht halten.
✿ Vom Frühlingsanfang bis zu Beginn des Herbstes alle zwei Wochen düngen.
▣ Bis der Baum zehn Jahre alt ist jedes zweite Jahr, während der Wachstumsperiode (am besten im zeitigen oder mittleren Frühjahr) umtopfen. Danach je nach Wurzelentwicklung etwa alle fünf Jahre. Verwenden Sie eine wasserdurchlässige Erdmischung.
◰ Während der Wachstumsperiode die Spitzen des neuen Wachstums auszupfen. Den Baum so schneiden, daß Licht auf die unteren und inneren Äste fällt. Damit verhindert man, daß die Äste absterben. Am besten drahtet man im Herbst oder Winter.
◳ Aussaat stratifizierter Samen im Frühling. Stecklinge aus noch nicht verholzten Trieben im Sommer.

Juniperus rigida
IGELWACHOLDER
Dieser 30 Jahre alte Baum ist frei aufrecht gestaltet und 51 cm hoch.

Juniperus rigida
Blatt im Maßstab 2:3

Dekorative Beeren
Purpurrotschwarze, reife Beeren bilden einen attraktiven Gegensatz zu den spitzen Nadeln. Dieser Baum wird im Frühjahr gezeigt. Er trägt noch die Früchte der vergangenen Saison.

Stacheliges Laub
Die ganze Länge der einzelnen Äste ist mit kurzen, immergrünen Nadeln bedeckt.

Gedrahtete Form
Der Baum wurde gedrahtet, um eine weite Ausdehnung der Äste und eine Verteilung der Laubmasse zu erreichen.

Treibholzeffekt
Um dieses Aussehen zu erreichen, wurde der Baum für einige Jahre ins Freiland gepflanzt. Danach wurde er stark zurückgeschnitten und der Stamm stark bearbeitet.

Japanische Tokoname-»Trommelschale«
Die terrakottafarbene, unglasierte Schale mit ihren glasierten, grünen Nieten wiederholt den Farbkontrast von Rinde und Laub.

Juniperus chinensis

Chines. Wacholder

*I*n seiner Heimat Japan wächst dieser Wachol-der als ein halbkriechender Strauch in felsigen Gebirgsbereichen und an der Küste. Das erwach-sene, schuppenförmige Laub ist glänzend grün und die rauhe Rinde weist ein attraktives Rot-braun auf. Sie können den sehr flexiblen Stamm und die Äste biegen, ohne sie zu beschädigen. In Japan gibt es von dieser Art viele wunderbare Bonsai-Exemplare. Manche sind schon einige Generationen alt. Ein paar der besten Exemplare wurden aus Material gestaltet, das man in der freien Natur gesammelt hat. Indem man das vor-handene, tote Holz geschnitzt und gebleicht hat, hat man ihnen ein rauhes und sehr altehrwürdi-ges Aussehen gegeben.

Gestaltung
Dieser Wacholder kann in allen Größe und Stilarten, außer der Besenform, gestaltet werden.

Juniperus chinensis
Blatt im Maßstab 2:3

Frei aufrechte Form
Die frei aufrechte, soli-de Struktur wurde durch Drahten erreicht. Der Baum hat zierliche Nadelpolster.

Details
Der fließende Stamm-verlauf wird durch die typisch abblätternde Rinde noch verstärkt. Dadurch erhält der Baum den Anschein von Alter.

Pflegetips

● Volle Sonne, im Sommer leicht schattig. Vor strengem Frost schützen (Laubverfärbung).

◊ Während der Wachstumsperiode täglich gießen. Im Sommer übersprühen. Im Winter feucht halten.

▦ Vom Frühling bis Mitte Herbst alle zwei Wochen düngen.

▰ Am besten im zeitigen Frühjahr umgetopft. Topfen Sie jedes zweite Jahr Bäume bis zu einem Alter von zehn Jahren um, danach je nach Wurzel-entwicklung etwa alle fünf Jahre. Verwenden Sie eine wasserdurchlässige Erdmischung.

▨ Zupfen Sie neue Triebe zurück. Zu starkes Zupfen kann jugendliches, nadelartiges Wachstum verursa-chen. Drahten ist zu jeder Jahreszeit möglich.

▨ Stecklinge aus noch nicht verholzten Trieben zu jeder Jahreszeit.

Juniperus chinensis
CHINESISCHER WACHOLDER
Dieser 25 Jahre alte Baum, frei aufrecht gestaltet, vermittelt den Eindruck großer Höhe, er ist aber nur 75 cm hoch.

Wolkenförmiges Laub
Um eine solche Masse von feinstrukturiertem Laub zu erhalten, muß wiederholt mit den Fin-gern gezupft werden.

Die Schale als Ergänzung
Die rotbraune, ovale, japa-nische Tokoname-Schale wurde ausgesucht, um die warmen Farbtöne der Rinde hervorzuheben.

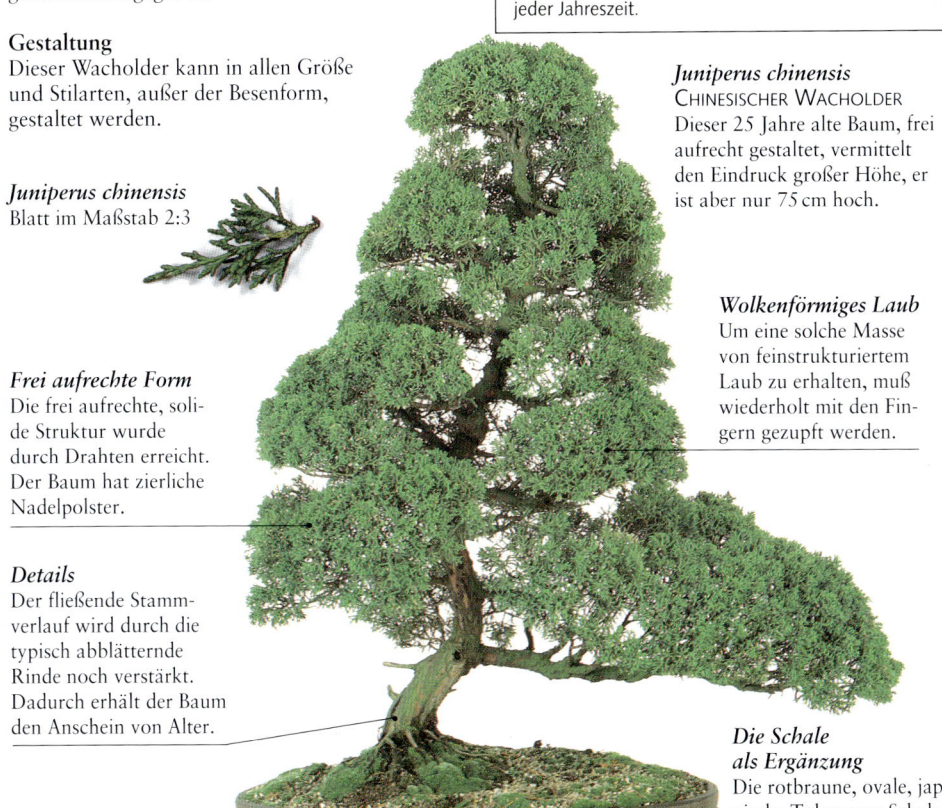

Lagerstroemia indica Lagerströmie

Im Spätsommer stellt die Lagerströmie prächtige Blüten in Weiß-, Rosa- und Mauveschattierungen zur Schau. Dieser subtropische, baumähnliche Strauch ist in China, Japan und Korea beheimatet und in den Mittelmeerländern und im Süden der Vereinigten Staaten eine beliebte Zierpflanze. Leider halten die Blüten nicht sehr lange, aber für Bonsai – Liebhaber ist die dekorative Rinde das ganze Jahr über mindestens genauso attraktiv. Die Rinde schält sich in Streifen ab und hinterläßt einen grauen Stamm, der rosa und braune Muster hat. Die Lagerströmie hat ihre beste Zeit im Winter, wenn die anderen blühenden Bonsai uninteressant sind.

Pflegetips

● Im Sommer kann sie draußen in voller Sonne stehen. Kühle aber frostfreie Bedingungen im Winter bewirken Laubabfall. Im zeitigen Frühjahr, wenn die Tage noch kurz sind, kühl stellen, warme Temperaturen und Lichtmangel erzeugen vergeilte Triebe.
◊ Vom Frühling bis zum Spätherbst täglich gießen. Im Winter sparsamer gießen, aber immer feucht halten.
♣ Während der Wachstumsperiode alle zwei Wochen düngen.
▣ Im zeitigen Frühjahr umtopfen. Verwenden Sie eine Grunderdmischung.
▨ Im Spätfrühjahr neue Triebe auf zwei bis drei Blätter zurückschneiden. Blüten erscheinen an den neuen Trieben, erst wieder im Herbst schneiden.
▧ Aussaat im Frühling. Stecklinge aus noch nicht verholzten Trieben im Sommer.

Gestaltung

Frei aufrechte und geneigte Stilarten, Halbkaskade und Wurzel-über-dem-Felsen-Pflanzungen sind für die Lagerströmie in mittleren bis sehr großen Größen geeignet.

Lagerstroemia indica
Blatt im Maßstab 1:3

Lagerstroemia indica
LAGERSTRÖMIE
Dieser 20 Jahre alte und 51 cm hohe Baum wurde in der Wurzel-über-dem-Felsen-Stilart gestaltet.

Laubbaldachin
Das ausgebreitete, glänzend grüne Laub bildet das Gegengewicht zur Tiefe dieser Felspflanzung.

In Form wachsen
Der untere Teil des Stammes und die schweren Wurzeln ergänzen sich gut mit dem winkligen Felsen. Mit der Zeit wird sich der obere Teil des Stammes verdicken und eine bessere Verjüngung bekommen.

Dekorative Rinde
Im Alter entwickeln sich farbenprächtige, bunte Muster auf der Rinde.

Braune, glasierte Schale
Diese tiefe, japanische Tokoname-Schale bildet eine solide Basis, eine Zierde für die phantasievolle Gestaltung dieses Bonsai.

Larix decidua Europäische Lärche

D iese zähen, anpassungsfähigen Bäume werden Bonsai-Anfängern wärmstens empfohlen. In der freien Natur wachsen Lärchen im Gebirge und in kühleren Regionen der nördlichen Hemisphäre. Die schlanken, aufrecht konisch wachsenden Bäume haben zierliche herabhängende Äste und Nadeln. Sie gehören zu den wenigen laubabwerfenden Koniferen und ihre hellgrünen, nadelartigen Blätter werden im Herbst, bevor sie abfallen, goldfarben. Die elegante *Larix decidua*, die Europäische Lärche, ist in Süd- und Mitteleuropa beheimatet. Sie hat blasse, strohfarbene Zweige. Bei älteren Bäumen entwickelt die gräuliche Rinde interessante Muster aus Rissen und Ausbuchtungen.

Pflegetips

◉ Volle Sonne. Um kompaktere Nadeln zu erhalten, muß die Luft kühl und trocken sein. Kleinere Bonsai vor Frost schützen.

◔ Während der Wachstumsperiode täglich gießen. Im Winter sparsamer, aber die Erde feucht halten.

◪ Während der Wachstumsperiode alle zwei Wochen düngen.

◼ Im zeitigen Frühjahr jährlich, bevor die Knospen grün werden, in Grunderdmischung umtopfen. Ein jährlicher Wurzelschnitt kann nötig werden, da sie es übelnehmen, in der Schale eingepfercht zu sein.

◧ Zupfen Sie neue Triebe an den Seitenästen und am Stamm. Im Winter Verfeinerung der Äste und Zweige, Formschnitt und Drahten, falls notwendig.

◨ Im späten Frühjahr aussäen. Kopfstecklinge im Spätsommer oder Frühherbst. Absenken im späten Frühjahr oder Frühsommer.

Gestaltung

Mitglieder der Lärchenfamilie sind für alle Größen und Stilarten, außer der Besenform, geeignet.

Larix decidua
EUROPÄISCHE LÄRCHE
Dieses 24 Jahre alte Exemplar ist aus Samen gezogen und streng aufrecht gestaltet. Es ist 30 cm hoch.

Abfallendes Laub
Im Herbst werden die kleinen, zarten, nadelartigen Blätter strohgelb, bevor sie abfallen.

Larix decidua
Blatt in halber natürlicher Größe

Streng aufrechter Stil
Eine gleichmäßige Verteilung von horizontalen Ästen wird von einem geraden, sich sanft verjüngenden Stamm getragen.

Rissige, ausgebuchtete Rinde
Das alte Aussehen der Rinde ist auf natürliche Weise während des Älterwerdens des Baumes entstanden.

Ovale Schale
Die Schattierung der rotbraunen Schale hebt die wechselnden Farben des Baumes während der Jahreszeiten hervor.

Larix kaempferi *(L. leptolepis)* Japanische Lärche

Dieser zierliche, konisch geformte Baum hat hängende Äste. Die neuen Zweige sind rötlich-orangefarben und dunkeln bis zum Winter fast purpurrot nach. Diese Färbung ist der Hauptunterschied zwischen *Larix kaempferi* und *L. decidua* (Seite 79). Wie der volkstümliche Name verrät, kommt *L. kaempferi* aus Japan, obwohl sie auf der ganzen Erde angepflanzt wird. Sie wächst stärker und schneller als *L. decidua* und wird daher oft als Waldbaum gepflanzt. Aus dem gleichen Grund ist sie auch für Bonsai bestens geeignet. Diese zwei Lärchenarten werden am meisten in Europa verwendet. *L. laricina*, die Tamaraklärche, ist in Kanada und im Norden der Vereinigten Staaten weitverbreitet.

Gestaltung
Die Japanische Lärche kann in allen Größen und Stilarten, außer der Besenform, gestaltet werden.

<table>
<tr><td colspan="2">Pflegetips</td></tr>
<tr><td>◉</td><td>Volle Sonne. Kühler, trockener Standort. Lärchen wachsen im warmen und feuchten Klima nicht gut. Kleinere Bonsai vor Frost schützen.</td></tr>
<tr><td>◌</td><td>Während der Wachstumsperiode täglich gießen. Im Winter sparsamer gießen, aber Erde immer feucht halten.</td></tr>
<tr><td>⬚</td><td>Während der Wachstumsperiode alle zwei Wochen düngen.</td></tr>
<tr><td>▣</td><td>Im zeitigen Frühjahr, bevor die Knospen grün werden, jährlich in Grunderdmischung umtopfen. Lärchen haben ein starkes Wurzelwachstum. Kontrollieren Sie die Wurzeln jedes Jahr.</td></tr>
<tr><td>▧</td><td>Zupfen Sie neue Triebe während der gesamten Wachstumsperiode von den Seitenästen und dem Stamm ab. Im Winter, wenn die Äste kahl sind, werden, falls notwendig, die Äste und Zweige verfeinert, der Formschnitt durchgeführt und gedrahtet.</td></tr>
<tr><td>▨</td><td>Aussaat im späten Frühjahr. Kopfstecklinge im Spätsommer oder Frühherbst. Absenken im späten Frühjahr oder im Frühsommer.</td></tr>
</table>

Larix kaempferi
Blatt im
Maßstab 2:3

Larix kaempferi
Japanische Lärche
Dieser 20 Jahre alte Baum ist 65 cm hoch und in geneigter Form gestaltet. Als Bonsai wird er seit zehn Jahren gezogen.

Büschel von Laub
Kurze Nadeln sind gleichmäßig und dicht über die sich ausbreitenden Äste verteilt. Im Herbst werden sie blaßgelb.

Verdickter Stamm
Der massive Stamm und die starken Wurzeln haben sich über mehrere Jahre hinweg im Freiland entwickelt, bevor der Baum in eine Schale gepflanzt wurde.

Unglasierte, ovale Schale
Die breite, japanische Tokoname-Schale gleicht die ausladenden, unteren Äste aus.

Lonicera Geißblatt

Geißblattgewächse, in der nördlichen Hemisphäre beheimatet, gibt es in vielen Variationen. Es gibt laubabwerfende und immergrüne Arten, buschige und kletternde Pflanzen, oft mit duftenden Blüten. Alle sind es wert, als Bonsai gestaltet zu werden. Wenn es Ihnen gelingt, einen soliden Stamm zu bekommen, können Sie die weichen, biegsamen Äste auch erfolgreich gestalten. *Lonicera nitida*, das Buschige Zwerggeißblatt, wird oft als Heckenpflanze benutzt und hat winzige, immergrüne Blätter. Deshalb ist es selbst für die kleinsten Bonsai geeignet. Sie können es leicht schneiden und formen und dabei seinen etwas schlaffen Wuchs in dichte Laubpolster umwandeln.

Gestaltung

Gestalten Sie Geißblattgewächse in allen Größen und Stilarten, außer der Besenform. Zwergformen eignen sich besonders für kleine Größen.

Lonicera nitida
ZWERGGEISSBLATT
Dieser frei aufrechte Baum ist 25 Jahre alt und 65 cm hoch.

Eine sich verjüngende Form
Eine alte Heckenpflanze, seit fünf Jahren als Bonsai gezogen, wurde so geschnitten und gestaltet, daß ein Baum mit einer klaren, sich verjüngenden Stammführung entstand.

Pflegetips

◉ Volle Sonne, Halbschatten im Sommer. Kleine Bonsai und solche, die auf Platten oder in flachen Schalen stehen, vor Frost schützen.

◔ Während der Wachstumsperiode täglich sorgfältig gießen.

⚬ Im Sommer alle zwei Wochen düngen.

▣ Im späten Frühjahr alle zwei Jahre umtopfen. Verwenden Sie eine Grunderdmischung.

✎ Junge Pflanzen während der Wachstumsperiode konstant grob zurückschneiden, um einen dichten Wuchs zu erzielen. Später die Gestaltung durch gezieltes Schneiden verfeinern. Alte Stämme können im Winter geschnitzt werden. Im Spätfrühling oder Frühsommer drahten.

✂ Stecklinge aus noch nicht verholzten Trieben und verholzte Stecklinge im Frühjahr oder Sommer. Abmoosen und Absenken im Sommer.

Lonicera nitida
Blatt im Maßstab 2:3

Dichtgepacktes Laub
Winzige, immergrüne Blätter bilden attraktive Laubpolster.

Glasierte, ovale Schale von Gordon Duffet
Abgerundete Seiten und feine Farbvariationen sowie die aufgesprungene Glasur der Schale erhöhen die strukturelle Qualität dieses Bonsai.

Malus Apfel

Holzäpfel geben entzückende Sträucher und kleine Bäume ab. Durch ihre spektakulären Frühlingsblüten und farbenfreudigen Herbstfrüchte sind sie sowohl bei Gartenbesitzern als auch bei Bonsai-Liebhabern sehr beliebt. Der »Hall«-Holzapfel, *Malus halliana*, hat glänzendes, grünes Laub. Seine entzückenden, rosa Blüten entwickeln sich zu kleinen purpurroten Früchten. Die verschwenderische Fülle gelber Früchte hängt bei M. 'Golden Hornet' noch lange, nachdem das

Laub gefallen ist, am Baum. Es gibt viele *Malus*-Zuchtformen, die für Bonsai sehr geeignet sind. So ist *M. baccata* var. *mandshurica*, der Nagasaki-Apfel, bei Bonsai-Liebhabern sehr angesehen, da er im Überfluß Blüten und Früchte trägt. Die Blütenknospen sind rosa, öffnen sich zu weißen Blüten und werden dann zu karmesinroten, kirschenförmigen Früchten. Die Trauerform M. 'Red Jade' ist besonders schön und M. 'Profusion' hat purpurrote Blätter, weinrote Blüten und tiefrote Äpfel.

Gestaltung
Frei aufrechte und geneigte Stilarten, Halbkaskade, Doppelstamm und Mehrfachstamm sind geeignet. Jede Größe ist geeignet. Nehmen Sie für kleine Bonsai Zuchtformen mit sehr kleinen Früchten.

Malus baccata var. **mandshurica**
Blatt im Maßstab 1:3

Malus baccata var. **mandshurica**
NAGASAKI-APFEL
Dieses Exemplar ist gepfropft und frei aufrecht gestaltet. Es ist 12 Jahre alt und 30 cm hoch.

Frühlingsfarben
Das frische, grüne Laub bringt die weißen Blüten zur Geltung.

Wohlriechende Blüten
Aus kleinen, dichten, rosa Knospen öffnen sich duftende, weiße Blüten mit hervorstehenden Staubgefäßen.

Derber Stamm
Ein gewichtiger Stamm wurde durch das Auspflanzen ins Freiland erzielt. Die Form des Bonsai wurde nur durch Schneiden erreicht.

Große Schale
Eine tiefe, unglasierte Schale dient als Feuchtigkeitsreservoir, das benötigt wird, damit der Baum Früchte entwickelt.

Herbstreize
Die Blätter nehmen im Herbst eine rötliche Färbung an. Wenn sie fallen, richtet sich der Hauptaugenmerk auf die leuchtenden Früchte.

Malus halliana
»HALLS«-APFEL
Dieser kleine, frei aufrechte Baum ist sechs Jahre alt und nur 12 cm hoch. Flechten und Moos geben der Rinde ein altes Aussehen. Er hat niedliche, ovale Blätter, die auf der Unterseite purpurrot gefärbt sind. Dunkelrosa Knospen öffnen sich zu hellrosa Blüten.

Verzweigte Struktur
Um die höchstmögliche Anzahl von Blüten und Früchten zu erhalten, wurden nach dem Schnitt möglichst viele verzweigte Äste am Baum belassen.

Malus baccata var. mandshurica
NAGASAKI-APFEL
Dieser frei aufrechte, 25jährige Baum ist 85 cm hoch und zeigt, wie er im Herbst aussieht. Der Vergleich mit dem Bonsai in voller Blüte demonstriert die Vielfalt dieser Baumart.

Tiefe Schale
Die Tiefe der Schale speichert genug Feuchtigkeit für das Reifen der Früchte.

Morus   Maulbeerbaum

*I*n der freien Natur sind Maulbeerbäume kleine oder mittelgroße Bäume, die in geschwungenen, malerischen Formen wachsen. Die rauhe Rinde, der schwere Stamm und die gezähnten Blätter bieten Bonsai-Liebhabern eine gute Kombination von Beschaffenheit und Form. Die Blüten sind unscheinbar, aber die kleinen, eßbaren Früchte verfärben sich beim Reifen von Weiß zu einem rötlichen Rosa. Die Farbe »Maulbeer« wurde nach dem purpurfarbenen Saft der Beeren benannt. Seit Jahrtausenden haben die Chinesen Maulbeerbäume ihrer Blätter wegen angepflanzt. Diese sind das Hauptnahrungsmitttel der Seidenraupen. Die Römer brachten aus dem gleichen Grund die Bäume von Asien nach Europa.

Gestaltung

Sie sind für alle Größen, in aufrechter und geneigter Stilart, für Halbkaskaden, Kaskaden, Wurzel-über-dem-Felsen-Pflanzungen, für Doppel- und Mehrfachstämme geeignet.

Morus alba

WEISSER MAULBEERBAUM
Dieser 30jährige Baum, der einen beeindruckenden Alterseffekt hervorbringt, ist in frei aufrechter Form gestaltet und 51cm hoch.

Dekoratives Laub

Die Massen von glänzend grünen Blättern bilden einen attraktiven Kontrast zu der knorrigen Rinde.

Gewichtige Basis

Eine graue, unglasierte, ovale, japanische Toko-name-Schale bildet eine geeignete, starke Basis für den kräftigen Stamm des Bonsai.

Pflegetips
● Volle Sonne. Im Winter für Frostschutz sorgen.
◌ Täglich während der Wachstumsperiode gießen. Die Erde das ganze Jahr feucht halten. Maulbeeren lieben Feuchtigkeit.
▦ Vom Frühling bis zum Sommer alle zwei Wochen düngen. Im Spätsommer auf einen stark-pottaschehaltigen Dünger wechseln und diesen bis zum Herbst verwenden.
▣ Jedes zweite Jahr im zeitigen Frühjahr umtopfen. Verwenden Sie eine wasserdurchlässige Erdmischung.
◩ Neue Triebe auf zwei Blätter zurückschneiden. Große Blätter sofort entfernen. Dicke Äste im Herbst oder im zeitigen Frühjahr, bevor die Knospen aufbrechen, schneiden.
▤ Stratifizierte Samen im Frühling säen. Stecklinge im Frühling. Absenken und Abmoosen im Sommer.

Morus alba

Blatt im Maßstab 1:5

Bewegung in der Gestaltung

Der sich ausgezeichnet verjüngende Stamm vermittelt das Gefühl von Bewegung. Er ist kraftvoll durch stark verbreitete Wurzeln verankert.

Murraya paniculata
Orangenjasmin oder Satin-Baum

Der zweite Teil des volkstümlichen Namens dieses tropischen, immergrünen Strauchs bezieht sich auf die starkduftenden, weißen, glockenförmigen Blüten, die an die Blüten von Jasmin erinnern (Seite 198). Der erste Teil des Namens bezieht sich auf seine kleinen, farbenfrohen Beeren, die wie winzige Orangen aussehen. Manchmal wird der Orangenjasmin auch Satin-Baum genannt, nach der Beschaffenheit seines Stammes. In seiner Heimat Indien und Südchina wird er oft als Bonsai gezogen. Da er jedoch Wärme braucht, kann er in den gemäßigten Zonen nur als Zimmerbonsai gezogen werden.

Pflegetips

● Volle Sonne. Bei praller Sommersonne schattieren. Bei gemäßigtem Klima als Zimmerbonsai halten. Mindesttemperatur ist 17 °C.

◇ Täglich während der Wachstumsperiode gießen. Erde immer leicht feucht halten.

⬆ Von Mitte Frühjahr bis zum Frühherbst alle zwei Wochen düngen. Im Winter alle vier bis sechs Wochen.

▣ Jedes zweite Jahr im Frühling umtopfen. Verwenden Sie eine Grunderdmischung.

◩ Während der Wachstumsperiode, wenn sich fünf bis sechs Blätter gebildet haben, auf zwei Blätter zurückschneiden.

◪ Aussaat im Herbst. Stecklinge aus noch nicht verholzten Trieben im Frühling oder Sommer.

Gestaltung
Frei aufrechte und geneigte Stilarten, Halbkaskaden, Kaskaden, Doppelstämme, Mehrfachstämme und Gruppenpflanzungen in allen Größen sind geeignet.

Murraya paniculata
Blatt im Maßstab 1:6

Murraya paniculata
ORANGENJASMIN
Dieses frei aufrechte, 20 Jahre alte Exemplar hat eine Höhe von 85 cm erreicht.

Zierliche Blätter
Die kleinen Blättchen des immergrünen, gefiederten Laubs geben dem Bonsai ein zartes Aussehen.

Kontrast der Strukturen
Die starken Wurzeln bilden an der Basis Erhebungen und Aushöhlungen. Sie heben den aufrechten Verlauf und die saubere Verjüngung des Stammes hervor.

Satin-Baum
Die glatte, blasse Rinde, ein Merkmal dieser Baumart, hat dem Baum seinen volkstümlichen Namen gegeben.

Chinesische Schale
Die Eleganz der weich-abgerundeten Schale entspricht der Eleganz des Baumes.

Picea Fichte

Die Mitglieder der Fichtenfamilie haben ihren Ursprung in der nördlichen Hemisphäre. Sie sind immergrüne Koniferen und wachsen außerordentlich schnell. Japanische Bonsai-Liebhaber bevorzugen *Picea glehnii*, die jedoch wegen dem Artenschutzabkommen nicht exportiert werden darf. *P. abies*, die Gemeine Fichte oder auch Norwegische Fichte genannt, kommt aus Nordeuropa und wird vielerorts als Weihnachtsbaum verwendet. Ihr Wuchs ist konisch, die Rinde ist rotbraun und die Nadeln sind dunkelgrün. Die Zwergfichte *P.a.* 'Little Gem' eignet sich sehr gut für kleine Bonsai und für Felspflanzungen. Eine andere Zwergform, *P. glehnii* 'Yatsubasa' ist von *P. a.* 'Little Gem' kaum zu unterscheiden und wird in Japan für die gleichen Gestaltungen benutzt. *P. glauca albertiana* 'Conica' wird oft für Gruppenpflanzungen verwendet.

Gestaltung

Fichten sind für alle Stilarten, außer der Besenform, geeignet. Zwergformen werden am besten in kleinen Bonsaigrößen gestaltet, die anderen in mittleren bis großen Größen.

Pflegetips

- ● Volle Sonne. Kleine Bonsai vor Frost schützen.
- ◌ Im Sommer täglich gießen und übersprühen. Im Winter sparsamer, Erde nicht austrocknen lassen.
- ⊡ Vom Frühling bis Mitte Herbst alle zwei Wochen düngen.
- ▣ Im zeitigen Frühjahr oder in der Frühlingsmitte, bevor die Knospen aufbrechen, alle zwei Jahre umtopfen, auch im Herbst möglich. Bäume, die älter als zehn Jahre alt sind, alle fünf Jahre umtopfen. Verwenden Sie eine wasserdurchlässige Erdmischung.
- ▨ Während des Frühlings und des Sommers Triebe, die 2,5 cm lang sind, auf zwei Drittel mit den Fingern zurückzupfen. Äste im Spätherbst bis zum Winteranfang schneiden und drahten.
- ▧ Aussaat stratifizierter Samen im Winter oder im zeitigen Frühjahr. Stecklinge vom diesjährigen Wachstum im Spätherbst oder im zeitigen Frühjahr.

Picea abies 'Little Gem'

ZWERGFICHTE

Winzige, 10 Jahre alte Bäume, auf einem Felsen gepflanzt, schaffen ein dramatisches Landschaftsbild. Der größte Baum ist 8 cm hoch.

Picea abies 'Little Gem'
Blatt im Maßstab 2:3

Baumartige Silhouetten

Das Ausdünnen des Grüns der kleinen Nadelbündel hat glaubwürdig aussehende Bäume zum Ergebnis.

Felsenform

Die Stämme der kleinen Bäume wurden so angeordnet, daß das Auge durch die Gestaltung geführt wird. Sie betont die Seitenansicht des Felsens.

Wasserlandschaft

Ein grau-grünes Wassertablett (suiban) bildet die Teichumrandung für dieses Stück eines rauhen Ibigawa-Felsens.

Pinus mugo   Bergkiefer

In armen, kargen Gegenden, die ihrer Heimat, den Gebirgen Mitteleuropas ähneln, wächst die zähe Bergkiefer als ein halbliegender, verdrehter, strauchiger Baum. Aus vielen knorrigen, alten Bäumen die in den Bergen von Österreich und der Schweiz gesammelt wurden, sind mit der Zeit hervorragende Bonsai geworden. Unter günstigeren Bedingungen wächst die Bergkiefer jedoch als buschiger, kleiner Baum oder als großer Strauch. Aus dieser natürlichen Vielfalt heraus haben Gärtner viele Zwergformen und langsam wachsende Klone gezüchtet. Beliebt ist 'Gnom', eine kleine, robuste Sorte mit kugeligen Bündeln von kurzen, grünen Nadeln und 'Mops', eine Sorte, die sehr ähnlich aussieht aber langsamer wächst und von der Größe her zwergenhafter ist.

Gestaltung

Pinus mugo ist für alle Größen und Stilarten, außer der Besenform, geeignet. Gestalten Sie Zwergformen zu kleineren Bonsai. Sie sehen besonders gut in Felspflanzungen aus.

Pinus mugo
Blatt im Maßstab 2:3

Pinus mugo
BERGKIEFER
Der Baum ist 21 Jahre alt und 63 cm hoch. Er wurde in geneigter Form gestaltet.

Pflegetips

◉ Volle Sonne. Vor strengen Frösten und eisigen Winden schützen.

◔ Während des ganzen Sommers täglich gießen, es sei denn, die Erde ist noch feucht. Übersprühen. Im Winter sparsam gießen, ziemlich trocken halten.

▣ Vom Frühjahr bis zum Winteranfang alle drei bis vier Wochen düngen.

▣ Im zeitigen oder mittleren Frühjahr oder im Spätsommer alle drei bis fünf Jahre umtopfen. Verwenden Sie eine wasserdurchlässige Erdmischung.

◩ Zupfen Sie zu große neue Triebe mit den Fingern ab. Lange Leittriebe während der Wachstumsperiode entfernen. Alte oder zu dichte Zweige und Laub im Herbst oder Winter ausdünnen oder entfernen. Der Baum läßt sich durch Drahten leicht biegen.

◪ Frische Samen werden, zwecks leichter Keimung, in der Mitte oder zu Ende des Winters über Nacht in Wasser eingeweicht. Pfropfen Sie Zwergformen.

Nadelpaare
Die festen, aufrechten Nadeln, die paarweise wachsen, geben dem Baum seine kraftvolle Ausstrahlung.

Die Gestaltung der Form
Der kräftige Stamm wurde 14 Jahre lang im Freiland entwickelt. Die Form wurde in nur fünf Jahren durch Schneiden und Drahten erzielt.

Unglasierte, rechteckige Schale
Die Form der Schale gleicht den geneigten Stammverlauf aus.

Pinus parviflora (P. pentaphylla) Mädchenkiefer

In ihrer Heimat Japan wird die Mädchenkiefer sehr oft in Gärten und als Bonsai gezogen. Sie wird auch Japanische Fünfnadelkiefer genannt, wegen ihrer gebogenen, bläulichen Nadeln, die in Fünferbündeln wachsen. Der mittelgroße Baum ist in seiner Jugend konisch geformt, entwickelt aber mit zunehmendem Alter eine unregelmäßige Form mit flacher Krone. Die Rinde ist grau und glatt. Im Frühling bringt der Baum Büschel von kleinen Blüten hervor, daher kommt der botanische Name, der übersetzt »kleinblütige Kiefer« bedeutet. Wenn die Blüten befruchtet werden, entwickeln sich dunkelbraune Zapfen, die mehrere Jahre am Baum hängen bleiben können. Bonsai-Liebhaber entfernen jedoch die Zapfen mei-stens, damit der Baum nicht all seine Energie dafür aufbringt, Samen zu produzieren. Ein anderer Grund, die Zapfen wegzunehmen ist, daß sie den optischen Eindruck stören. Es gibt viele Zuchtformen, die häufigsten sind Zwergformen wie P. p. 'Kokonoe' und P. p. 'Nasamasume'. P. parviflora wird oft auf den stärkeren Wurzelstock von P. thunbergiana (Seite 91) gepfropft.

Gestaltung

Pinus parviflora ist für alle Größen und Stilarten, außer der Besenform, geeignet. Zwergformen eignen sich am besten für kleinere Größen und für Felspflanzungen.

Pinus parviflora
Blatt im Maßstab 1:3

Gestreiftes Laub
Die Nadeln wachsen in Fünferbündeln und haben auf der Unterseite weiße Streifen.

Pinus parviflora
MÄDCHENKIEFER
Damit der Stamm dicker wird, wurde dieses Exemplar ein paar Jahre ins Freiland gesetzt. Es ist frei aufrecht gestaltet, 50 Jahre alt und 75 cm hoch.

Rauhe Rinde
Dieser Bonsai wurde auf den unteren Stamm einer japanischen Schwarzkiefer (P. thunbergiana) gepfropft, um eine rauhe Rinde und starke Wurzeln zu bekommen.

Rechteckige Schale
Die unglasierte, japanische Tokoname-Schale, ergänzt die angenehme Symmetrie der Silhouette des Baumes.

Pflegetips

● Volle Sonne. Vor Frost und kaltem Wind schützen.
◌ Im Sommer täglich gießen, es sei denn, die Erde ist noch feucht. Täglich übersprühen, im Winter sparsamer; fast trocken halten.
▨ Vom Frühling bis zum Winteranfang alle drei bis vier Wochen düngen.
▣ Im zeitigen Frühjahr bis Mitte des Frühlings alle zwei bis fünf Jahre, je nach Alter und Wurzelentwicklung, umtopfen. Verwenden Sie eine wasserdurchlässige Erdmischung.
▨ Zupfen Sie ein Drittel oder die Hälfte der neuen Triebe jedes Frühjahr weg. Jedes zweite Jahr im Frühherbst die Astspitzen einkürzen. Damit Licht in den Baum einfallen kann, alte Nadeln im Sommer oder Frühherbst entfernen.
▣ Wenn die Samen frisch sind, ist die Keimung gewährleistet. Im Winter werden die Samen über Nacht in Wasser eingeweicht. Die oben schwimmenden wegwerfen, die anderen aussäen. Draußen dem Frost aussetzen, aber vor Vögeln und Nagetieren schützen. Pfropfen im späten Winter oder im zeitigen Frühjahr.

Pinus parviflora 'Kokonoe'
ZWERG-
MÄDCHEN-
KIEFER
Dicht zusammenwachsende, winzige Nadeln machen diese Art für kleinere Bonsai geeignet. Es wird noch einige Jahre dauern, bevor die Laubmasse dieses 12 Jahre alten, 35 cm hohen Baumes dichter wird.

Pinus parviflora 'Miyajima'
ZWERGMÄDCHENKIEFER
Die Zwergformen sind perfekt dazu geeignet, auf Felsen zu wachsen. Die vierjährigen Bäume in dieser Gestaltung sind nur 8 cm hoch.

Integrierte Gestaltung
Die kleinen Bäume wurden so gedrahtet und in Form gebracht, daß sie der natürlichen Linie des Felsens folgen.

Wassertablett
Die Bonsai wurden auf einem Ibigawa-Felsen gepflanzt, der auf einem graugrünen, unglasierten, japanischen Tokoname-Tablett steht.

Pinus sylvestris   Gemeine Kiefer (Waldföhre)

*I*n der Natur wächst die Gemeine Kiefer von
selbst in der Literaten-Form heran, bei der sich
die Äste unter der abgeflachten Spitze horizontal
ausbreiten. In der Vergangenheit wurde der Baum
nicht so oft zu Bonsai gestaltet wie beispielsweise
die Japanischen Kiefern (Seite 88–89 und gegenüberliegende Seite). Vielleicht liegt es daran, daß
der konische Wuchs bei jungen Bäumen nicht
gerade begeistert. Britische Bonsai-Liebhaber haben in letzter Zeit die Erfahrung gemacht, daß Gemeine Kiefern, insbesondere die vielen Zwergformen mit kleineren Nadeln, gute Bonsai abgeben.

Gestaltung
Gemeine Kiefern eignen sich für
alle Stilarten außer der Besenform. Ausnehmend
gut kann man sie zur
Literatenform gestalten.
Alle Größen sind geeig-
net, aber die kleine-
ren Größen sollte
man aus Zwerg-
formen gestalten.

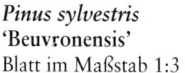

**Pinus sylvestris
'Beuvronensis'**
Blatt im Maßstab 1:3

**Pinus sylvestris
'Beuvronensis'**
GEMEINE ZWERGKIEFER
Dieser Baum, der 28 Jahre
alt und 99 cm hoch ist,
wurde im Literatenstil
gestaltet.

Feste Basis
Die braune, unglasierte,
runde Schale mit einem
nach innen gebogenen
Rand, führt das Auge zu
dem vertikalen Stamm.

Pflegetips
● Volle Sonne. Vor Frost und kaltem Wind schützen.
◊ In der Wachstumsperiode nur mäßig gießen. Im Winter noch weniger, aber jeden Tag überprüfen.
✦ Vom Frühling bis zum Winteranfang alle drei bis vier Wochen düngen.
◼ Je nach Alter und Wurzelentwicklung alle zwei bis fünf Jahre im zeitigen Frühjahr oder in der Früh-jahresmitte umtopfen. Verwenden Sie eine wasser-durchlässige Erdmischung.
◹ Wenn die Nadeln erscheinen, werden überlange Triebe ausgezupft. Während der Wachstumsperiode alle langen Leittriebe entfernen; an den kleineren Trie-ben die Kerzen um ein Drittel oder um die Hälfte kür-zen. Jedes zweite Jahr die Astspitzen zurückschnei-den. Im Sommer oder zu Beginn des Winters alte Nadeln und überzählige Zweige entfernen.
◪ Im Winter frische Samen über Nacht einweichen. Säen Sie nur die, die zu Boden sinken. Dann dem Frost aussetzen, aber vor Vögeln und Nagetieren schützen. Das Pfropfen von Zuchtformen geschieht im späten Winter oder im zeitigen Frühjahr.

Kompakte Masse
Niedliche Büschel kurzer, blaugrüner
Nadeln machen diesen Baum zu einem
ausgezeichneten Material für Bonsai.

Gedrahtete Äste
Der Baum wird seit einem Jahr
zum Bonsai gestaltet. Um das vor-
herige, nach oben gerichtete
Wachstum umzudirigieren, wurden die Äste intensiv gedrahtet.

Gewundener Verlauf
Der natürliche, anmutige Verlauf des Stammes ergibt von
selbst die Literatenform.
Abblätternde, orangegetönte
Rinde schmückt die Äste und
den oberen Teil des Stammes.

Pinus thunbergiana Japanische Schwarzkiefer

Die Schwarzkiefer ist in Japan heimisch. Sie kann auf kargem, steinigem Boden überleben. Diese Widerstandsfähigkeit und ihr schroffes Äußeres sind der Grund, warum beim Pfropfen ihr Wurzelstock oft als Unterlage für die weicher aussehende *Pinus parviflora*, die Mädchenkiefer (Seite 88–89) verwendet wird. Kiefern gehören bei Bonsai-Liebhabern zu den bevorzugten Pflanzen und sowohl die Japanische Schwarzkiefer als auch die Mädchenkiefer gehören zu den beliebtesten. *P. thunbergiana* ist in Parks und Gärten eine willkommene Zierde und wird auch dort wie Bonsai geschnitten und gepflegt.

Pflegetips

● Volle Sonne. Vor Frost und kaltem Wind schützen.

⬙ Täglich überprüfen. Nur gießen, wenn die Erde am Austrocknen ist. Wenn das Wasser gut abläuft, großzügig gießen. Im Winter sehr sparsam.

⬚ Vom Frühling bis zum Winteranfang alle drei bis vier Wochen düngen.

⬛ Zu Beginn oder Mitte des Frühjahres alle zwei bis fünf Jahre umtopfen. Verwenden Sie eine wasserdurchlässige Erdmischung.

◩ Wenn die Nadeln erscheinen, werden überlange Triebe zurückgezupft. Während der Wachstumsperiode lange Haupttriebe entfernen. Neue Kerzen an kleineren Trieben um ein Drittel oder um die Hälfte kürzen. Jedes zweite Jahr die Astspitzen zurückschneiden. Im Spätsommer oder Frühherbst werden alte Nadeln und überzählige Zweige entfernt.

◪ Im Winter frische Samen über Nacht einweichen und säen. Dem Frost aussetzen, vor Vögeln und Nagetieren schützen. Das Pfropfen von Zuchtformen geschieht im späten Winter oder im zeitigen Frühjahr.

Gestaltung

Der Literaten-Stil hebt die rauhe Rinde hervor, aber auch die anderen Stilarten, außer der Besenform, sind geeignet. Schwarzkiefern können in allen Größen gezogen werden. Nehmen Sie für kleine Felspflanzungen die Zwergformen.

Pinus thunbergiana
Blatt im Maßstab 1:3

Kraftvoller Charakter
Der steife, senkrechte Wuchs der glänzenden grünen, paarweisen Nadeln trägt zu der starken Konstruktion des Baumes bei.

Pinus thunbergiana
JAPANISCHE SCHWARZKIEFER
Dieser im Literaten-Stil gestaltete Baum ist 35 Jahre alt und mißt 70 cm.

Die Anziehungskraft des Stammes
Der Literaten-Stil verstärkt das Gefühl von Bewegung im Stamm und lenkt die Aufmerksamkeit auf die rauhe Beschaffenheit der Rinde.

Unglasierte, rotbraune Schale
Die Form dieser Schale von Gordon Duffet wiederholt die Windungen des Stammes.

Prunus mume Japanische Aprikose

Die meisten Arten der Gattung *Prunus* sind in Japan und in Fernost beheimatet. Einige wachsen jedoch in Ländern mit gemäßigtem Klima der nördlichen Hemisphäre. Viele von diesen Bäumen und Sträuchern tragen köstliches Steinobst (Pflaumen, Pfirsiche, Aprikosen und Kirschen). Aber ihre vergleichsweise zarten Blüten werden von den spektakulären Blüten der großen Anzahl von Zierarten in den Schatten gestellt Die Japaner ziehen *Prunus mume* schon seit Jahrhunderten wegen ihrer wunderschönen, duftenden Blüten, die im Spätwinter die kahlen Äste schmücken. Trotzdem sieht man in der westlichen Welt nur wenige ihrer Zuchtformen. Die in Europa vorkommende Heckenpflanze *P. spinosa*, Schwarzdorn oder auch Schlehe, hat zarte weiße Blüten und ist eine gute Alternative zu *P. mume*.

Gestaltung
Für alle Größen und Stilarten, außer streng aufrecht und Besenform geeignet.

Prunus mume
Blatt im Maßstab 1:3

Prunus mume
JAPANISCHE APRIKOSE
Dieser ungewöhnlich eindrucksvolle Baum ist 30 Jahre alt und 40 cm hoch.

Pflegetips

◐ Volle Sonne. Um Aststerben und Schaden an den Blüten zu vermeiden, vor Frost schützen.

◊ Während der Wachstumsperiode täglich gießen. Wenn die Knospen anschwellen, feucht halten, damit Knospen und Blüten nicht abfallen. Im Winter sparsam gießen.

▦ Mindestens alle zwei Wochen im Sommer düngen. Die Menge und die Häufigkeit kann noch erhöht werden. Große Düngergaben im Sommer bringen mehr Blüten im Winter hervor. Die Düngermenge richtet sich nach der Erdmischung und der Wassermenge.

▣ Im Spätwinter, wenn der Baum ausgeblüht hat, jährlich umtopfen. Verwenden Sie eine Grundmischung.

▨ Nach der Blüte stark zurückschneiden. Lassen Sie den Baum im Sommer zügellos wachsen und schneiden Sie die entstandenen Triebe im Herbst zurück.

▧ Verholzte Stecklinge im Spätwinter nehmen. Im Sommer absenken. Pfropfen im Winter oder Frühling.

Duftende Blüten
Im Spätwinter tragen die kahlen Äste wohlriechende rosa und weiße Blüten.

Skulpturartige Form
Der knorrige Stamm wurde in eine »den Felsen umfassende« Form geschnitzt. Er bildet eine solide Basis für den untersten Ast, der als Halbkaskade gestaltet ist.

Braune, unglasierte Schale
Die klaren Linien der rechteckigen Schale gleicht die komplizierte Form des Bonsai aus.

Prunus spinosa
SCHLEHE

Die Schlehe ist wegen ihrer feinen Zweige, kleinen Blätter und zarten, weißen Blüten bei Bonsai-Liebhabern anerkannt. Sie ist *P. mume* sehr ähnlich und kann, da sie leichter erhältlich ist, als Alternative genommen werden. Dieses Exemplar ist 10 Jahre alt und wurde durch Schnitzen und Schneiden gestaltet. Es ist 52 cm hoch.

Blüten, bevor die Blätter erscheinen
Bevor die Blätter knospen, erscheinen rote Blüten. Ihr Duft kann einen ganzen Raum ausfüllen.

Prunus mume
JAPANISCHE APRIKOSE

Dieser schlanke Baum verbreitet eine ganz andere Stimmung als der geschnitzte Baum (gegenüber). Er ist frei aufrecht gestaltet, 30 Jahre alt und 75 cm hoch.

Zarte Äste
Diese gepfropfte Pflanze war einige Jahre im Freiland, um den Stamm zu verdicken. Die Äste sind sehr spröde und wurden vorsichtig gedrahtet, damit sie nicht brechen.

Einfache, runde Schale
Die solide, braune, unglasierte japanische Tokoname-Schale wirkt rein und anmutig.

Prunus serrulata   Zierkirsche

Blühende Kirschen gehören zu den lieblichsten Zierbäumen, wenn sie von ihren üppigen Blüten in Weiß oder in Rosa- und Karmesinschattierungen übersät sind. Bedauerlicherweise ist dieses großartige Schauspiel auf ein paar Frühlingstage beschränkt. Für den Rest des Jahres haben die vielen Hybriden dem Bonsai-Liebhaber, außer manchmal etwas farbigem Herbstlaub, wenig zu bieten. Einige, wie z. B. *P. serrulata* 'Kanzan' bringen jedoch so herrliche Blüten hervor, daß sie es trotz ihrer groben Äste und Zweige wert sind, als Bonsai gezogen zu werden. *P. subhirtella* 'Autumnalis' ist noch eine Ausnahme. Sie hat zarte Zweige und ihre kleinen Blätter färben sich schön im Herbst. Wenn es frostfreie Abschnitte im Winter gibt, erscheinen Büschel von weißen oder blaßrosa Blüten an den kahlen Ästen.

Pflegetips

◉ Volle Sonne. Vor Frost schützen. Vom Spätwinter bis zum zeitigen Frühjahr anschwellende Blütenknospen vor Vögeln schützen. Schirmen Sie offene Blüten vor Regen ab, da er sie verderben kann.

◔ Während der Wachstumsperiode täglich gießen. Lassen Sie kein Wasser auf die offenen Blüten fallen, da sonst die Blütenblätter verderben. Im Winter sparsamer gießen, aber nicht austrocknen lassen.

◫ Nach der Blüte bis zum Spätsommer alle zwei Wochen düngen.

▣ Jedes Jahr umtopfen. Entweder im späten Frühjahr, bevor die Knospen sich entfalten oder im Spätherbst. Verwenden Sie eine Grunderdmischung.

◺ Nach der Blüte zurückschneiden. Schneiden Sie die Spitzen neuer Triebe, sobald sie erscheinen, im Sommer zurück. Äste im Winter zurückschneiden.

◪ Im zeitigen Frühjahr durch Pfropfen.

Gestaltung
Zierkirschen können in allen Größen und Stilarten, außer der Besenform, gezogen werden.

Einfache Struktur
Die klare Linie des Einzelstammes ist der perfekte Hintergrund für die schweren Blütenbüschel.

Frühe Blüten
Die gefüllten rosa Blüten erscheinen im zeitigen Frühjahr vor den Blättern. Sie kleiden die kahlen Äste vollkommen ein.

***Prunus serrulata* 'Kiku-shidare Sakura'**
JAPANISCHE ZIERKIRSCHE
Dieser junge Baum ist durch Abmoosen entstanden und nur 10 cm hoch. Die Halbkaskade zeigt, wie wirkungsvoll diese Arten als Bonsai sein können.

Porzellanfarbene Schale
Die quadratische, glasierte, japanische Tokoname-Schale hat das Gewicht und die Tiefe, um den scharfen Winkel der Halbkaskade auszugleichen.

***Prunus serrulata*
'Kiku-shidare Sakura'**
Blatt im Maßstab 1:3

Punica granatum Granatapfel

Der Granatapfel wächst am besten in Gegenden, die die gleiche Wärme aufweisen, wie seine Heimat Asien und der Mittelmeerraum. In gemäßigten Zonen produziert er nur selten Früchte, es sei denn, der Sommer ist ungewöhnlich heiß. Die runden, eßbaren Früchte sind gelblich-rot mit einer ledrigen Hülle, saftigem Fruchtfleisch und schwarzen Samen. Dieser schmalblättrige, laubabwerfende Baum wird auch wegen seiner einfachen oder gefüllten Blüten gezogen. Die Blüten sind normalerweise glänzend scharlachrot. Es gibt jedoch auch Zuchtformen mit weißen, rosafarbenen oder gelben Blüten.

Gestaltung
Gestalten Sie Granatäpfel in allen Stilarten außer streng aufrecht und in der Besenform. Die Größen schwanken von klein bis sehr groß. Für sehr kleine und kleine Größen sind die Zwergformen am besten geeignet.

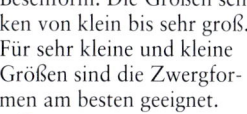

Punica granatum
Blatt im Maßstab 1:3

Pflegetips

● Volle Sonne. Vor kühlen Temperaturen und Frost schützen; der Baum ist nicht ganz winterhart.

◔ Während der Wachstumsperiode täglich gießen. Nach der Blüte großzügig gießen, damit sich die Früchte entwickeln können. Im Winter feucht halten.

✿ Vom Beginn der Wachstumsperiode bis zum Beginn der Blüte jede Woche düngen.

▣ Bis zum Alter von zehn Jahren im zeitigen Frühjahr umtopfen, danach, wenn es notwendig erscheint. Verwenden Sie eine Grunderdmischung.

✂ Schneiden Sie während der Wachstumsperiode die neuen Triebe auf zwei Blattpaare zurück. Die kürzeren Triebe mit runder Spitze nicht schneiden, sie tragen später die Blüten.

✤ Aussaat stratifizierter Samen im Frühling. Stecklinge aus noch nicht verholzten Trieben im Hochsommer.

Attraktives Laub
Glatte, glänzende, grüne Blätter an rötlichen Stielen stellen sich während der Wachstumsperiode interessant zur Schau.

Schlanke Äste
Ein gedrehter Stamm, verdickt durch jahrelanges Wachstum im Freiland, trägt elegant ausgebreitete Äste.

Punica granatum
GRANATAPFEL
Dieses schöne Exemplar in frei aufrechter Stilart ist 30 Jahre alt und 53 cm hoch.

Farbreiz
Eine blaue, glasierte, wolkenförmige, japanische Tokoname-Schale bringt zusätzliche Farbe in die Gestaltung.

Pyracantha Feuerdorn

Der volkstümliche Name Feuerdorn beschreibt sehr passend die dichten Büschel brillanter roter, orangefarbener oder gelber Beeren, die im Herbst an seinen unangenehm stachligen Ästen hängen. Massen von winzigen kleinen Blüten und immergrüne, ovale Blätter machen diesen beliebten Strauch zur Zierde als Bonsai und für den Garten. Der Feuerdorn ist gerade für Anfänger gut geeignet: seine natürliche, strauchige Beschaffenheit kann leicht in einen einzelnen Stamm gestaltet werden. Sehr oft werden *Pyracantha angustifolia*, *P. coccinea* und ihre vielen Zuchtformen und Hybriden für Bonsai genommen. *P.c.* 'Teton' ist eine wertvolle Zuchtform mit gelborangefarbenen Beeren und kleinen, lebhaft grünen Blättern.

Gestaltung
Frei aufrechte und geneigte Stilart, Halbkaskade, Kaskade, Wurzel-über-dem-Felsen-Stil, Felspflanzung, Doppelstamm und Mehrfachstamm sind gut geeignet. Alle Größen, außer sehr groß sind angemessen.

Pflegetips

● Volle Sonne oder Halbschatten. Vor Frost und eisigem Wind schützen; dies gilt besonders für importierte, tropische Arten in gemäßigten Zonen.

▨ Während der Wachstumsperiode täglich gießen. Zu jeder Jahreszeit feucht halten.

▴ Im zeitigen Frühjahr bis zum Beginn der Blüte wöchentlich düngen. Wenn sich die Früchte entwickelt haben, alle zwei Wochen bis zur Mitte des Herbstes düngen.

▣ Im zeitigen Frühjahr jedes zweite Jahr umtopfen. Verwenden Sie eine Grunderdmischung.

▨ Im Spätfrühling neue Triebe auf zwei Blattpaare zurückschneiden. Älteres Holz im zeitigen Frühjahr oder im Spätsommer schneiden. Große Blätter während der Wachstumsperiode entfernen. Vorsicht beim Drahten: Alte, verholzte Äste sind sehr spröde.

▦ Aussaat im Herbst oder Winter. Stecklinge vom diesjährigen Holz zu jeder Zeit. Durch Absenken oder Abmoosen im Frühling oder Frühsommer.

Pyracantha angustifolia
Blatt im Maßstab 1:3

Jahreszeitlicher Reiz
Glänzend grüne, ovale Blätter dienen den dekorativen Frühlingsblüten und den Herbstfrüchten als Hintergrund.

Pyracantha angustifolia
FEUERDORN
Dieses Exemplar ist acht Jahre alt und 25 cm hoch. Es wurde als Halbkaskade gestaltet.

Hohe Schale
Die graue, unglasierte, japanische Tokoname-Halbkaskadenschale hat die notwendige Höhe für die ganze Länge des unteren Astes.

Frühes Training
Als die Pflanze noch jung und biegsam war, wurde sie bereits in eine Schale gepflanzt und in Form gedrahtet.

Quercus robur Stieleiche

Die traditionsreiche Stieleiche kann einige Jahrhunderte lang leben, einige werden sogar 800 und mehr Jahre alt. Wenn der Baum älter wird, verdickt sich sein Stamm zu einem beeindruckenden Umfang. Die schweren Äste biegen sich nach außen und die Krone wird breit. Diese Struktur sollte sich auch bei Bonsai zeigen. Die gelappten Blätter verändern ihre Farbe ganz langsam, bevor sie abfallen. Sie wechseln von frischem Hellgrün im Frühling zu dunkleren Grüntönen im Sommer. Im Herbst bekommen sie einen satten goldbronzefarbenen Ton. Die Früchte sind die bekannten Eicheln. Dieser breitblättrige Baum kommt am häufigsten von den beiden in Großbritannien beheimateten Eichen vor. Er wächst auch im übrigen Europa, Nordafrika und dem Südwesten Asiens.

Gestaltung
Frei aufrechte und geneigte Form, Besenform, Doppelstamm, Mehrfachstamm, gewundener Stamm, Floßform oder Gruppenpflanzungen. In mittleren bis sehr großen Größen.

Pflegetips

◉ Volle Sonne. Vor Frost schützen.

◌ Während der Wachstumsperiode täglich gießen. Im Winter sparsamer gießen, jedoch feucht halten. Regelmäßig gegen Mehltau spritzen, Eichen sind für diese Krankheit sehr anfällig.

▣ Während des ganzen Sommers und im Herbst alle zwei Wochen düngen.

▥ Bis der Baum ein Alter von zehn Jahren erreicht, jedes Jahr im zeitigen Frühjahr, bevor die Knospen aufbrechen, umtopfen. Ältere Bäume alle zwei bis drei Jahre umtopfen. Verwenden Sie eine Grunderdmischung.

▤ Schneiden Sie neue Triebe immer wieder auf ein bis zwei Blattpaare zurück.

▨ Frische Eicheln im Herbst säen. Wenn Sie vor Nagetieren geschützt werden, werden im Frühjahr alle erfolgreich keimen. Abmoosen im Sommer.

Quercus robur
Blatt im Maßstab 1:3

Quercus robur
STIELEICHE
Diese eindrucksvolle, preisgekrönte Eiche im frei aufrechten Stil wird erst seit fünf Jahren als Bonsai gestaltet. Sie ist 60 Jahre alt und mißt 70 cm.

Kleinblättriges Laub
Die typischen, gelappten, leuchtend grünen Blätter haben sich durch vorsichtiges Schneiden und durch gute Pflege verkleinert.

Natürliches Aussehen
Rauh und gediegen sieht dieser Bonsai aus und vermittelt den Eindruck einer majestätischen Eiche in der freien Natur.

Unglasierte Schale
Diese einfache, rechteckige, japanische Tokoname-Schale mit abgerundeten Ecken gibt der Gestaltung Gewicht.

Rhododendron   Azaleen

Die Mitglieder der riesigen Rhododendron-Gattung sind die brillantesten aller blühenden Sträucher. Im Spätfrühling bringen sie Massen von leuchtenden Blüten hervor. Viele haben ihren Ursprung in Japan, wo die Pflanzen seit dem 16. Jahrhundert vermehrt und gekreuzt werden. Es gibt Hunderte von Arten und Tausende von Zuchtformen, die entweder zu den immergrünen Rhododendren oder zu den Azaleen (die immergrün oder laubabwerfend sein können) gehören; botanisch gesehen sind Azaleen und Rhododendren jedoch gleich. Die zweite, sehr angesehene Gruppe für Bonsai sind die Kurume-Azaleen, die von *Rhododendrum kiusianum* abstammen. Als Bonsai ist die populärste Art die immergrüne Satsuki-Azalee. Viele japanische Enthusiasten kultivieren ausschließlich Satsuki-Azaleen. Diese blühen unüblicherweise im Hochsommer.

Gestaltung

Alle Größen und Stilarten, außer der Besenform, sind möglich. Kleinblättrige und kleinblütige Zuchtformen sollten jedoch für kleinere Bonsai verwendet werden.

Rhododendron × obtusum
JAPANISCHE KURUME-AZALEE
Dieses Exemplar im Mehrfachstamm-Stil stellt die ganze Breite optischer Reize, die die Kurume-Azaleen bieten, vor. Sie ist 30 Jahre alt und 40 cm hoch.

Gestalten der Form
Der Stumpf eines ausrangierten Strauches wuchs zwei Jahre lang ungehindert. Danach wurde er in eine Schale gepflanzt und sein Neuaustrieb durch Schneiden und Drahten in Form gebracht.

Kompakte Basis
Eine glatte, graue, unglasierte Schale zieht das Augenmerk auf das komplexe Wurzelsystem.

Pflegetips

● Halbschatten. Vor Frost schützen. Vor starkem Regen während der Blütezeit schützen.

◔ Während der Wachstumsperiode mindestens einmal am Tag gießen und übersprühen. Verwenden Sie kalkfreies Wasser. Die Erde immer feucht halten, die feinen Faserwurzeln trocknen sonst aus.

✶ Vom zeitigen Frühjahr bis zum Beginn der Blüte alle zwei Wochen düngen. Vom Ende der Blütezeit bis zum Beginn des Herbstes einmal im Monat düngen. Verwenden Sie Azaleen-Dünger.

▣ Nach dem Abfallen der Blüten jährlich oder wenn die Wurzeln die Schale ausfüllen, umtopfen. Verwenden Sie eine kalkfreie Erdmischung; alle Rhododendren brauchen saure Erde.

◩ Neue Triebe nach der Blüte entfernen. Nebentriebe bis zum Hochsommer leicht zurückschneiden.

▤ Durch Stecklinge aus nicht verholzten Trieben im Frühsommer. Durch Abmoosen im Frühsommer.

Brillante rosa Blüten
Die farbenprächtigen Blüten hängen massenweise an den Ästen und verbergen das dürftig wachsende Laub.

Rhododendron indicum 'Hakurei'
SATSUKI-AZALEE 'HAKUREI'
Diese 20jährige Azalee ist 25 cm hoch und hat eine Ausdehnung von 90 cm. Der Kaskadenstil zeigt perfekt die Zartheit der cremefarbenen Knospen, der weißen, sternförmigen Blüten und der schlanken, dunkelgrünen Blätter.

Rhododendron indicum 'Kaho'
SATSUKI-AZALEE 'KAHO'
Dieses frei aufrechte Exemplar ist 25 Jahre alt und 50 cm hoch. Es wird in seiner prachtvollsten Phase, wenn die Blüten die Äste verdecken, gezeigt.

Rhododendron indicum 'Kaho'
Blatt im Maßstab 2:3

Immergrüne Blätter
Im Hochsommer werden die ovalen Blätter von den auffallenden Blüten fast verdeckt.

Große Blüten
Die einzelnen Blüten sind für Bonsai verhältnismäßig groß, der Effekt wird durch die Masse der vielen Blüten erzielt.

Breite Silhouette
Der flache, sich ausbreitende Baldachin aus Ästen wird durch einen starken Stamm getragen.

Graue, unglasierte Schale
Die einfache Schale dient als Hintergrund

Sageretia thea *(S. theezans)* Sageretie

Sageretien brauchen Wärme. In Ländern mit kühleren Temperaturen werden sie als Zimmerbonsai gezogen. Diese zarten Sträucher haben ihren Ursprung in den wärmeren Landesteilen der Vereinigten Staaten und in Zentral- und Südasien. Die für Bonsai gebräuchlichste Art ist *Sageretia thea* aus Südchina. Ihr Stamm zeichnet sich durch einen faszinierenden Fleckeneffekt aus, ähnlich dem eines alten Dreispitzahorns oder einer Platane.

Er wird durch das Abblättern der rauhen, braunen Rinde verursacht. Die Äste sind schlank und manchmal dornig, die Blätter sind klein, immergrün und glänzend. Im Sommer bringen die Pflanzen kleine, weiße Blüten hervor, die zu blauen Beeren werden.

Gestaltung
Sageretien sind beliebte Zimmerbonsai, die sich für alle Stilarten und Größen eignen.

Sageretia thea
Blatt im
Maßstab 1:3

Sageretia thea
SAGERETIE
Diese Baumart ist als Zimmerbonsai wegen ihrer attraktiven Rinde und dem Laub sehr beliebt. Dieser Baum, der im geneigten Stil wächst, ist 35 Jahre alt und 63 cm hoch.

Die Beschaffenheit des Stammes
Die abblätternde Rinde erzeugt viele verschiedene Farben auf dem schön gemusterten Stamm.

Pflegetips
◉ Volle Sonne, im Sommer Halbschatten. Mindesttemperatur im Sommer 18 °C, im Winter 12 °C mit hoher Luftfeuchtigkeit. Zimmerbonsai brauchen das ganze Jahr einen hellen Standort, sollten aber vor sengender Sonne im Sommer schattiert werden.
⬤ Während des ganzen Sommers täglich gießen. Erde immer feucht halten: Zimmerbonsai täglich überprüfen, hohe Luftfeuchtigkeit ist wichtig.
⬛ Den ganzen Sommer über alle zwei Wochen düngen, im Winter einmal im Monat.
⬛ Jedes zweite Jahr im Frühling umtopfen. Verwenden Sie eine Grunderdmischung.
⬛ Während der Wachstumsperiode neue Triebe auf ein bis zwei Blattpaare zurückschneiden.
⬛ Durch Stecklinge aus noch nicht verholzten Trieben im Frühling oder Sommer vermehren.

Mittelgrünes Laub
Die gerundeten Massen glänzender, ovaler Blätter sind durch regelmäßiges Schneiden geformt worden.

Chinesische Schale
Diese rechteckige, blaue, glasierte Schale bringt zusätzliche Farbe und Form in die Gestaltung.

Salix Weiden

Die anmutigen Sträucher und kleinen Bäume der großen Weidenfamilie können aufrecht, gebogen oder in hängender Form wachsen, wie die bekannte *Salix babylonica*, die Trauerweide. Dieser auffallend schöne Baum kommt aus China und wächst oft an Gewässern über die sich seine schmalen Blätter wie ein eleganter Vorhang aus Ästen senken und neigen. Wie alle Weiden liebt auch die *S. babylonica* Feuchtigkeit. Es gibt Sorten mit kleineren Blättern, eine davon hat goldfarbenes Laub. Weiden wachsen in kalten und gemäßigten Teilen der Erde. Die Farben ihres Laubes und der Rinde sind unterschiedlich. Im Frühling tragen sie wunderschöne Kätzchen. Viele von ihnen wachsen sehr kräftig.

Gestaltung

Weiden sind für frei aufrechte und geneigte Stilarten, für Halbkaskaden, Kaskaden, Doppelstamm, Wurzel-über-dem-Felsen-Pflanzungen und Saikei geeignet. Gestalten Sie sie zu mittleren bis sehr großen Bonsai.

Pflegetips

◉ Volle Sonne, bei heißer Sommersonne leicht schattieren. Um das Zurückfrieren von Zweigen zu vermeiden, ist Schutz vor strengem Frost nötig.

◌ Während der Wachstumsperiode täglich gießen, bei heißem Wetter noch häufiger. Die Weide ist eine der wenigen Bonsai, der es nützt, im Hochsommer im flachen Wasser zu stehen. Im Winter die Wassergaben reduzieren, aber die Erde nie austrocknen lassen.

⚘ Vom zeitigen Frühjahr bis zum Spätsommer alle zwei Wochen düngen.

▣ Für diesen schnellwachsenden Baum kann es notwendig sein, daß er zweimal im Jahr umgetopft wird, und zwar im zeitigen Frühjahr und im Hochsommer. Verwenden Sie eine Grunderdmischung.

◧ Nach dem Umtopfen im zeitigen Frühjahr den Zuwachs des letzten Jahres auf ein bis zwei Knospen zurückschneiden.

◩ Durch halbverholzte und verholzte Stecklinge zu jeder Jahreszeit; selbst die Äste, die so dick wie ein Handgelenk sind, wurzeln leicht in feuchtem Sand.

Salix babylonica
Blatt im
Maßstab 1:6

Salix babylonica

TRAUERWEIDE

Diese anmutige Art bietet sich für eine sehr stimmungsvolle Gestaltung an, wie dieses Baumpaar zeigt, das sich über das Wasser neigt. Die Bäume sind 15 Jahre alt; der größte Baum ist 35 cm hoch.

Attraktiver Baldachin
Das feine, riemenartige, frische, grüne Laub wird von goldfarbenen Trieben getragen.

Trauerweide
Zweimal im Jahr werden die Äste so zurückgeschnitten, daß sie verfeinerte, zarte Triebe bekommen und wie eine Trauerweide aussehen.

Saikei-Schale
Eine braune, unglasierte Schale mit einem glasierten Wasserbecken sorgt für einen natürlichen Rahmen.

Sequoiadendron giganteum Mammutbaum

Der Welt größter Baum steht in Kalifornien und ist ein Mammutbaum, auch Wellingtonie genannt. Man nennt ihn »General Sherman«. Dieser berühmte Baum ist 83 Meter hoch und hat einen Stammumfang von 24 Metern. Der älteste, bekannte Baum dieser Art war, als er gefällt wurde, 3200 Jahre alt. Mit all diesen Superlativen ist diese monumentale, immergrüne Konifere eine richtige Herausforderung für alle Bonsai-Liebhaber; trotzdem wird es immer einige geben, die es versuchen. Der Mammutbaum wächst sehr schnell und muß ständig mit den Fingern zurückgezupft werden. Drahten ist wichtig, um den Bonsai in Form zu halten.

Gestaltung

Mammutbäume kann man streng aufrecht, als Doppelstamm oder als Gruppenpflanzung gestalten. Sie eignen sich für mittlere bis sehr große Bonsai.

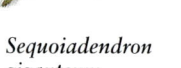

Sequoiadendron giganteum
Blatt im Maßstab 2:5

Pflegetips
● Volle Sonne, im Sommer Halbschatten. Vor Frost und eisigem Wind schützen.
◌ Während der Wachstumsperiode täglich gießen, im Sommer übersprühen. Im Winter sparsamer gießen.
❖ Vom Frühling bis zum Herbst alle zwei Wochen düngen.
▣ Jedes zweite Jahr im zeitigen Frühjahr umtopfen. Verwenden Sie eine Grunderdmischung.
✄ Um die Form zu gestalten und zu erhalten, wird der Zuwachs während der Wachstumsperiode wöchentlich ausgezupft. Um eine gute Form zu erzielen, muß man drahten, obwohl der Baum dazu neigt, seinen aufwärtsgerichteten Wuchs wieder aufzunehmen, sobald man ihn entdrahtet.
✍ Durch Aussaat im Winter oder im zeitigen Frühjahr. Durch Stecklinge aus noch nicht verholzten Trieben im Frühling und Sommer.

Sequoiadendron giganteum
MAMMUTBAUM
Dieses 20jährige Exemplar ist 90 cm hoch und streng aufrecht gestaltet.

Anmutige Gestalt
Das immergrüne, schuppenartige Laub dehnt sich zu einem eleganten, konischen Umriß aus.

Aufrechter Stil
Der lange, gerade Stamm und die sich gleichmäßig ausbreitenden Äste spiegeln perfekt die Art und Weise wider, wie der Baum in der Natur wächst.

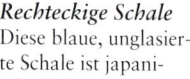

Rechteckige Schale
Diese blaue, unglasierte Schale ist japanische Tokoname-Ware.

Serissa foetida Junischnee (Baum der tausend Sterne)

*D*ie Massen von weißen, sternenförmigen Blüten, die im Sommer aufgehen, gaben diesem immergrünen Strauch seinen volkstümlichen Namen, während der unangenehme Geruch seiner Wurzeln und Rinde den botanischen Namen *Serissa foetida* vollkommen rechtfertigt. In den gemäßigten Breiten der Erde kann diese Pflanze, die aus den subtropischen Gebieten Indiens, Chinas und Japans kommt, als Zimmerbonsai gehalten werden. Er hat kleine, glatte, grüne Blätter und die weißen Blüten können einfach oder gefüllt sein. Es gibt eine Art, die purpurrote Blüten hat und eine mit buntgefärbten Blättern.

Gestaltung

Serissa foetida ist für alle Stilarten, außer streng aufrecht und Besenform, geeignet. Gestalten Sie sie in sehr kleinen bis mittleren Größen.

Pflegetips

◉ Volle Sonne. Warmer Standort mit Mindesttemperatur von 12 °C. Vor Zugluft schützen.

💧 Während der Wachstumsperiode täglich gießen. Übersprühen, um hohe Luftfeuchtigkeit zu erhalten. Während der Blüte nicht übersprühen, da Feuchtigkeit die Blütenblätter entfärbt. Im Winter, wenn die Tage kurz sind, Erde relativ trocken halten.

🗓 Während der Wachstumsperiode alle zwei Wochen düngen, im Winter einmal im Monat.

🪴 Im zeitigen Frühjahr alle zwei Jahre umtopfen. Verwenden Sie eine Grunderdmischung.

✂ Nach dem Umtopfen neue Triebe auf ein bis zwei Blattpaare zurückschneiden.

🗹 Nehmen Sie Stecklinge aus noch nicht verholzten Trieben, im Frühling oder Sommer wurzeln sie leicht.

Buntgefärbtes Laub
Die grünen und blaßgelben Färbungen der kleinen, ovalen Blätter erhellen den dichten Laubbaldachin.

Serissa foetida
Blatt im Maßstab 2:3

In Form geschnitten
Dieser Baum hat ein interessantes, natürliches Wachstumsmuster. daher kann man allein durch Schneiden eine ansprechende Form erreichen und ihn zum Blühen anregen.

Serissa foetida 'Variegata'
BAUM DER TAUSEND STERNE
Dieses entzückende Exemplar ist sechs Jahre alt und 15 cm hoch und frei aufrecht gestaltet.

Braune, glasierte Schale
Die tiefe, rechteckige Schale macht den kleinen Baum eindrucksvoller.

Sorbus aucuparia Eberesche

Die Eberesche ist während des ganzen Jahres für den Garten sehr dekorativ. Im Frühling ist sie mit Massen kleiner, cremefarbener Blüten übersät. Die zarten, zusammengesetzten Blätter haben während der ganzen Wachstumsperiode ein liebliches, frisches Grün. Im Herbst sind sie orange und goldfarben und geben für die Büschel glänzender roter Beeren eine hervorragende Kulisse ab. Dieser kleine Baum ist wahrscheinlich der bekannteste der *Sorbus*-Gattung, zu der eine Anzahl von äußerst attraktiven laubabwerfenden Bäumen und Sträuchern gehört. Seine anmutigen, gefiederten Blätter und die schlanke, aufrechte Gestalt machen ihn für Bonsai besonders gut geeignet.

Gestaltung

Ebereschen sind für alle Größen und Stilarten, außer streng aufrecht und Besen-form, geeignet.

Pflegetips

◉ Volle Sonne. Der Baum ist besonders winterhart und frostresistent, es ist kein Winterschutz nötig.

◔ Während der Wachstumsperiode täglich gießen. Im Winter sparsam gießen, aber die Erde nicht austrocknen lassen.

⚘ Während der Wachstumsperiode alle zwei Wochen düngen.

▣ Im Frühjahr, bevor die Knospen aufbrechen, alle ein bis zwei Jahre umtopfen. Verwenden Sie eine Grunderdmischung.

▨ Um eine gute Form zu erreichen und zu behalten, werden die neuen Triebe konstant auf ein bis zwei Blätter zurückgeschnitten, außer es wird der Zuwachs gebraucht, um die Gesamtform weiterzuentwickeln.

▦ Stratifizieren Sie Samen und säen Sie diese im Spätwinter oder im zeitigen Frühjahr. Pfropfen Sie namhafte Zuchtformen auf gewöhnliche Wurzelstöcke.

Anmutiges Laub
Die gezahnten Blättchen der zusammengesetzten Blätter passen sich der Größe des Bonsai gut an.

Sorbus aucuparia
Blatt im Maßstab 1:5

Sorbus aucuparia
EBERESCHE
Dieser 8jährige Baum, in frei aufrechter Stilart, ist 25 cm hoch.

Eleganter Kontrast
Die feine Aststruktur kontrastiert attraktiv mit dem dicken Stamm, der durch sechsjähriges Wachsen im Freiland entstand.

Trommelförmige Schale
Die sich ausbreitende Krone des Bonsai wird durch die Handfestigkeit der runden, japanischen Tokoname-Schale im Gleichgewicht gehalten.

Stewartia Scheinkamelie

Die kleine Familie der laubabwerfenden Scheinkameliensträucher ist mit den Kamelien nah verwandt und braucht ebenfalls saure, kalkfreie Erde. Scheinkamelien sind in Japan beheimatet. In den letzten Jahren wurden Sie immer häufiger zu Bonsai gestaltet. Dafür sind zum Teil ihre zarten, kleinen Zweige und die glänzende kupferfarbene Rinde verantwortlich, die den Strauch auch dann noch attraktiv aussehen lassen, wenn er im Winter unbelaubt ist. Ihre andere Hauptanziehungskraft für Bonsai ist das spektakuläre Scharlach- und Purpurrot ihrer Herbstblätter. *Stewartia pseudocamellia* und die kompakte Zwergform *S. monadelpha* werden am häufigsten für Bonsai gewählt.

Gestaltung

Scheinkamelien kann man streng aufrecht oder als Gruppenpflanzungen gestalten. Sie eignen sich für kleine bis mittlere Größen.

Pflegetips

● Im Herbst vollsonnig, um die Blattfärbung zu erhöhen, im Sommer Halbschatten. Vor Frost schützen.

⬟ Während der Wachstumsperiode täglich gießen. Benutzen Sie kalkfreies (weiches) Wasser, ideal ist Regenwasser. Lassen Sie die Erde nie austrocknen. Wie andere dünnblättrige Pflanzen nehmen Scheinkamelien Trockenheit übel. Wassermangel läßt die Blätter verkümmern.

⬟ Während der Wachstumsperiode alle zwei Wochen düngen. Nehmen Sie einen Azaleendünger.

⬛ Im zeitgen Frühjahr alle zwei Jahre umtopfen. Verwenden Sie eine kalkfreie Erdmischung.

⬡ Um die Form zu erreichen und zu behalten, werden die neuen Triebe konstant auf ein bis zwei Blätter zurückgeschnitten, außer es wird der Zuwachs gebraucht, um die Gesamtform weiterzuentwickeln. Vorsichtig drahten, die weiche Rinde wird leicht beschädigt.

✂ Aussaat im Winter oder im Frühjahr. Durch Stecklinge aus noch nicht verholzten Trieben im Sommer.

Stewartia monadelpha
SCHEINKAMELIE
Diese Bäume sind 10 Jahre alt und wachsen seit zwei Jahren zusammen. Die Gesamthöhe beträgt 50 cm.

Laubfarben
Im Herbst werden die sattgrünen Blätter rot bis purpurrot.

Winterreiz
·Die kupferfarbene Rinde der zahlreichen schlanken Stämme und zierlichen Zweige wirkt nach dem Abfallen der Blätter besonders attraktiv.

Natürliche Basis
Eine handgemachte, unglasierte Keramikplatte von Petra Engelke trägt zu der Illusion einer weiten Landschaft bei.

Stewartia monadelpha Blatt im Maßstab 1:5

Tamarix Tamariske

Die Heimat der Tamarisken reicht von Westeuropa bis China. Die meisten kultivierten Arten haben ihre Heimat in den Mittelmeerländern. Trotz ihrer anscheinenden Zartheit sind diese Sträucher extrem zäh und widerstandsfähig gegen Wind. Daher werden sie oft an der Küste als Schutzzonen und Hecken gepflanzt. Für Bonsai sind sie hervorragend geeignet: Die Blätter, die im Herbst abfallen sind klein und schuppenförmig, die Äste schlank und federartig und die zierlichen braunrosafarbenen oder purpurroten Blüten erscheinen im Frühling und im Sommer im Überfluß.

Gestaltung
Frei aufrechte oder geneigte Form, Halbkaskade, Kaskade, Doppelstamm, Mehrfachstamm, Wurzel-über-dem-Felsen-Stil und Felspflanzung. Für kleine bis große Größen.

Pflegetips

◉ Sehr hell, vor heißer Sommersonne schattieren. Vor strengem Frost schützen.

◊ Großzügig gießen: Erde täglich überprüfen und immer feucht halten.

▦ Während der Wachstumsperiode alle zwei Wochen düngen.

▣ Je nach Wurzelentwicklung alle ein bis zwei Jahre in der Frühjahrsmitte umtopfen. Verwenden Sie eine wasserdurchlässige Erdmischung.

▧ Im Herbst das diesjährige Wachstum zurückschneiden. Die neuen Frühjahrstriebe wachsen dann nach oben. Sie werden durch leichtes Drahten nach unten gebogen. Sie können auch ein paar Wochen lang ein feines Netz oder ein Plastiknetz über die Triebe legen, bis sie eine »Trauerform« angenommen haben.

▨ Schneiden Sie im Sommer Stecklinge aus noch nicht verholzten Trieben. Absenken im Spätfrühling oder im Frühsommer.

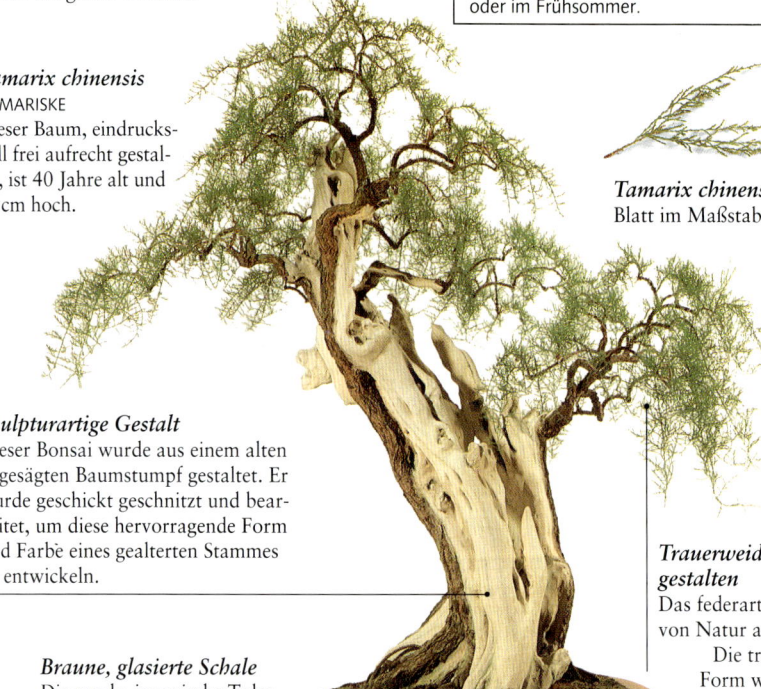

Tamarix chinensis
TAMARISKE
Dieser Baum, eindrucksvoll frei aufrecht gestaltet, ist 40 Jahre alt und 85 cm hoch.

Tamarix chinensis
Blatt im Maßstab 1:5

Skulpturartige Gestalt
Dieser Bonsai wurde aus einem alten abgesägten Baumstumpf gestaltet. Er wurde geschickt geschnitzt und bearbeitet, um diese hervorragende Form und Farbe eines gealterten Stammes zu entwickeln.

Trauerweidenförmig gestalten
Das federartige Laub wächst von Natur aus nach oben. Die trauerweidenartige Form wurde durch sorgfältiges Drahten erreicht.

Braune, glasierte Schale
Die runde, japanische Tokoname-Schale mit dem nach innen gebogenen Rand umschließt die breite Basis des Bonsai.

Taxus baccata   Gemeine Eibe

*E*iben sind attraktive, langsamwachsende, immergrüne Koniferen, die Hunderte, ja Tausende von Jahren alt werden können. Die sich ausbreitenden Äste der Gemeinen Eibe sind mit dunkelgrünen, nadelartigen Blättern bedeckt. Manchmal lösen sich Streifen von der graubraunen Rinde und zeigen eine darunterliegende rotbraune Schicht. Im Frühling erscheinen kleine, grüne Blüten. Da sowohl die Blätter als auch die Früchte giftig sind, müssen Eiben so gepflanzt werden, daß Kinder, Haustiere und Weidevieh nicht in ihre Nähe kommen können. In der Vergangenheit war der Friedhof der geeignetste Platz, der einzige Bereich, der vom Weideland durch Zäune abgegrenzt war. Im Mittelalter wurden aus dem flexiblen Holz Langbogen gemacht; heute werden sie genauso leicht zu Bonsai gestaltet.

Pflegetips

● Eiben tolerieren etwas Sonne, aber Halbschatten ist besser. Sie wachsen sogar im vollen Schatten.
◊ Während der Wachstumsperiode täglich gießen und übersprühen. Im Winter sparsamer gießen aber die Erde feucht halten.
⁂ Während der Wachstumsperiode zweimal im Monat düngen.
▣ Im Frühling alle drei bis vier Jahre umtopfen. Verwenden Sie eine wasserdurchlässige Erdmischung.
✎ Um die Verzweigung anzuregen, zupfen Sie neue Triebe während der Wachstumsperiode zurück. Wenn Sie wollen, daß der Baum Früchte bekommt, erst nach der Blüte zurückzupfen. Drahten kann man zu jeder Jahreszeit, am besten jedoch im Herbst.
✂ Stecklinge im Herbst von diesjährigen Trieben nehmen, Winterschutz geben; bis zum Frühling werden sie erfolgreich wurzeln. Durch Abmoosen und Absenken im Sommer.

Gestaltung

Taxus baccata, die Gemeine Eibe, eignet sich für alle Größen und Stilarten außer der Besenform.

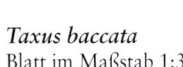

Taxus baccata
Blatt im Maßstab 1:3

Nadelartiges Laub

Die dunkelgrünen Blätter haben ein abgeflachtes, nadelartiges Aussehen. In Zukunft wird die Gestaltung durch weitere Verfeinerung und Formen des Laubes vervollkomnet.

Ausgeglichene Gestaltung

Die Anordnung der Äste, die belaubte Zweige und starr geschnitzte Jin gegenübergestellt, hebt den guten Stammverlauf hervor.

Taxus baccata
GEMEINE EIBE
Dieser 20 Jahre alte Baum wurde aus einer normalen Baumschulpflanze frei aufrecht gestaltet. Er ist 45 cm hoch.

Wiederholung der Stammfärbung

Die dunkle Schattierung des Stammes wird durch die braune, unglasierte, ovale Schale ergänzt.

Taxus cuspidata Japanische Eibe

Wie ihr volkstümlicher Name verrät, ist *Taxus cuspidata* in Japan zu Hause. Dieser immergrüne Baum ist klein bis mittelgroß und sieht aus wie *T. baccata*, die Gemeine Eibe, außer daß ihre nadelartigen Blätter dunkelgrün und auf der Unterseite cremefarben sind. Die Blüten sind klein und grün. Damit ein weiblicher Baum die dunkelrosa Früchte hervorbringt, muß er von einem in der Nähe wachsenden männlichen Baum befruchtet werden. Sie können das flexible Holz leicht zu einem Bonsai biegen und drahten. Das feinfaserige Holz läßt sich zu Jin- oder Treibholzelementen der Gestaltung schnitzen. Die kompaktere Zwergform *T. c.* 'Nana' ist für kleinere Bonsai die bessere Wahl.

Gestaltung

Japanische Eiben können in allen Stilarten, außer der Besenform gestaltet werden. Sie sehen in allen Größen ansprechend aus.

Pflegetips

◉ Eiben tolerieren etwas Sonne, sie stehen aber lieber halbschattig und wachsen auch im vollen Schatten.

◌ Während der Wachstumsperiode täglich gießen und übersprühen. Im Winter sparsamer gießen aber die Erde gleichmäßig feucht halten.

✿ Während der Wachstumsperiode zweimal im Monat düngen.

▣ Im Frühling alle drei bis vier Jahre umtopfen. Verwenden Sie eine wasserdurchlässige Erdmischung.

✎ Um die Verzweigung anzuregen, werden neue Triebe während der Wachstumsperiode zurückgezupft. Wenn Früchte erwünscht sind, mit dem Zupfen bis nach der Blüte warten. Äste im Herbst schneiden. Vorsichtig kann zu jeder Jahreszeit gedrahtet werden, am besten jedoch im Herbst.

▥ Nehmen Sie im Herbst Stecklinge. Wenn sie Winterschutz bekommen, sollten sie bis zum Frühling wurzeln. Abmoosen und Absenken im Sommer.

Taxus cuspidata
Blatt im Maßstab 1:3

Dünnes Laub
Die abgeflachten, nadelartigen Blätter werden ausgedünnt, um die Aufmerksamkeit auf den Stammverlauf und die Äste zu lenken.

Taxus cuspidata
JAPANISCHE EIBE
Dieser 20jährige, frei aufrechte Baum mit weitausladenden Ästen ist 30 cm hoch.

In Form gedrahtet
Der Stamm wurde stark gedrahtet, um die Biegungen zu gestalten. Danach wurde er für eine Weile ins Freiland gesetzt, um dicker zu werden.

Eine solide Basis bilden
Die fließende Bewegung der Gestaltung hat in der braunen, unglasierten japanischen Tokoname-Schale mit ihrer runden Form eine optische Verankerung.

Tsuga heterophylla   Westamerikanische Hemlocktanne

Die großen, eleganten Hemlocktannen sind pyramidenförmig. Ihre Astspitzen senken sich anmutig und sehen wie ein Wasserfall aus. Diese Gattung immergrüner Koniferen ist in Japan, China und Nordamerika heimisch. Die Westamerikanische Hemlocktanne wird oft als Zierbaum gepflanzt. Wie ihr volkstümlicher Name sagt, kommt Tsuga heterophylla aus den westlichen Teilen Nordamerikas. Wenn sie noch jung sind, sind die weichen, kurzen, nadelartigen Blätter wunderschön hellgrün, ausgereift werden sie dunkelgrün.

Gestaltung

Hemlocktannen können in jeder Stilart, außer der Besenform gestaltet werden und sehen in allen Größen, von sehr klein bis sehr groß, gut aus.

Pflegetips

◉ Halbschatten. Der Baum ist sehr winterhart, sollte jedoch vor eisigem Wind geschützt werden.

◊ Während der Wachstumsperiode täglich gießen und im Sommer übersprühen. Reduzieren Sie im Winter die Wassergaben, aber lassen Sie die Erde nicht austrocknen.

⚬ Während der Wachstumsperiode zweimal im Monat düngen.

▣ Bis zu einem Alter von zehn Jahren jedes zweite Jahr im Frühling umtopfen. Danach etwa alle drei bis vier Jahre umtopfen. Verwenden Sie eine wasserdurchlässige Erdmischung.

✎ Während der Wachstumsperiode die neuen Triebe, bevor sie verholzen, bis auf wenige Nadeln abzupfen. Drahten ist zu jeder Jahreszeit möglich.

✄ Aussaat im Winter oder im zeitigen Frühjahr. Stecklinge aus noch nicht verholzten Trieben im Sommer und Herbst.

Tsuga heterophylla
Blatt im Maßstab 2:5

Kurze, weiche Blätter
Die zarten, nadelartigen Blätter haben ein frisches Grün.

Offene Form
Die duftige, sich ausbreitende Form ist das Ergebnis sorgsamen, ausführlichen Drahtens der Äste.

Tsuga heterophylla
WESTAMERIKANISCHE HEMLOCKTANNE
Dieser seit zwei Jahren gestaltete, 6jährige Baum in frei aufrechter Stilart, ist 23 cm hoch.

Weite, flache Schale
Die braune, unglasierte Schale ist japanische Tokoname-Ware.

Ulmus parvifolia   Chinesische Ulme

Unter Bonsai-Liebhabern ist die Chinesische Ulme unbestritten die beliebteste Ulmenart. Dieser kleine Baum, mit seiner abgerundeten Form, stammt aus China, Japan, Korea und Taiwan. Die zarten Zweige machen diese Baumart zu einer der wenigen, die erfolgreich als Besenform gestaltet werden können. Die kräftigen, langen, biegsamen Wurzeln sind für die Wurzel-über-dem-Felsen-Stilart ideal. Wie der botanische Name *parvifolia* sagt, sind die Blätter sehr klein. Ulmen sind normalerweise laubabwerfend, die Blätter fallen aber oft nur widerstrebend ab. Im wärmeren Klima Kaliforniens beispielsweise, fallen die Blätter überhaupt nicht ab und die Pflanze ist dort immergrün. Eine beliebte buntblättrige Art ist *Ulmus parviflora* 'Variegata'.

Gestaltung

Chinesische Ulmen können in jeder Stilart und Größe gestaltet werden.

Pflegetips
◉ Volle Sonne und sehr hell. Wurzeln vor Frost schützen, da sie sehr empfindlich sind.
◔ Während der Wachstumsperiode täglich gießen. Bei sehr heißem Wetter noch häufiger gießen. Im Winter sparsamer gießen aber immer feucht halten.
⚘ Nachdem sich die Blattknospen öffnen, einen Monat lang wöchentlich düngen, dann alle zwei Wochen bis zum Spätsommer.
▣ Bis der Baum zehn Jahre alt ist, jedes Jahr im zeitigen Frühjahr umtopfen, danach nur, wenn es notwendig ist. Verwenden Sie eine wasserdurchlässige Erdmischung.
◹ Im Frühling alle neuen Triebe auf ein bis zwei Blattpaare zurückschneiden. Alle Ulmen reagieren gut auf Blattschnitt im Hochsommer, für Arten wie *U. parviflora* ist ein Blattschnitt unnötig.
◪ Stecklinge aus noch nicht verholzten Trieben und verholzte Stecklinge im Frühsommer. Wurzelstecklinge im Winter entwickeln sich gut.

Ulmus parvifolia
CHINESISCHE ULME
Dieser Baum im Wurzel-über-dem-Felsen-Stil ist 10 Jahre alt und 17 cm hoch.

Ganzjährige Anziehungskraft
Dieser Bonsai mit seinen kleinen, gezahnten, ovalen Blättern und zarten Ästen ist zu allen Jahreszeiten attraktiv.

Ulmus parvifolia
Blatt im Maßstab 2:3

Ausgewogenes Design
Die dreieckige Silhouette der Äste ist an der leichten Biegung des kahlen Stammes gut ins Gleichgewicht gebracht worden. Der Stamm erhebt sich ganz natürlich über den Felsen.

Offener Rahmen
Die rotbraune, unglasierte, ovale Schale sorgt für ein Gefühl von Raum um die felsige Basis herum.

Ulmus procera Englische Ulme

*I*n der freien Natur wächst die Englische Ulme wie eine umgedrehte Acht. Durch die Ulmenkrankheit ist dieser Baum sehr dezimiert worden und kommt nicht mehr so häufig vor wie früher. Man kann allerdings aus ihm exzellente Bonsai gestalten, da die Blätter viel kleiner werden, wenn der Baum in einer Schale gezogen wird. Besonders wird dieser Effekt erreicht, wenn man im Hochsommer einen Blattschnitt durchführt. Im Herbst ist das Laub wunderschön, glänzend gelb. Die graubraune Rinde entwickelt im Alter Risse. Die Ulmenkrankheit ist bei Bonsai kein großes Problem, einerseits weil es weniger Rinde gibt, die infiziert werden kann und andererseits, weil eine so kleine Pflanze mit systemischen Fungiziden behandelt werden kann.

Gestaltung
Englische Ulmen können in jeder Größe und Stilart gestaltet werden.

Pflegetips

◉ Heller und sonniger Standort. Kleinere Bonsai vor Frost schützen.

◌ Während der Wachstumsperiode täglich gießen, noch häufiger bei sehr heißem Wetter. Im Winter seltener gießen, aber die Erde nie austrocknen lassen.

⊡ Einen Monat lang nach dem Öffnen der Blattknospen wöchentlich düngen, dann bis zum Spätsommer alle zwei Wochen.

▣ Bis der Baum zehn Jahre alt ist, jedes Jahr im zeitigen Frühjahr umtopfen, danach das Wurzelwachstum überprüfen und umtopfen, wenn die Wurzeln die Schale ausfüllen. Verwenden Sie eine wasserdurchlässige Erdmischung.

▨ Im Frühling neue Triebe auf ein bis zwei Blattpaare zurückschneiden. Englische Ulmen reagieren gut auf Blattschnitt im Hochsommer.

▧ Im Frühsommer Stecklinge aus verholzten und noch nicht verholzten Trieben. Wurzelstecklinge, die man im Winter schneidet, entwickeln sich gut. Vermehrung auch durch Wurzelschößlinge.

Ulmus procera
ENGLISCHE ULME
Dieser Baum wurde in der freien Natur gesammelt und dann streng aufrecht gestaltet. Er ist 30 Jahre alt und 105 cm hoch.

Bonsai-Laub
Die kleinen, gezahnten Blätter, die von Mittelgrün zu einem reinen Gelb im Herbst wechseln, passen sehr gut zu der Größe des Bonsai.

Typische Form
Die charakteristische Silhouette wie bei einer Englischen Ulme in der freien Natur wurde durch sorgfältiges Gestalten erreicht. Der hohe, gerade Stamm bildet die Mittelachse der Gestaltung.

Ulmus procera
Blatt im Maßstab 1:3

Hellgrüne, glasierte Schale
Die Farbe dieser ovalen Schale ergänzt die Farbe des Sommer- und Herbstlaubes.

Wisteria   Glyzine

*I*m Spätfrühling oder Frühsommer bieten die hängenden Trauben der Glyzine mit ihren blauen, mauvefarbenen oder weißen Blüten einen spektakulären Anblick im Garten. Der Strauch ist als Bonsai genauso beeindruckend: Bonsai-Liebhaber stellen lieber die süßduftenden Blüten als die frischen, grünen Blätter zur Schau. Es gibt zwei populäre Arten, *Wisteria floribunda*, die Japanische Glyzine und die Chinesische Glyzine *W. sinensis*, die stärker wächst als die Japanische und kürzere, stärker duftende Blütentrauben hat.

Gestaltung

Glyzinen sehen sehr gut aus in frei aufrechter und geneigter Stilart, als Halbkaskade, Kaskade und im Wurzel-über-dem-Felsen-Stil. Sie eignen sich für mittlere bis sehr große Bonsai.

Pflegetips

◉ Sehr heller Standort mit voller Sonne. Vor Frost unter –5 °C schützen.

◊ Während der Wachstumsperiode täglich gießen. In den heißen Sommermonaten in eine Schale mit flachem Wasser stellen. Im Winter Wassergaben reduzieren, aber feucht halten.

▣ Nach der Blüte bis zum Hochsommer wöchentlich düngen, danach vom Frühherbst bis zum Spätherbst

▣ Nach der Blüte alle drei Jahre umtopfen. Verwenden Sie eine Grunderdmischung.

▧ Im Frühling, nachdem die Blüten verwelkt sind, neue Triebe auf zwei bis drei Blattpaare zurückschneiden, danach im Frühsommer, im Hochsommer und im Herbst.

▨ Verholzte Stecklinge im Spätwinter oder im zeitigen Frühjahr. Abmoosen und Absenken im Sommer. Pfropfen im zeitigen Frühjahr. Die Vermehrung durch Samen ist leicht, aber wenig effektiv, da Pflanzen aus Sämlingen erst nach vielen Jahren blühen.

Wisteria floribunda
Blatt im Maßstab 1:10

Wisteria floribunda
JAPANISCHE GLYZINE
Dieser frei aufrecht gestaltete Baum ist 12 Jahre alt und 35 cm hoch.

»Trauernde« Äste
Die anmutigen Blütentrauben wurden wie hängende Äste behandelt. Dies gibt dem gesamten Design den eleganten Effekt einer Trauerweide.

Geneigte, aufrechte Form
Der gepfropfte Stamm wurde lang gehalten, um die herabhängenden, erbsenähnlichen Blüten unterzubringen.

Tiefe, ovale Schale
Die graubraune, unglasierte Schale bildet eine solide Basis.

Zelkova serrata Japanische Ulme

Die Japanische Ulme ist aus vielen Gründen ideal für Bonsai. Sie ist ein starkwachsender, laubabwerfender Baum mit langen, aufrechten Ästen, die aus einem kurzen, geraden Stamm kommen. Sie ist wegen ihrer dichten, feinen Verzweigung der klassische Baum für die Besenform. Aus demselben Grund eignet sie sich auch für Mehrfachstämme. Im Herbst hat das Laub Farbabstufungen von Karmesinrot, Bronze, Orange und Gelb, die herrlich anzusehen sind. Im Winter ist die Japanische Ulme einer der besten Bonsai, wenn ihre faszinierende, feine Zweiganordnung nicht durch Blätter verdeckt wird. *Zelkova serrata* gehört zu einer Pflanzenfamilie, die aus Japan, China und dem Kaukasus stammt. Sie ist mit der Europäischen Ulme nah verwandt.

Gestaltung

Japanische Ulmen eignen sich für alle Stilarten, außer der Literatenform. Besonders gut geeignet sind sie für die Besenform und Gruppenpflanzungen. Gestaltung in allen Größen.

Pflegetips

● Die meiste Zeit vollsonnig. Im Sommer leicht schattieren. Um das Absterben von Zweigen zu verhindern, vor Frost schützen.

◌ Im Sommer täglich gießen, sonst etwas weniger, Erde nie trocken werden lassen.

⚘ Nach dem Öffnen der Blattknospen im Frühling einen Monat lang wöchentlich düngen, im Sommer alle zwei Wochen.

▰ Bis der Baum zehn Jahre alt ist, jedes Jahr im zeitigen Frühjahr umtopfen, danach je nach Wurzelentwicklung. Verwenden Sie eine Grunderdmischung.

✂ Schneiden Sie neue Triebe auf ein bis zwei Blattpaare zurück. Große Blätter während der Wachstumsperiode entfernen. Bei starken, etablierten Bäumen kann im Hochsommer ein Blattschnitt vorgenommen werden.

✍ Aussaat im Spätwinter oder im zeitigen Frühjahr. Stecklinge im Sommer. Abmoosen im Sommer.

Zelkova serrata
Blatt im Maßstab 2:3

Zelkova serrata
JAPANISCHE ULME
Diese 15 bis 20 Jahre alten Bäume mit einer Gesamthöhe von 38 cm wurden vor zehn Jahren als Gruppe gepflanzt.

Farbenfrohes Laub
Im Herbst werden die kleinen, gezahnten Blätter orange und gelb.

Landschaftseffekt
Die Bäume wurden so angeordnet, daß sie räumliche Perspektive, genau wie bei einer Landschaft in der freien Natur, schaffen.

Flaches Oval
Die unglasierte Schale gibt dem sich ausbreitenden Design eine flache, bewußt niedriggehaltene Basis.

BONSAI-GESTALTUNG

KAPITEL 3

Als Bonsai-Liebhaber ist es Ihr Ziel, Ihre schöpferischen Fähigkeiten und Ihr Urteilsvermögen zu entfalten und den Charakter der Ausgangspflanze in Gestalt eines einzigartigen, besonderen Bonsai herauszuarbeiten. Die folgenden Seiten zeigen deutlich, wie man einen Bonsai Schritt für Schritt formt und gestaltet. Die fünfzehn Grundstilarten werden erklärt und illustriert; auch werden Methoden aufgezeigt, wie man den Eindruck einer Wald- oder Landschafts-pflanzung schafft und wie Sie Ihre Gestaltung mit Steinen und Pflanzen anreichern können. Ein anderer Abschnitt erörtert die verschiedenen Bonsai-Schalen und die Faktoren, die für die Wahl der Schale für einen bestimmten Bonsai wichtig sind. Werkzeuge werden erklärt und Tips für ihre Anwendung gegeben. Sie können lernen, wie die Technik des Formschnitts eine Baumschulpflanze in wenigen Minuten zum Bonsai macht. Außerdem können Sie lernen, wie Sie eine Pflanze weiterpflegen, die Sie aus Samen oder Stecklingen gewonnen haben, bis sie ein Stadium erreicht hat, in dem man sie zum Bonsai gestalten kann. Zusätzlich werden fortgeschrittenere Schneide- und Drahttechniken gezeigt, damit Sie Ihren Bonsai verbessern und verfeinern können.

Die Pflege eines Bonsai
Wenn Sie schneiden oder drahten wollen, sollten Sie Ihren Bonsai in Augenhöhe plazieren und alle notwendigen Werkzeuge und Drahtstärken zur Hand haben.

Bonsai-Stilarten

Im Laufe der Jahre haben Bonsai-Liebhaber häufig versucht, die Stilarten und Untergruppen, in denen Pflanzen gestaltet werden können, zu reklassifizieren. Innerhalb der gröberen Klassifikation von Einzelstamm, Mehrfachstamm oder Gruppenpflanzungen sind die fünfzehn auf den nächsten Seiten beschriebenen Stilarten nun allgemein anerkannt. Wenn Sie erst einmal die Prinzipien, die hinter diesen Stilarten stehen, erkannt haben, haben Sie einen Bezugspunkt, von dem aus Sie die Möglichkeiten eines Baumes für die Gestaltung als Bonsai einschätzen können. Sie können nun entscheiden, welche Stilart zu dem Baum paßt.

Wenn Sie sehr genau studieren, wie Bäume in der Natur wachsen, können Sie einen natürlich aussehenden Bonsai gestalten, ohne die Namen der Stilarten zu kennen. Die Namen sind jedoch hilfreich, um Hinweise in Büchern zu verstehen. Sie müssen auch nicht die japanischen Namen oder ihren Ursprung lernen. Sie müssen sich auch nicht sklavisch an die genauen Regeln der gewählten Stilart richten: Wenden Sie sie da an, wo sie zu der natürlichen Beschaffenheit der Pflanze passen.

Auswahl der Stilart

Wenn Sie einen Bonsai gestalten, sollten Sie immer daran denken, daß Sie mit einer lebenden Pflanze arbeiten. Schauen Sie sich ihren natürlichen Charakter an, und Sie werden eine passende Stilart erkennen. Oft kann man Pflanzen in verschiedenen Stilarten gestalten. Wenn nur eine Stilart zu einer speziellen Pflanze paßt, können Sie diese trotzdem noch auf viele Arten interpretieren. Bei Sträuchern wie Azaleen, die in der Natur nicht baumartig wachsen, gibt es bei der Stilart weniger Einschränkungen. Allgemein gesehen ist es jedoch am besten, sich bei der Wahl der Stilart danach zu richten, wie der Baum in der Natur wächst. Anfänger sollten nicht versuchen, einen Baum zu einem Bonsai in einer Stilart zu gestalten, die dem natürlichen Wuchs der Pflanze widerspricht. Wenn Sie jedoch mehr Erfahrung gesammelt haben, ist auch dies möglich.

Wenn Sie die Stilart gewählt haben, folgen Sie den technischen Anweisungen auf den Seiten 130–161 und Sie werden den Baum zu einem zufriedenstellenden Bonsai formen können.

Bonsai-Grundstilarten

Die fünf Grundstilarten, die vom Stammverlauf abhängen, sind streng aufrecht, frei aufrecht, geneigt, Halbkaskade und Kaskade. Bei einer streng aufrechten Stilart ist der Stamm gerade und senkrecht, die frei aufrechte Stilart hat einen gewundeneren, gebogeneren aufrechten Stamm; der gesamte Stamm eines geneigten Baumes neigt sich von der Horizontalen bis zu 45 Grad; ein Halbkaskaden-Bonsai neigt sich nicht weiter und endet am oder kurz unter dem Schalenrand. Eine Kaskade fällt unter das Niveau der Horizontalen und endet oft unterhalb des Schalenbodens.

Betula pendula
HÄNGE-BIRKE

Ein frei aufrechter Bonsai

In der Natur biegen sich solche Bäume weg von Wind oder Schatten, weg von anderen Bäumen oder Gebäuden. Bei einem Bonsai sollte der Stamm im Wesentlichen aufrecht sein und sich nicht mehr als 15 Grad neigen. Die Biegungen sollten nach rechts oder links gehen und nicht zum Betrachter hin. Diese Stilart ist für die meisten Baumarten geeignet.

Larix kaempferi
JAPANISCHE LÄRCHE

Pinus mugo
BERGKIEFER

Ein geneigter Bonsai

Solche Bäume neigen sich von starken Winden oder tiefem Schatten weg. Der gesamte Stamm, ob gerade oder gebogen, neigt sich in einem bestimmten Winkel. Die stärkeren Wurzeln wachsen auf der Gegenseite der Stammwinkelneigung.

Ein streng aufrechter Bonsai

In der Natur wächst so ein Baum unter perfekten Bedingungen. Ein Bonsai-Stamm sollte sich von der Basis bis zur Spitze gleichmäßig verjüngen. Die Äste sollten nicht genau symmetrisch sein. Lärchen, Wacholder, Kiefern und Fichten sind geeignet. Von Natur aus frei aufrecht wachsende Bäume sind ungeeignet.

Pyracantha angustifolia
FEUERDORN

Prunus serrulata
'Kiku-Shidare Sakura'
JAPANISCHE ZIERKIRSCHE

Ein Halbkaskaden-Bonsai

Diese Stilart kommt vor, wenn Bäume auf einer Felsenklippe wachsen oder über einen Gewässerrand hängen. Der Winkel des Stammes bei einem Bonsai ist nicht genau bestimmt, solange der Effekt stark horizontal ist. Sichtbare Wurzeln sollten ein Gegengewicht zum Stamm darstellen. Viele Baumarten sind für diese Stilart geeignet.

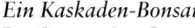

Ein Kaskaden-Bonsai

Der Stamm eines Baumes, der sich an eine Klippe oder an einen Abhang im Gebirge klammert, wächst oft nach unten. Einen Bonsai mit ausgeprägtem Abwärtswachstum kann man als Kaskade bezeichnen, selbst wenn der Stamm nicht in Höhe des Schalenbodens endet. Viele Baumarten, wenn sie nicht stark aufrecht wachsen, sind geeignet.

Der Literaten oder »Bunjingi«-Stil

Es ist nicht einfach, die Literatenform zu definieren, da sie viele Bonsai-Regeln bricht. Bäume, die jedoch in dieser Stilart gestaltet sind, sehen genauso schlank und anmutig aus, wie Literaten auf chinesischen Bildern, die den Namen inspirierten. Das Wort »Literat« hat einen etwas ungewöhnlichen Ursprung. Das chinesische Wort »wenjen« bedeutet: »Gelehrte, die die Künste ausüben«. Japanische Bonsai-Liebhaber haben dies als »bunjingi« übersetzt und wendeten es für diesen eleganten Baumstil an. Es gibt kein deutsches Wort für »bunjingi«, also nehmen manche Liebhaber das Wort »Literat«, das von dem lateinischen Begriff »gelehrt« abgeleitet ist.

Der Stamm eines Literaten biegt und windet sich normalerweise mehrere Male. In der Natur wachsen solche Bäume oft an der Küste oder an Orten, wo sie sich zum Sonnenlicht, durch gefällte oder abgestorbene Bäume hindurch, hochgekämpft haben. Bei Bonsai können Sie die meisten Koniferen zu Literaten gestalten.

Pinus thunbergiana
JAPANISCHE
SCHWARZKIEFER

Ein Literaten-Bonsai
Die meisten Koniferen und rauhen Laubbäume wie der Weißdorn eignen sich gut für den Literatenstil.

Ein Besenform-Bonsai

Ein umgedrehter japanischer Besen inspirierte zum Stil eines Besenform-Bonsai. Diese Gestaltung hat eine ausgewogene, kuppelartige Krone von verzweigten Ästen, die einem geraden Stamm entspringen. Laubbäume, die als Besenform gestaltet sind, sehen am besten im Winter aus, wenn die zarten Äste unbelaubt sind.

Unter idealen Bedingungen wächst eine Konifere in der freien Natur zu einem streng aufrechten Baum, aber Ahorne, Ulmen und viele andere feinverzweigte Laubbaumarten entwickeln sich zur Besenform. Dieser klassische Stil ist wahrscheinlich bei Bonsai am schwierigsten zu erreichen. Wenn Sie es versuchen wollen, haben Sie die besten Erfolgsaussichten, wenn Sie einen feinverzweigten Baum, wie beispielsweise den Ahorn, nehmen.

Zelkova serrata
JAPANISCHE ULME

Ein Besenform-Bonsai
Feinverzweigte Bäume eignen sich gut. Ungeeignet sind immergrüne oder grobverzweigte Bäume.

Auf-dem-Felsen-Stil

Auf dem Felsen können einzelne Bonsai, Gruppen-
oder Landschaftspflanzungen gezogen werden. Es
gibt zwei Haupttypen der Felspflanzungen. Bei der
Wurzel-über-dem-Felsen-Stilart schlängelt sich die
Baumwurzeln über den Felsen hinunter in die
Erde hinein. Bei dem felsenumfassenden Stil ist
der Baum tatsächlich auf den Felsen gepflanzt.
Gestalten Sie den Baum so, wie es am besten zu
dem Felsen paßt. Nähere Einzelheiten sehen Sie
auf den Seiten 148–155.

Pinus parviflora
'Kokonoe'
JAPANISCHE
ZWERGMÄDCHENKIEFER

Acer buergerianum
DREISPITZAHORN

**Ein Wurzel-
über-dem-
Felsen-Bonsai**
Diese Stilart erzeugt sozusagen
eine »Großaufnahme« des Baumes,
der auf dem Felsen wächst, mit einem
Netz von exponierten Wurzeln als
Hauptmerkmal. Wählen Sie
einen Baum, der von Natur
aus starke Wurzeln hat, der
also auch in der Natur auf
einem Felsen wachsen könnte.

Ein felsenumfassender Bonsai
Bei dieser Stilart kann man Bäume »nah« oder »fern« wirken lassen. Ein aufrechter Felsen kann in
ein flaches Tablett (suiban)
gestellt werden. Ein flaches Stück
von einem Felsen kann wie eine
Schale benutzt werden.

Saikei-Stilart

Ein Saikei, manchmal auch als »Landschaft auf
einem Tablett« bezeichnet, benutzt Steine und
lebende Pflanzen, um eine Miniaturlandschaft
darzustellen. Eine Saikei- Pflanzung ist normalerweise von Dauer, sie kann aber auch eine Kurz-
zeit-Komposition sein. Sie können sie abbauen
und die Materialien für andere Saikei verwenden.
Reifer werdende Bäume werden »befördert« und
zu individuellen Bonsai gemacht.
Eine »Landschaft auf dem
Tablett« namens »Bon-
kei« kann künstliche
oder gar keine
Pflanzen ent-
halten.

Ein Saikei-Bonsai
Materialien wie Steine, Gräser, Moos und Sand und
sorgfältige Beachtung der Größenverhältnisse und
Maßstäbe haben buchstäblich die natürlichen Variationen einer Landschaft im Kleinformat geschaffen.

Chamaecyparis obtusa
'Yatsubusa'
HINOKI-
ZWERGZYPRESSE

Wurzelverbundene und Mehrfachstamm-Stilarten

Bei diesen Stilarten entspringen mehrere Stämme aus einem Wurzelsystem. Wurzelverbundene Bonsai können wie eine Gruppenpflanzung aussehen. Es sind jedoch keine einzelnen Bäume; ihre Stämme entstehen aus einer gemeinsamen Wurzel. Ein wurzelverbundener Bonsai hat den Vorteil gegenüber einer Gruppenpflanzung, daß die Bäume aus einem gemeinsamen Wurzelstock kommen. Die Form, die Farbe und die Beschaffenheit der Blätter sind gleich. In der freien Natur kommt oft der Doppelstamm dann vor, wenn sich der Baum an der Basis in zwei Stämme teilt. Der Ausdruck »Mehrfachstamm« wird benutzt, um wurzelverbundene Stilarten mit drei oder mehr Stämmen zu beschreiben. Sie können als Mehrfachstamm, Floßform und als gewundene Form wachsen. Beim Mehrfachstamm wachsen mehrere Stämme aus einer Wurzel. Floßformen entstehen, wenn Äste eines umgefallenen Baumes senkrecht nach oben wachsen. Eine gewundene Form entwickelt sich dann, wenn Schößlinge aus oberirdischen Wurzeln entsprießen, oder wenn ein unterer Ast am Baum wurzelt und aus ihm Stämme wachsen. Bei Bonsai ist das Grundmuster der Stämme bei gewundenen Formen aufs Geratewohl angelegt, bei Floßformen folgt es dem Verlauf des ursprünglichen Stammes.

Acer palmatum 'Deshojo'
JAPANISCHER ROTER FÄCHER AHORN

Rhododendron obtusum
JAPANISCHE KURUME-AZALEE

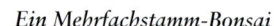

Ein Doppelstamm-Bonsai

In der Natur ist gewöhnlich ein Stamm kleiner als der andere. Fernöstliche Bonsai-Liebhaber nennen diese Stilform »Vater und Sohn« oder »Mutter und Tochter«. Versuchen Sie, diesen Effekt nachzuahmen, damit Ihr Bonsai nicht wie ein Katapult aussieht. Oft kann man einen niederen Ast zu einem zweiten Stamm gestalten. Die gleichen Regeln gelten für drei oder mehr Stämme.

Ein Mehrfachstamm-Bonsai

Manche Bäume wachsen auf natürliche Weise als Mehrfachstamm, wobei jeder Stamm für sich nach dem Licht strebt. Viele Mehrfachstämme existieren im altenglischen Waldland, wo Bäume in Unterholzhöhe abgesägt wurden.

Choenomeles japonica
'Chojubai'
JAPANISCHE
ZWERGZIERQUITTE

Ilex serrata
JAPANISCHE
LAUBABWERFENDE
STECHPALME

Ein Bonsai in gewundener Form
Baumarten mit biegsamen Ästen
und Stämmen, wie Kiefern und
Eiben, sind für die Gestaltung
eines Bonsai in gewundener Form
am besten. Sie können es auch mit
anderen Arten, z.B. mit Ulmen,
versuchen, die dazu neigen,
Schößlinge aus oberirdischen
Wurzeln zu bilden.

**Ein Bonsai in der
Floßform (rechts)**
Ein Baum mit Ästen nach
nur einer Seite, der für
einen einzelnen Bonsai
nur unzureichendes
Material bietet, kann
für eine Floßform-Ge-
staltung gutes Aus-
gangsmaterial sein.

Gruppenpflanzungen

Bei Bonsai ist es das Ziel einer Gruppenpflanzung, den Effekt eines Waldlandes, eines Waldes
oder Hains oder auch nur einiger zusammen-
wachsender Bäume nachzuahmen. Sie können die
meisten Baumarten für diese Stilart nehmen, vor-
ausgesetzt, sie würden auch in der Natur zusammen wachsen. Eine Buchengruppe, die so
gepflanzt wurde, daß sie den Eindruck
einer Waldung erzeugt, ist sehr beeindruckend. Ein Wald aus Glyzinen dagegen würde sehr seltsam aussehen.
Eine Gruppenpflanzung sollte un-
geplant aussehen. Es ist einfacher,
einen natürlichen Eindruck herzustellen, wenn Sie eine ungerade
Anzahl von Bäumen nehmen –
sieben, fünf oder zumindest drei
Bäume. Es ist wichtig, eine ausreichend große Menge von Bäumen
zusammenzupflanzen, damit es
schwierig wird, die einzelnen Stämme
zu zählen. Gestalten Sie nie eine Gruppe
von nur vier Bäumen, sie können aber
vierzehn oder vierzig nehmen.

Eine Gruppenpflanzung
Sich kreuzende Stämme von
mehr als zwanzig Bäumen, die
in eine flache Schale gesetzt
wurden, erzeugen den
natürlichen Eindruck
eines Hains.

Acer palmatum
'Ukon'
'UKON' AHORN

Bonsai-Schalen

Die Schale ist bei einer Bonsai-Gestaltung genauso wichtig wie der Baum. Normalerweise suchen die Bonsai-Liebhaber die Schale aus, nachdem sie den Baum gestaltet haben, damit Schale und Baum in Größe, Form, Farbe und Beschaffenheit harmonieren.

Praktische Gesichtspunkte

Die Schale muß genug Erde aufnehmen können, damit sich die Wurzeln über einen Zeitraum von ein bis zwei Jahren entwickeln können. Sie sollte frostfest sein und genug Abzugslöcher haben. Bonsai-Schalen sind normalerweise flach, aber manchmal werden Sie auch eine tiefere Schale brauchen, z.B. für einen fruchtenden Baum, der viel Wasser für die Entwicklung seiner Früchte benötigt.

Ästhetische Faktoren

Das Ziel der Gestaltung ist es, daß die Schale die Höhe und Breite des Baumes ausgleichen muß. Das bedeutet, daß ein dichter, immergrüner Baum

eine tiefere Schale braucht als ein zarter Ahorn. Lesen Sie die Größenrichtlinien auf Seite 125. Zusätzlich sollte die Position des Baumes in der Schale das Verhältnis zwischen den beiden unterstreichen. Bei ovalen oder rechteckigen Schalen sieht der Baum am besten aus, wenn er nicht in der Mitte steht, sondern näher zu einer Schalenseite hin, etwa im Verhältnis 1:2. Von vorne nach hinten gesehen kann der Baum etwa in der Mitte der Schale plaziert werden. Ein Baum mit einem verlängerten Ast auf der linken Seite muß wegen des Gleichgewichtes ganz auf die Seite der Schale gepflanzt werden; ein Baum mit einem geneigten Stamm muß mit der Stammbasis so auf eine Seite der Schale gepflanzt werden, daß die Spitze des Baumes über dem Mittelpunkt der Schale steht. Die Innenflächen der Bonsai-Schalen sind nicht glasiert, aber die Außenseite der Schale kann glasiert oder unglasiert sein (bei letzteren ist die Farbe die des gebrannten Tons). Erdfarben und eine unglasierte Oberfläche sehen meistens besser als hellere oder leuchtend farbige Schalen aus.

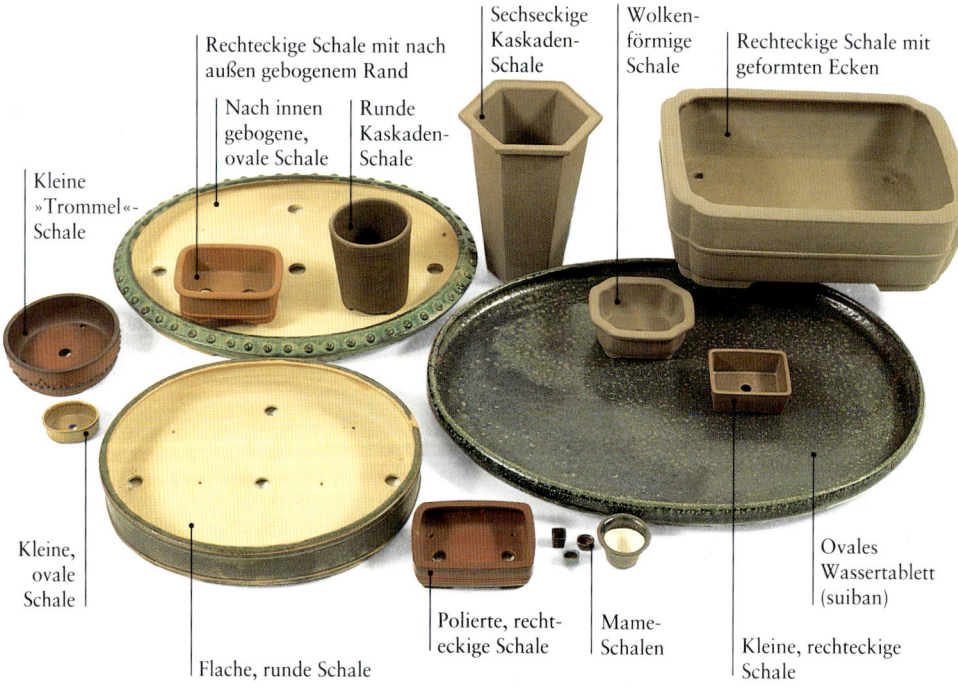

Kleine »Trommel«-Schale

Nach innen gebogene, ovale Schale

Rechteckige Schale mit nach außen gebogenem Rand

Runde Kaskaden-Schale

Sechseckige Kaskaden-Schale

Wolkenförmige Schale

Rechteckige Schale mit geformten Ecken

Kleine, ovale Schale

Flache, runde Schale

Polierte, rechteckige Schale

Mame-Schalen

Kleine, rechteckige Schale

Ovales Wassertablett (suiban)

Schalenarten

Jeder Fachhändler bietet eine große Auswahl von Schalen an. Die meisten kommen aus der Region von Tokoname in Japan. Künstler auf der ganzen Erde stellen interessante, handgefertigte Schalen her. Diese und die nächsten zwei Seiten zeigen einige der vielen Schalenarten. Die Grundformen sind rund, oval und rechteckig. Normalerweise wirkt eine rechteckige Schale formaler als eine ovale Schale. Eine Schale mit gemalten Motiven paßt nicht zu einem Waldbaum. Dieser verlangt eine einfache, erdverbundene Schale.

Mame-Schalen

Diese winzigen Schalen sind zwischen 1, 2 und 4 cm groß. Mame-Schalen sind wegen ihrer interessanten Farben und Glasuren bekannt, die so gestaltet sind, daß sie ins Auge fallen.

Ovale, mattglasierte Schale

Die kühne Farbe und die abgeschwächten Linien dieser Schale von Petra Engelke würden einen Baum mit brillantem Herbstlaub oder ein blühendes Exemplar wirkungsvoll ergänzen.

Ovale, unglasierte, graue japanische Tokoname-Schale

Diese vielseitige Schale mit ihren formalen, eleganten Linien eignet sich für eine große Anzahl verschiedener Baumarten, von einer frei aufrechten Kiefer bis zu einem Ahorn mit starkem Stamm.

Ovale, schilffarben-glasierte Schale

Die feine Färbung dieser Schale von Petra Engelke ergänzt die starken Linien und das grüne Sommerlaub von Waldbäumen wie Weißdorn, Buche und Hainbuche.

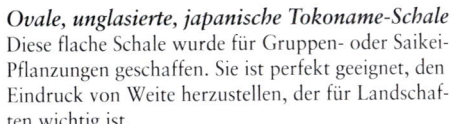

Ovale, unglasierte, japanische Tokoname-Schale

Diese flache Schale wurde für Gruppen- oder Saikei-Pflanzungen geschaffen. Sie ist perfekt geeignet, den Eindruck von Weite herzustellen, der für Landschaften wichtig ist.

Ovale, unglasierte, rotbraune, japanische Tokoname-Schale

Diese fast formale Schale hat gerade Linien und waagerechte Unterteilungen, die die Tiefe optisch reduzieren. Sie wäre eine gute Wahl für einen Chinesischen Wacholder, da ihre Farbe die der Rinde wiederholt.

Runde, glasierte, grüne, japanische Tokoname-Schale

Schalen in dieser Form eignen sich ganz besonders für aufrechte, schlanke Bäume.

Ovale, glasierte, grüne Tokoname-Schale

Weil sie zu den meisten Stil- und Baumarten eine Ergänzung sind, sind ovale Schalen sehr häufig bei Bonsai in Gebrauch, besonders bei Bäumen mit rundem Umriß. Die Farbe und Glasur dieser Schale dient dem Herbstlaub als Hintergrund.

Trommelförmige, unglasierte, rote, japanische Tokoname-Schale

Der strenge Stil dieser Schale ist für rauhe Bonsai ideal, zum Beispiel für einen Baum im Literaten-Stil.

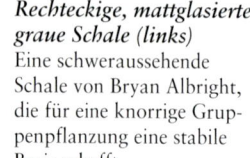

Rechteckige, mattglasierte, graue Schale (links)
Eine schweraussehende Schale von Bryan Albright, die für eine knorrige Gruppenpflanzung eine stabile Basis schafft.

Rechteckige, glasierte, braune Schale (rechts)
Diese relativ tiefe Schale, die etwas von dem Aussehen chinesischer Schalen hat, wäre gut für einen Baum mit starkem Stamm geeignet, wie z.B. Weißdorn, Apfel oder Hainbuche.

Rechteckige, mattglasierte, braune Schale
Eine unaufdringliche Schale von Bryan Albright, die vom Charme eines ruhigen, streng aufrechten Baumes nicht ablenkt.

Unglasierte, braune Tokoname-Kaskaden-Schale
Die Höhe der Schale ist bei der Kaskaden-Stilart überaus wichtig, da sie dem Kaskadenfall des Baumes angepaßt sein muß.

Rechteckige, unglasierte Tokoname-Schale (rechts)
Formale Schalen wie diese werden zur Zeit etwas unpopulär, da im Moment der Geschmack mehr zu frei aufrechten Bonsai tendiert.

Rechteckige, unglasierte, graue Tokoname-Schale (links)
Diese zurückhaltende und imponierende Form würde den idealen Rahmen für eine altehrwürdige Kiefer darstellen.

Unglasierte, graue, rechteckige Tokoname-Schale (links)
Diese Schale ist für einen frei aufrechten Baum. Er sollte aber einen dicken Stamm und eine klare Silhouette haben.

Unglasierte, braune Tokoname-Halbkaskaden-Schale (oben)
Wenn man einen Halbkaskaden-Bonsai hat, ist es wichtig, eine Schale zu wählen, die sich der Ausdehnung des Baumes nach unten anpaßt. Diese Schale hat eine klare, starke Form und eine glatte Oberfläche.

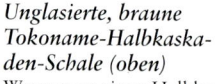

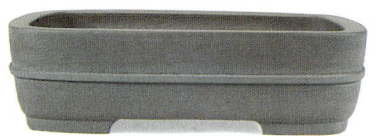

Unglasierte, braune, rechteckige japanische Tokoname-Schale (oben)
Eine gute Wahl für einen Baum mit einer starken optischen Form.

Rechteckige, graue, unglasierte Tokoname-Schale (oben)
Diese Schale ist der von links oben sehr ähnlich, sie eignet sich für einen Baum mit weniger Masse.

Schalengrößen

Nehmen Sie eine Schale, die im Maßstab zum Baum paßt. Ein einzelner Baum sollte nicht verloren in einer großen Schale stehen. Die Schale darf einen kleinen Baum nicht niederdrücken. Als Richtlinie gilt: Ein hauptsächlich in die Höhe wachsender Baum braucht eine Schale mit einer Länge, die zwischen zwei Drittel bis drei Viertel seiner Höhe ausmacht. Bei einem sehr breiten Baum sollte die Schalenbreite zwei Drittel oder drei Viertel der Gesamtbreite des Baumes betragen. Wenn man einen frischgestalteten Laubbaum eintopft, sollte man an die größere Ausdehnung denken, die er bekommt, wenn er Blätter hat. Als ein Behältnis für Erde und Wasser sollten kleinere Schalen mehr Tiefe im Verhältnis zu ihrer Breite haben als größere Schalen. Bestimmte Typen und Stilarten brauchen tiefere Schalen.

Optischer Reiz
Bei größeren Schalen ist die Farbe und Struktur oft zurückhaltend, damit sie den Baum nicht dominieren. Eine kleinere Schale darf lebhafter sein.

Wie man eine Schale vorbereitet

Sie müssen die Drainagelöcher im Boden der Schale abdecken, so daß das Wasser die Erde nicht ausschwemmen kann. Die traditionelle Gärtnermethode, Tonscherben über die Löcher zu legen, würde zu viel Platz beanspruchen. Es ist besser, kleine Kunststoffnetze mit Drahtschlingen über den Löchern zu befestigen. Wenn die Abzugslöcher rund sind, wird der Draht an beiden Seiten befestigt. Ist das Loch rechteckig, wird der Draht diagonal festgemacht. Versuchen Sie nicht, den ganzen Schalenboden mit einem einzigen, großen Netz abzudecken, es wird sich mit den Wurzeln verwickeln und Probleme verursachen, wenn Sie den Baum wieder umtopfen müssen. Es ist ratsam, den Baum sicher in der Schale zu verankern, besonders wenn es sich um ein junges Exemplar handelt. Das gleiche gilt für immergrüne Bäume mit dichten Laubmassen. Nehmen Sie einen Draht und ziehen Sie ihn unten am Schalenboden entlang und durch die Abzugslöcher nach oben. Nachdem Sie den Wurzelballen in der Schale plaziert haben, drehen Sie die Enden des Drahtes über dem Wurzelballen zusammen.

WIE MAN EINE SCHALE VORBEREITET

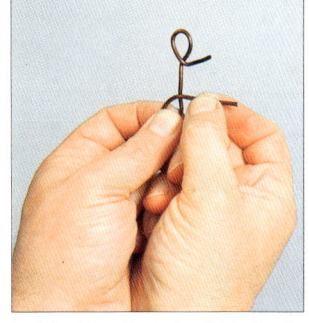

1. Schneiden Sie ein Stück Draht ab. Machen Sie an jedem Ende eine Schlaufe. Die Entfernung zwischen den Schlaufen entspricht dem Durchmesser des Abzugslochs.

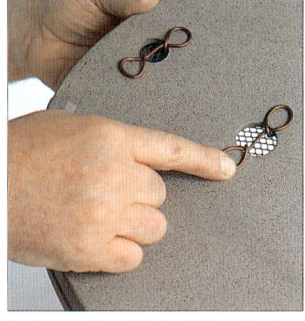

2. Legen Sie auf jedes Abzugsloch ein kleines rechteckiges Netz. Stecken Sie die Drahtenden durch die Abzugslöcher. Auf der Innenseite die Drähte auseinanderbiegen.

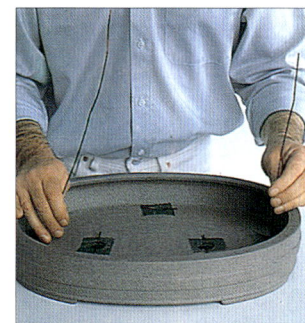

3. Fügen Sie ein Stück Draht durch das Abzugsloch der einen Schalenseite, führen Sie es am Schalenboden entlang und durch das andere Abzugsloch wieder nach oben.

Bonsai-Werkzeuge

Die Japaner stellen viele Spezialwerkzeuge für Bonsai her, die man in den meisten Ländern der Erde kaufen kann. Sie können auch einige dieser speziellen Werkzeuge, die gleichwertig in Ihrem Land hergestellt wurden, erwerben. Die Riesenauswahl an vorhandenen Werkzeugen mag manchen Anfänger überwältigen. Diese Seiten zeigen die Hauptwerkzeuge. Viele davon wurden für spezielle Funktionen entwickelt. Sie werden also nicht alle brauchen, aber es ist nützlich, ihre Namen zu kennen und zu wissen, wofür sie benutzt werden. Welche Werkzeuge Sie benötigen, hängt davon ab, welche Art von Arbeit Sie an den Bonsai planen. Sie brauchen viel weniger Werkzeug, wenn Sie einen bestehenden Bonsai

nur pflegen und umtopfen, als beispielsweise für das Sägen und Schnitzen eines großen Bonsai. Werkzeuge werden normalerweise einzeln verkauft, aber manchmal kann man sie auch in einem Set erwerben. Ein Anfangsset kann eine Drahtzange, eine Schere und eine Konkavzange enthalten. Es gibt auch umfangreichere Sets für Fortgeschrittene. Die meisten Bonsai-Liebhaber ziehen es jedoch vor, einen leeren Werkzeugkoffer mit ihren bevorzugten Werkzeugen zu füllen. Von Zeit zu Zeit werden Sie starkes, elektrisches Werkzeug benötigen, wie beispielsweise eine Fräse oder eine Stichsäge, um feste Wurzeln und Äste zu durchschneiden oder eine Schleifmaschine, um das Ausgefräste zu verfeinern.

Schneide-Werkzeuge

Hier werden einige Schneide-Werkzeuge vorgestellt. Bevor Sie Werkzeuge kaufen, sollten Sie genau überlegen, für welchen Bonsai Sie das Werkzeug benötigen. Für Präzisionsarbeiten an einem sehr kleinen Bonsai nimmt man feinere Werkzeuge als bei großen Bäumen. Informationen über die Grundwerkzeuge und ihre Anwendung finden Sie auf den Seiten 128/129.

Große Konkavzange

Kleine Konkavzange

Kugelförmige Spezialzange

Schnittpaste

Astleim

Wundver-schlußmittel

Klappsäge

Drehtisch

Schraub-zwinge

Pfropf-messer

Feingezahnte Astsäge

Lange Schere

Schraub-zwinge

Blattschneider

Schere

Werkzeuge und Ausrüstungsgegenstände für das Umtopfen.

Sie benötigen diese Werkzeuge, wenn Sie das erste Mal einen Bonsai in eine Schale setzen und für das regelmäßige Umtopfen. Ein- und Umtopfen ist ein wichtiger Teil der Erhaltungspflege (Seite 176/177)

Besen

Umtopfkelle

Drainage-Netze

Erdschütten

Wurzelhaken

Wurzelkralle

Erdsieb

Umtopfmesser

Eßstäbchen

Auswechselbare Siebeinsätze

Drahtwerkzeuge

Diese Werkzeuge sind für das Drahten (Drahttechnik siehe Seite 138–146) vorgesehen. Die Jin-Zange kann man zum Zusammendrehen der Verankerungsdrähte (Seite 150/151) und zum Bearbeiten der Rinde bei der Jin- Gestaltung (Seite 147) benutzen. Für kleine oder winzige Bäume brauchen Sie keinen starken Drahtschneider, bei großen Bäumen sind sie jedoch wichtig.

Drahtzange mit abgewinkeltem Kopf

Jin-Zange

Großer Drahtschneider

Kupferfarbener Aluminiumdraht

Kleiner Drahtschneider

Der Gebrauch der Bonsai-Werkzeuge

Wenn Sie mit Bonsai zu arbeiten anfangen, werden Sie die sechs Werkzeuge, die hier gezeigt werden, als die nützlichsten beurteilen. Es handelt sich um Scheren, Konkavzangen, kugelförmige Spezialzangen, Knospenscheren, Drahtzangen und einen Wurzelhaken. Mit ihnen können Sie Äste und Wurzeln schneiden und Ihren Bonsai drahten, wenn Sie es für notwendig halten. Wie bei jedem Handwerk sollten Sie mit den wichtigsten Werkzeugen beginnen und erst dann welche dazukaufen, wenn Ihre Fähigkeiten und Erfahrung gewachsen sind. Die wichtigsten dieser sechs Werkzeuge und die ersten, die Sie erwerben sollten, sind die Schere und die Konkavzange. Allein mit diesen beiden Werkzeugen können Sie einen Bonsai gestalten und erhalten. Wenn Sie Draht als Gestaltungshilfe benutzen wollen, sollten Sie noch den Drahtschneider dazunehmen.

Schere

Um Wurzeln, Zweige und Äste auf einfache Weise und präzise zu schneiden, ist die Schere das Hauptwerkzeug. Die Griffe sind breit genug zum Greifen, und außerdem können Sie damit Abgeschnittenes auflesen, ohne die Schere abzulegen. Die Niete sollte lose genug sein, daß sich die Griffe leicht öffnen und nicht auseinandergezogen werden müssen. Die Klingen sollten wie bei einem Messer und nicht wie bei einer Schere geschliffen sein, damit man einen Stengel oder Ast sauber abschneiden kann, ohne ihn zu quetschen. Mit den Spitzen der Klingen können Sie feine Zweige schneiden. Äste, die einen Durchmesser bis zu 6 mm haben, werden nahe der Niete geschnitten. Wenn Sie Wurzeln schneiden, sollten Sie darauf achten, daß Steinchen von der Pflanzerde nicht die Klingen stumpf machen.

Schneiden der Triebe
Setzen Sie die Klingen so ein, daß Sie nur den Stengel und nicht das Laub abschneiden. Machen Sie mit einer einzigen Bewegung einen sauberen Schnitt.

Konkavzange

Benutzen Sie diese Zange, wenn Sie einen ganzen Ast aus dem Stamm entfernen. Sie hinterläßt einen Konkavschnitt. Wenn die Wunde heilt, rollen die Kanten so über die Wunde, daß das Loch ausgefüllt wird und so verheilt, daß es so flach wie der Stamm ist. Eine Schere würde die Äste flach am Stamm abschneiden, es bliebe jedoch eine unschöne Auswölbung zurück. Versuchen Sie, den Schnitt senkrecht am Stamm zu machen; der aufsteigende Saft heilt einen solchen Schnitt besser als einen Schnitt, der quer verläuft. Starke Äste sollten mit zwei Schnitten entfernt werden, auf diese Weise kann man den Winkel besser kontrollieren. Schneiden Sie mit der Konkavzange nie Zweige, deren Durchmesser größer als die halbe Klingenbreite ist.

Einen Ast herausschneiden
Setzen Sie am Ast in einem Winkel an, der einen vertikalen, konkaven Schnitt ermöglicht. Dies ist besser als ein Schnitt, der den Stammverlauf kreuzt.

Kugelförmige Spezialzange

Dies ist ein neueres Werkzeug als die Konkavzange und hinterläßt einen kreisförmigen Schnitt, der flach abheilt. Andere umstehende Äste können jedoch manchmal verhindern, daß man dieses Werkzeug im richtigen Winkel zum Stamm ansetzen kann. Diese Spezialzange kann für das erste, grobe Herausarbeiten von totem Holz und Jin benutzt werden (Seite 147) und zum Abschnitzen von Stümpfen, die für einen Schnitt zu groß sind.

Im richtigen Winkel schneiden
Vor dem Schneiden den Großteil des Astes entfernen.

Knospenschere

Die lange Reichweite dieser Schere macht sie für den Schnitt von Knospen an Wacholdern und Kiefern ideal. Auch für den Schnitt von zarten Zweigen ist sie geeignet. Sie ist das beste Werkzeug für kleinere Bonsai. Sie können die Klingen stumpf machen, wenn Sie die Schere für Äste und Zweige benutzen, die zu dick sind. Die goldene Regel lautet: Wenn das Werkzeug den Gegenstand nicht ganz einfach durchschneiden kann, ist es besser, es nicht zu benutzen.

Exaktes Schneiden
Verlängerte Klingen machen den Zugang leicht.

Drahtzange

Die Japaner stellen Drahtzangen speziell für die Arbeit an Bonsai her. Prüfen Sie immer, welchen Höchstdurchmesser des Drahtes das Werkzeug abschneiden kann, egal wie gut die Qualität der Drahtzange sein mag. Sie kann Aluminiumdraht meistens bis zu einer Stärke von 5 mm schneiden, bei Kupferdraht sind es nur 3 mm. Billigere Drahtschneider können Bonsaidraht in Stücke schneiden, sind aber nur selten stark und akkurat genug, um Draht vom Baum zu entfernen, ohne daß die Rinde verletzt wird.

Der Gebrauch der Zange
Setzen Sie die Klingen im rechten Winkel an.

Wurzelhaken

Vor dem Wurzelschnitt werden mit dem abgerundeten Ende dieses Werkzeuges in einer kreisförmigen Bewegung rund um den Stamm die Wurzeln eines größeren Bonsai, ohne sie zu schädigen, entflochten. Sie können einen speziellen Wurzelhaken aus Metall, wie diesen hier, kaufen oder auch selbst anfertigen. Für kleinere Bonsai nehmen Sie Eßstäbchen, einen schmalgezinkten Rechen oder ein Holzstück mit abgerundeten Enden.

Entflechtung eines Wurzelballens
Rechen hilft, die äußeren Wurzeln zu entflechten.

Grundlagen der Gestaltung

Die zwei Methoden, mit denen man hauptsächlich Bonsai gestaltet, können als »Subtraktions-« und »Additions-«Methode beschrieben werden. Subtraktion formt den Baum durch den Schnitt überflüssiger Äste und Zweige. Bei der Additionsmethode fangen Sie mit Sämlingen oder Stecklingen an und unterstützen sie bei der Entwicklung zu der Form, die Sie für Ihre fertige Gestaltung wünschen.

Diese zwei Methoden sind analog zu jenen, die bei Skulpturen benutzt werden; tatsächlich wird Bonsai oft als »lebende Skulptur« beschrieben. Bei der Subtraktionsmethode bei echten Skulpturen schneidet der Gestalter Holz oder Stein weg, um die Basisgestalt zu offenbaren und verfeinert später die Einzelheiten der Oberfläche. Die Additionsmethode bei Skulpturen läßt den Handwerker ein geschmeidiges Material wie Ton bearbeiten und es so formen, bis das endgültige Werk fertig ist. Da ein Bonsai jedoch aus lebendem Material besteht, das wächst und sich verändert, schließen

sich die Subtraktions- und die Additionsmethode nicht gegenseitig aus. Die meisten Bonsai werden aus einer Kombination beider Methoden gemacht. Ein Baum aus einem Sämling kann einige Jahre wachsen und wird dann streng zurückgeschnitten, um die Äste zu reduzieren oder zu formen. Eine andere Technik ist, einen jungen Baum aus einer Baumschule drastisch zu schneiden. Danach darf er sich ein bis zwei Jahre frei entfalten, bevor Sie ihn formen und durch weniger starkes Schneiden verfeinern. Sie können diesen Vorgang immer wiederholen.

Drahten ist ein anderer Vorgang, der es dem Gestalter ermöglicht, einen bereits geschnittenen Baum zu verfeinern und seine Grundform zu verändern, indem man den Stamm und die Äste in ein anderes Wachstumsmuster bringt, als es von Natur aus vorgesehen ist. Fachgerechtes Drahten schadet dem Baum nicht, und Sie können, mit einiger Praxis, die Fertigkeit leicht erlernen (Seiten 138–146).

Bonsai in Form schneiden

Sie können einen Bonsai innerhalb weniger Minuten gestalten, indem Sie einen kräftigen, gut geformten jungen Strauch, wie beispielsweise den Feuerdorn, in einer Baumschule oder in einem Gartencenter kaufen und seine Äste durch einen Schnitt in eine verfeinerte Form bringen. Das ist die grundsätzliche »Subtraktions«-Methode, um einen Bonsai zu gestalten (siehe auch Seiten 132/133).

Das erste Bild zeigt einen Feuerdorn, wie er aus dem Gartencenter kam. Er hat zahlreiche dichte Äste, die sich in allen Richtungen ausbreiten. Er ist mit glänzenden, grünen Blättern dicht übersät. Das zweite Bild zeigt das Ergebnis von Schneiden und Umtopfen. Der Schnitt hat einen schlanken Stammverlauf ans Tageslicht gebracht. Durch das Ausdünnen und Einkürzen der Äste wurde ein anmutiger, dreieckig geformter Bonsai gestaltet. Die Spitze ist leicht abgerundet und die unteren Äste breiten sich in einer ausgewogenen Asymmetrie aus. Nach dem Wurzelschnitt wurde der Bonsai in eine gesprenkelte, cremefarbene ovale Schale gepflanzt.

Pyracantha 'Teton'
FEUERDORN

Ein sechs Jahre altes Exemplar, gerade im Gartencenter gekauft.

Schneiden und umtopfen haben einen attraktiven, geneigten Stamm ans Tageslicht gebracht.

Drahten

Wenn die Äste und der Stamm eines Baumes einigermaßen flexibel sind, können Sie sie in eine andere Richtung drahten, oder Sie können dem Baum eine andere Form geben. Drahten kann einen Bonsai, der aus einem Strauch gestaltet wurde, verbessern. Das gleiche gilt für Bonsai aus Sämlingen oder für eine Gestaltung, die aus einer Kombination der zwei Grundmethoden entstanden ist.

Genaue Informationen über Drahtsorten und über die Technik des Drahtens finden Sie auf den Seiten 138–146. Das allgemeine Prinzip ist folgendes: Legen Sie den Draht spiralenförmig in einem Winkel von 45 Grad um die Äste oder um den Stamm. Legen Sie den Draht so fest an, daß der Ast oder Stamm dazu gebracht wird, den neuen Winkel oder die neue Biegung beizubehalten. Der Draht kann bis zu einem Jahr am Baum bleiben, aber denken Sie daran, daß Sie ihn rechtzeitig entfernen, bevor er Spuren in der Rinde hinterläßt oder gar eine häßliche, langanhaltende Narbe verursacht, die Jahre braucht, bis sie verschwindet.

Juniperus chinensis 'Blaauw' CHINESISCHER WACHOLDER

Eine sechsjährige Gartencenter-Pflanze

Dieselbe Pflanze nach dem Schneiden und Drahten

Vermehrung

Wenn man eine Pflanze vermehrt, kann man die charakteristischen Merkmale eines Bonsai verstärken, die mancher Gartencenter-Pflanze fehlen. Setzen Sie einen Sämling oder Steckling in einen Topf und lassen Sie ihn darin so lange wachsen, bis er groß und stark genug ist, um ins Freiland ausgepflanzt zu werden. Dort werden sich sein Stamm und seine Äste verdicken und innerhalb von zwei Jahren so stark wachsen wie im Topf in zwanzig Jahren.

Schneiden Sie die Äste zurück, um buschigen Wuchs zu erhalten. Um ein verzweigtes Wurzelsystem nahe am Stamm zu bekommen, werden die Wurzeln im Winter mit einem scharfen Spaten abgetrennt. Man kann die Pflanze auch ausgraben, die Wurzeln schneiden und sie wieder einpflanzen. Wenn die Pflanze sich entwickelt hat, wird sie aus dem Boden genommen und die Wurzeln und Äste in die Bonsai-Grundform geschnitten. Zum Weiterwachsen wird sie in eine Schale gepflanzt und gestaltet.

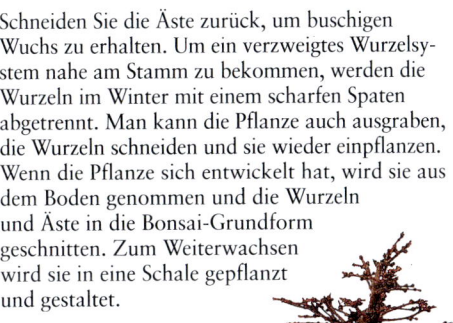

Larix kaempferi JAPANISCHE LÄRCHE

Zwei Jahre alter Baum

Drei Jahre alter Baum

Sechs Jahre alter Baum

Zehn Jahre alter Baum

Formschnitt

Für Anfänger gibt es eine sehr empfehlenswerte Methode, Bonsai zu gestalten. Man besucht eine Baumschule oder ein Gartencenter und kauft einen gesunden kleinen Baum oder Strauch. Betrachten Sie ihn von allen Seiten, bevor Sie ihn in eine genaue Stilart oder Form schneiden. Die Vorteile dieser Methode sind sehr zahlreich. Erstens haben Sie sofort ein Ergebnis, anstatt Jahre darauf warten zu müssen, einen Bonsai aus Sämlingen oder Stecklingen gestalten zu können. Als Beispiel sei die unten abgebildete Zwergmispel erwähnt. Sie wurde in 15 Minuten geschnitten.

Zweitens können Sie Material viel einfacher bekommen als Sie beispielsweise einen passenden Baum in der Natur finden. Es ist außerdem eine verhältnismäßig billige Methode.

Zuletzt sei noch gesagt: Wenn Sie mit Ihrem ersten Versuch nicht glücklich sind, vielleicht wird Ihr zweiter zu einem wahrhaften Meisterwerk. Natürlich muß man, um mit dieser Schnittmethode Erfolg zu haben, eine geeignete Pflanze kaufen. Feuerdorne und Zwergmispeln sind für diese Methode ideal, und auch die kleineren strauchartigen Sorten der Heckenkirsche, des Winterjasmins und der japanischen Zierquitten eignen sich gut. Die Baumart sollte winterhart und anpassungsfähig sein. Sie sollte kleine Blätter haben, die der Größe eines Bonsai angepaßt sind. Wenn Sie jahreszeitlich bedingte Merkmale wollen, sollten die Blüten und Früchte der Originalpflanze klein und zierlich sein. Eine laubabwerfende Art ist für den ersten Versuch am besten, weil man ihre Grundstruktur genau sehen kann, wenn die Äste kahl sind. Sie können sie im späten Winter oder im zeitigen Frühjahr, gerade bevor sich ihre Blätter entfalten, in Form schneiden. Wählen Sie einen Strauch mit einem dicken, kräftigen Stamm, der einen guten Verlauf hat. Dieser Stammverlauf ist die Basis für Ihre Gestaltung. Der Strauch sollte eine große Auswahl von Ästen haben, die das Gewicht des Stammes ergänzen. Das Laub sollte kompakt sein und bis nahe an den Stamm wachsen.

Schnitt einer Zwergmispel

Für die Gestaltung eines ersten Bonsai ist *Cotoneaster horizontalis*, die flachwachsende Zwergmispel, eine gute Wahl. Sie bildet ohne Gestaltungsmaßnahmen oft einen interessanten Stamm aus. Sie wächst sehr kräftig, hat viele Äste, die einen Schnitt gut vertragen. Am alten Holz bilden sich neue Knospen. Die Äste von jungen Pflanzen wachsen im Fischgrätenmuster. Nach dem Schnitt entwickeln sie neue Knospen in alle Richtungen. Dieses Exemplar ist aus einem Gartencenter und wurde, damit sich der Stamm verdickt, für ein paar Jahre in ein Gartenbeet gesetzt. Jetzt, wo die Pflanze etwa sechs bis acht Jahre alt ist, wurde sie aus dem Beet herausgenommen. Es ist gerade Spätwinter, daher kann man die Vielzahl von verzweigten, verflochtenen, knotig wirkenden Ästen und den starken, gewundenen Stamm des unbelaubten Strauches klar

sehen. Die Bilder auf der gegenüberliegenden Seite zeigen die verschiedenen Schnittstadien. Die Äste wurden in eine interessante Form gestutzt. Die Wurzelmasse wurde zurückgeschnitten, damit sich neue Wurzeln bilden, die die Pflanze versorgen. Jetzt paßt die Pflanze auch besser in eine Schale. Ziel ist es, ein flaches Wurzelsystem zu bekommen und dabei so viele feine Wurzeln wie möglich zu erhalten. Weitere Einzelheiten lesen Sie auf Seite 175.

Ein potentieller Bonsai
Gerade aus dem Gartenbeet ausgegraben, hängt der Wurzelballen des Strauchs noch voller Erde. Einige der langen, schlanken Äste zeigen das Fischgrätenmuster feiner Zweige.

SCHNITT EINER ZWERGMISPEL

1. Lösen Sie die Erde im Wurzel-ballen vorsichtig mit einem Wurzel-haken. Entflechten Sie die Wurzeln, indem Sie mit dem Wurzelhaken vom Stamm nach außen hin arbeiten.

2. Schneiden Sie längere Wurzeln ab und entfernen Sie solche, die nach unten wachsen. Schauen Sie den Strauch möglichst in Augenhöhe von allen Seiten an, damit Sie die beste Vorderseite des Bonsai finden.

3. Legen Sie den Stamm frei, indem Sie kleine Zweige wegschneiden. Kürzen Sie die Äste so, daß eine interessante Anordnung bleibt. Das neue Laub sollte nahe am Stamm wachsen.

Cotoneaster horizontalis
FÄCHERFÖRMIGE ZWERGMISPEL

Mit Blättern bedeckt
Frische, grüne Blätter wachsen dicht am Stamm.

Ausgewogene Silhouette
Die Biegungen des Stam-mes nach außen unter-stützen die Hauptäste und das Laub und sie geben der Gestaltung Ausgewogenheit.

Gewundene Form
Ein gezielter Schnitt hat die natürliche Windung des Stam-mes freigelegt. So wurde ein guter, frei aufrechter Bonsai geschaffen.

4. Setzen Sie den Baum in eine Schale mit geeigneter Größe und Form (Seiten 176/177). Hier wurde eine flache, ovale Schale gewählt, die die Bonsai-Gestaltung gut im Gleichgewicht hält.

Der Baum mit Laub
In wenigen Monaten hat sich die baumartige Form des Bonsai mit neuem Laub gefüllt. Die ausgewo-gene Gestaltung ist offensichtlich.

Die Schnitt- und Wuchsmethode

Diese Methode kombiniert Subtraktion (das Wegschneiden unnötigen Materials) und Addition (das Wachstum neuer Äste für die Gestaltung zur Bonsai-Form). Mit dieser Methode können Sie einen ausdrucksstärkeren Bonsai gestalten als es nur durch Schneiden allein zu erreichen wäre. Diese Methode hebt die bedeutenden Winkel zwischen den Ästen und dem Stamm hervor und unterstützt den Effekt von Rauheit und Alter. Die Schnitt- und Wuchs-

methode wird in zwei Stufen durchgeführt. Sie nimmt daher mehr Zeit in Anspruch als ein einfacher Formschnitt. Zuerst wird das Ausgangsmaterial drastisch zurückgeschnitten. Dann darf es wieder wachsen, damit sich die Gestalt des Bonsai in der folgenden Wachstumsperiode formt. Die winterblühende Bergkirsche, die Sie auf der gegenüberliegenden Seite sehen, ließ man nach dem ersten Schnitt etwas über ein Jahr wachsen.

Gestaltung einer jungen, winterblühenden Bergkirsche

Diese gepfropfte Bergkirsche wurde in einem Gartencenter gekauft. Nach dem Pfropfen ließ man sie zwei bis drei Jahre zu einer buschigen, dichten Pflanze wachsen. Anstatt jeden Ast beim ersten Schnitt ganz auf den Stamm zurückzuschneiden, ließ man kleine Stumpen stehen, da Kirschen innerhalb dieser Stumpen neue, nach unten wachsende Triebe bilden. Wenn die neuen Triebe stärker geworden sind, werden diese Stumpen noch mehr zurückgeschnitten. Ein Vorteil dieser Methode ist, daß der Baum von Anfang an

einen kräftigen Stamm hat. Wenn der Baum aus einem Sämling oder Steckling gezogen wäre, würde er viele Jahre im Freiland zubringen müssen, um dieses Stadium zu erreichen.

Die winterblühende Bergkirsche, *Prunus subhirtella* 'Autumnalis', ist für Bonsai eine sehr gute Ausgangspflanze. Die meisten Blütenkirschen haben grobe Blätter und Zweige und blühen nur kurze Zeit. Die Bergkirsche jedoch hat zarte Blätter und feine Zweige, die in einer eleganten Verästelung wachsen. Eine Fülle kleiner, rosafarbener oder weißer Blüten erscheint bei mildem Wetter zwischen Spätherbst und Frühling. Der Baum sieht auch im Herbst sehr eindrucksvoll aus, wenn die Blätter von Sommergrün zu Gelb- oder Orangeschattierungen wechseln.

GESTALTUNG EINER BLÜTENKIRSCHE

1. Suchen Sie einen starkwachsenden Strauch mit einem gut entwickelten Stamm aus. Betrachten Sie ihn von allen Seiten, damit Sie die beste Vorderansicht finden (Seite 24).

2. Kürzen Sie alle dicken Wurzeln ein und schneiden Sie die feinen zurück. Dadurch wird die Bildung eines kompakten Wurzelsystems an der Basis des Stammes gefördert.

3. Halten Sie die Pflanze so, daß sie etwas geneigt ist. Schneiden Sie die starken Wurzeln, die unterhalb des Wurzelballens sind, ab. Ein flacher Wurzelballen paßt bequemer in eine Schale.

Prunus subhirtella
'Autumnalis'
Winterblühende
Bergkirsche

Jahreszeitlicher Reiz
Kleine, ovale, grüne Blätter
folgen nach der Blüte. Sie
werden im Herbst orange-
farben.

Der Baum in Blüte
Der Baum trägt Blü-
ten, die nacheinan-
der vom Winter bis
zum Frühling
erscheinen. Durch
Zurückschneiden
erhält man eine bes-
sere Verzweigung
und mehr Blüten.

Baumartige Form
Die Äste fangen an,
eine ausgewogene
Struktur zu bilden.

Starker Stamm
Bei dieser Methode hat
man von Anfang an
einen soliden Stamm.

Tiefe Anzuchtschale
Diese Schale hält Feuchtigkeit und schützt vor Frost,
während sich die stark zurückgeschnittenen Wurzeln
gesund entwickeln.

Nach einem Jahr (oben)
Im Spätwinter nach einem Jahr zeigt die Kir-
sche eine ganze Menge neuer, gerader Äste,
die aus den Stellen entspringen, wo vorher
Äste entfernt wurden. Blütenknospen
bilden sich an den neuen Trieben.

Weitere Gestaltung (rechts)
Zwei Monate später steht der Baum
in Blüte. In der folgenden Saison
wird er in eine Bonsai-Schale
gepflanzt. Die Äste werden gedrahtet,
um die Form zu verfeinern und um
die Blühwilligkeit anzuregen.

4. Entfernen Sie die Äste sorgfältig
mit der Konkavzange. Lassen Sie
einen kleinen Stumpen stehen, aus
dem dann wieder neue Triebe
wachsen können.

5. Schmieren Sie ein Wundverschlußmittel über die aufgeschnitte-
ne Oberfläche. Die Feuchtigkeit
bleibt so im Stamm und der Bonsai
trocknet nicht aus.

6. Nach dem Schnitt wird der Strauch
in eine Anzuchtschale aus Keramik
gepflanzt. Die Keramikschale sorgt für
eine gute Drainage und somit für eine
gesunde Wurzelentwicklung.

Schneiden und Drahten

Zwergkoniferen oder Sträucher wie Feuerdorn oder Zwergmispel können allein durch einen Schnitt zu einem Bonsai gestaltet werden. Größerwachsende Bäume brauchen mehr Aufmerksamkeit, bis eine ausgewogene Gestalt hergestellt ist. Normalerweise müssen Sie den Baum drahten, damit Sie seine Struktur und seine Entwicklung einfacher kontrollieren können. Dieses Beispiel von Schneiden und Drahten an einer Japanischen Mädchenkiefer zeigt Ihnen, wie Sie einen geschnittenen Baum durch Draht verbessern und verfeinern können. Genauere Einzelheiten über die Technik des Drahtens sind auf den Seiten 138–146 beschrieben.

Selten werden Sie eine geeignete Konifere wie z.B. eine Kiefer in einem Gartencenter finden. Sie müssen den Baum möglicherweise selbst ziehen. Auf den Seiten 164/165 können Sie alle Einzelheiten nachlesen, wie man einen Baum aus Samen zieht. Es wird lange dauern, aber es bedeutet auch, daß Sie geeignetes Material für Ihren Bonsai bekommen, mit einem Stamm, der sich verjüngt, mit dichtstehenden Ästen und kompaktem Laub. Nach einigen Jahren können Sie Ihren Baum in eine ausgewogene Form mit attraktiver Anordnung der Äste schneiden und drahten. Pflanzen Sie ihn in eine Bonsai-Schale und verfeinern Sie allmählich die Gestaltung.

Eine aus Samen gezogene Japanische Mädchenkiefer

Um eine Kiefer zu einem guten Bonsai zu machen, brauchen Sie einen Baum mit einer deutlichen Stammverjüngung, mit vielen Ästen in kurzen Abständen und kompaktem Laub, das nah am Stamm wächst. Normalerweise müssen Sie einen Baum selbst ziehen, denn die meisten Gartencenter-Kiefern sind für die Bonsai-Gestaltung ungeeignet: Sie sind relativ groß, haben gerade Stämme und Äste, die in Abständen von 60–90 cm wachsen sowie Laub, das etwa im gleichen Abstand vom Stamm anfängt zu wachsen. Das hier beschriebene Exemplar einer Japanischen Mädchenkiefer, *Pinus parviflora*, wurde aus einem einjährigen Sämling zu einem neun Jahre alten Baum entwickelt, der für die Bonsai-Gestaltung bereit ist.

Der einjährige Sämling wurde aus der Saatkiste in einen Topf mit einem Durchmesser von 6,25 cm umgepflanzt. Er wuchs drei Jahre lang ohne Schnitt und wurde, als sich seine Wurzeln entwickelten, in immer größere Töpfe umgesetzt. Der Stamm des vierjährigen Baumes war noch dünn, aber die Internodien waren entsprechend kurz. Danach wurde der Baum für fünf Jahre ins Freiland gesetzt, damit sich der Stamm verdickt. Er wurde gut gedüngt und gegossen. In jedem Frühling wurden die Kerzen gekürzt, um die Produktion einer dichten Laubmasse zu fördern.

Einjähriger Sämling
Die junge Pflanze wurde drei Jahre lang nicht geschnitten.

Vier Jahre alter Baum
Die Kiefer wird in ein Anzuchtbeet gesetzt und gut gedüngt und gegossen.

Neun Jahre alter Baum
Neue, junge Triebe und Kerzen wurden jedes Jahr gekürzt, damit das Laub dichter wird.

GESTALTUNG EINER AUS SAMEN GEZOGENEN JAPANISCHEN MÄDCHENKIEFER

1. Entflechten Sie sich kreuzende Wurzeln mit einer Wurzelkralle aus Metall. Kürzen Sie die Wurzeln nur so ein, daß sie in eine Bonsai-Schale passen.

2. Wählen Sie die Vorderansicht des Bonsai aus. Verfeinern Sie ihn, indem Sie Äste ein kleines Stück vom Stamm weg abschneiden. Benutzen Sie dazu eine Konkavzange.

3. Jetzt wurde etwa die Hälfte des Laubes entfernt. Der Stumpen, der an der Basis des Stammes belassen wurde, kann zu Jin gemacht werden (Seite 147).

Pinus parviflora
JAPANISCHE MÄDCHENKIEFER

Das Ergebnis
Der Baum hat jetzt eine gut ausgewogene asymmetrische Form. Durch das Entfernen alter Nadeln und herabhängenden Laubs wurden die horizontalen Linien klarer herausgearbeitet.

Dreieckige Spitze
Die ausgewogene Spitze wurde durch das Drehen erreicht. Die Spitze wurde gedraht.

Frei aufrechte Stilart
Dieses Exemplar hat einen natürlichen Stammverlauf. Die Gestaltung hat eine anmutige Anordnung der Äste erbracht.

Gefällige Struktur
Das Drahten hat die horizontale Betonung der Gestaltung hervorgehoben.

Drahten des Bonsai
Nach dem Schnitt wird die Grundform durch Drahten verfeinert. Hier wurde gedraht, um eine Unausgewogenheit in der Spitze zu korrigieren. Links unterhalb der Spitze befand sich kein Ast. Der oberste Teil des Stammes wurde so gebogen, daß ein Ast, der vorher auf der rechten Seite des Baumes war, nun auf der linken Seite ist.

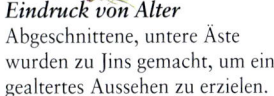

Eindruck von Alter
Abgeschnittene, untere Äste wurden zu Jins gemacht, um ein gealtertes Aussehen zu erzielen.

Rechteckige Schale
Wenn man den Baum außerhalb der Mitte plaziert, erreicht man eine ausgewogene Gestaltung.

Drahten

Wenn Sie das Drahten geschickt meistern, haben Sie bei der Gestaltung oder Verfeinerung Ihres Bonsai viel mehr Spielraum. Sie können die Richtung der Äste oder des Stammes verändern. Sie können einen Ast, der nach oben wächst, in die Horizontale drahten oder bei einem jungen Baum einen Ast nach unten biegen, um Alter vorzugeben. Diese und viele andere Seiten des Buches zeigen die zahlreichen Möglichkeiten, wie man mit Drahten einen Bonsai-Stil noch verbessern kann.

Die beste Zeit zum Drahten

Obwohl theoretisch zu jeder Zeit gedrahtet werden kann, sind doch manche Jahreszeiten besser als andere geeignet. Am einfachsten ist es, Laubbäume kurz bevor sich die Laubknospen im Frühling öffnen zu drahten oder im Herbst vor der Ruhezeit. Bäume, an denen ein Blattschnitt vorgenommen wurde, sollten kurz nach dem Entfernen der Blätter gedrahtet werden. Koniferen drahtet man am besten während der Ruhepause vom Spätherbst bis zum zeitigen Frühjahr.

Wie lange bleibt der Draht am Baum?

Überprüfen Sie regelmäßig, ob sich der Draht nicht in die Rinde einschneidet, wenn der Baum weiterwächst. Sonst wird ein lang andauernder Schaden verursacht. Wenn ein Ast seine neue Position fest eingenommen hat, wird der Draht komplett entfernt. Wie früh das geschieht, hängt von der Baumart, von der Qualität, vom Alter des Holzes und von der Dicke des Stammes oder der Äste ab. Ein junger, biegsamer Ast hält seine neue Position schneller ein als älteres Holz, das Widerstand leistet. Als

Regel gilt: Lassen Sie den Draht an Laubbäumen etwa drei bis sechs Monate, an Immergrünen doppelt so lange, also bis zu einem Jahr.

Das Entfernen des Drahtes

Draht, der zu lange am Baum bleibt, schneidet ein: Er muß sehr vorsichtig abgewickelt werden, indem man seine ursprüngliche Richtung zurückverfolgt. Wenn die Rinde bereits tief eingeschnitten ist, muß Wundverschlußmittel aufgetragen werden. Einige Äste können langsam in ihre alte Position zurückgehen, nachdem der Draht entfernt wurde. Sie müssen erneut gedrahtet werden. Sollte die Rinde aber bereits Verletzungen aufweisen, wird in die entgegengesetzte Richtung gedrahtet.

Cedrus atlantica 'Glauca'
BLAUZEDER

Ohne Draht

Das Formen des Baumes

Dieser Bonsai in geneigter Form wurde vor fünf Jahren das letzte Mal gedrahtet. Die Äste, die nach unten gestaltet wurden, haben angefangen, sich wieder nach oben zum Licht zu strecken. Er wird wieder gedrahtet (siehe ganz rechts), um die Form zu verfeinern, indem man die Richtung und das Wachstumsmuster der Äste reguliert.

Das Entfernen des Drahtes
Schneiden Sie den Draht in kleinen Stücken ab. Dies ist besser als abwickeln, um Schaden an der Rinde des Stammes zu vermeiden.

Zu festes Drahten
Der Ast dieser Konifere schwillt an, weil der Draht zu lange belassen wurde. Als Resultat ist eine Vernarbung aufgetreten.

Schaden durch Drahten
Vernarbungen am Ast durch den Draht sind klar zu erkennen, wenn der Draht entfernt wird. Die Wunde wird jahrelang nicht verwachsen.

Anpassen der Spitze
Die Äste wurden an der Spitze ausgebreitet, um eine ausgewogene Form des Baumes zu erreichen.

Horizontale Ausbreitung
Gezieltes Drahten hat das Laub horizontal ausgebreitet. Dadurch wurden flache Polster geschaffen, wie sie für eine reife Zeder in der Natur typisch sind.

Mit Draht

Nach unten gerichtet
Die tiefliegenderen Äste wurden nach unten gedrahtet, um eine elegantere und natürlichere Silhouette zu schaffen.

Optische Tiefe schaffen
Ein Ast, der vorher auf der linken Seite wuchs, wurde nach hinten gedrahtet, um der Silhouette Tiefe zu geben.

Neue Schale
Der wiedergedrahtete Baum wurde in eine breitere Schale umgetopft, die die wachsenden Äste im Gleichgewicht hält.

Drahtsorten

Die gebräuchlichsten Drahtsorten sind aus Kupfer und Aluminium. Kupferdraht hat eine angenehme Farbe und ist weniger aufdringlich. Er ist so stark, daß man ihn in kleineren Durchmessern als Aluminium verwenden kann. Kupferdraht ist für Koniferen am besten, weil er das biegsame Holz sehr fest hält. Er hat aber auch Nachteile. Er wird mit der Zeit hart und kann beim Entdrahten die Rinde verletzen. Auch muß er durch Ausglühen biegsamer gemacht werden. Manchmal können Sie Draht kaufen, der bereits ausgeglüht wurde. Sollte das nicht möglich sein: unausgeglühten Draht gibt es überall zu kaufen. Erhitzen Sie den Draht bei niedrigen Temperaturen bis er tiefrot glüht; bei Überhitzung wird er spröde. Langsam abkühlen lassen. Der Draht kann nach dem Wiederausglühen erneut benutzt werden. Für Laubbäume ist der leichtere, weichere Aluminiumdraht besser. Verletzungen an der Rinde sind

seltener. Er kann auch wiederverwendet werden. Aluminiumdraht ist nicht so stark wie Kupferdraht, deshalb müssen Sie einen dickeren Draht verwenden. Normaler Aluminiumdraht hat eine glänzende, silbrige Farbe, die nicht zu den Bäumen paßt. Nehmen Sie lieber Aluminiumdraht, der eine matte, kupferfarbene Beschichtung hat. Dieser Draht ist im Fachhandel erhältlich und die meistbenutzte Drahtsorte.

Drahtstärken

Draht hat verschiedene Dicken. Wählen Sie die Drahtstärke so aus, daß sie zu der Größe und der Stärke des Stammes oder Astes paßt. Nehmen Sie eine Drahtstärke, die etwa ein Sechstel und bis zu einem Drittel des Durchmessers des Holzes ausmacht. Sie müssen das Alter und den Widerstand des Holzes berücksichtigen, und wie sehr der Bonsai bei der Gestaltung gebogen wird.

Die Techniken des Drahtens

Anfänger stellen manchmal fest, daß es sehr lange dauert und viel Praxis erfordert, bis man die Technik des Drahtens beherrscht. Es ist sehr wichtig, daß man zuerst lernt, wie man einen Bonsai akkurat und sauber drahtet; wenn Sie das beherrschen, werden Sie bald schneller werden. Manche Leute machen sich nicht die Mühe, sauber zu drahten. Es ist nicht möglich einen Baum richtig zu formen, wenn er nachlässig gedrahtet wurde. Andere Methoden zum Formen (Herabziehen der Äste mit Schnüren oder Draht, Anbinden an Stöcke, Anhängen von Gewichten) werden weniger benutzt, weil sie nicht so wirkungsvoll sind. Bevor Sie mit dem Drahten beginnen, soll-

ten Sie alle Drahtstärken, die Sie brauchen, vorrätig haben.
Eine Drahtzange, die stark genug für den Draht ist, sollte vorhanden sein. Eine Flachzange kann Ihnen dabei helfen, den Draht zu halten und die Enden umzubiegen. Schneiden Sie den Draht ein Drittel länger als den Ast oder Stamm, den Sie drahten wollen, damit Sie den Draht in einem Winkel von 45 Grad anlegen können. Für effektives Drahten ist das der beste Winkel. Bei Ästen, die man sehr stark biegen muß, ist es ratsam, Bast zu verwenden, um die Rinde zu schützen. Legen Sie den Bast vor dem Drahten um die Äste. Bei zarten oder weichen Zweigen sollte man den Draht mit Papierstreifen umwickeln.

DAS DRAHTEN DES STAMMES

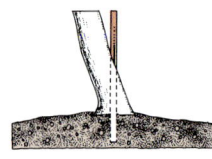 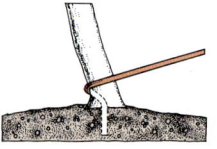  

1. Wählen Sie Draht in der korrekten Stärke aus. Schneiden Sie ein Stück ab und stecken Sie es hinter dem Stamm in die Erde.

2. Damit der Draht sicher verankert ist, wird er fast parallel zur Erde um den Stamm gelegt.

3. Drehen Sie die erste Windung um den Stamm. Dann wird der Stamm in einem Winkel von 45 Grad umdrahtet.

4. Wenn ein zweiter Draht nötig ist, wird er dicht am ersten Draht entlanggeführt. Er darf den ersten Draht nicht kreuzen, sonst verliert er seine Wirkung.

Es ist wichtig, den Draht sicher zu verankern, da er sonst wirkungslos ist. Verankern Sie den Draht in der Erde, wenn Sie den Stamm oder einen unteren Ast drahten. Für höher gelegene Äste nimmt man ein Stück Draht für zwei Äste und macht als Verankerung eine Windung um den Stamm. Überkreuzen Sie keine Drähte: Erstens sieht es nicht gut aus, und zweitens können sie in das Holz einschneiden und wirken dann wie eine Aderpresse. Sie unterbrechen den Saftstrom und lassen den oberen Teil des Baumes absterben. Normalerweise beginnt man mit dem Drahten an den stärksten Teilen des Baumes und arbeitet sich zu den feineren Teilen hoch. Fangen Sie mit dem Drahten beim Stamm an und drahten Sie danach erst die Äste.

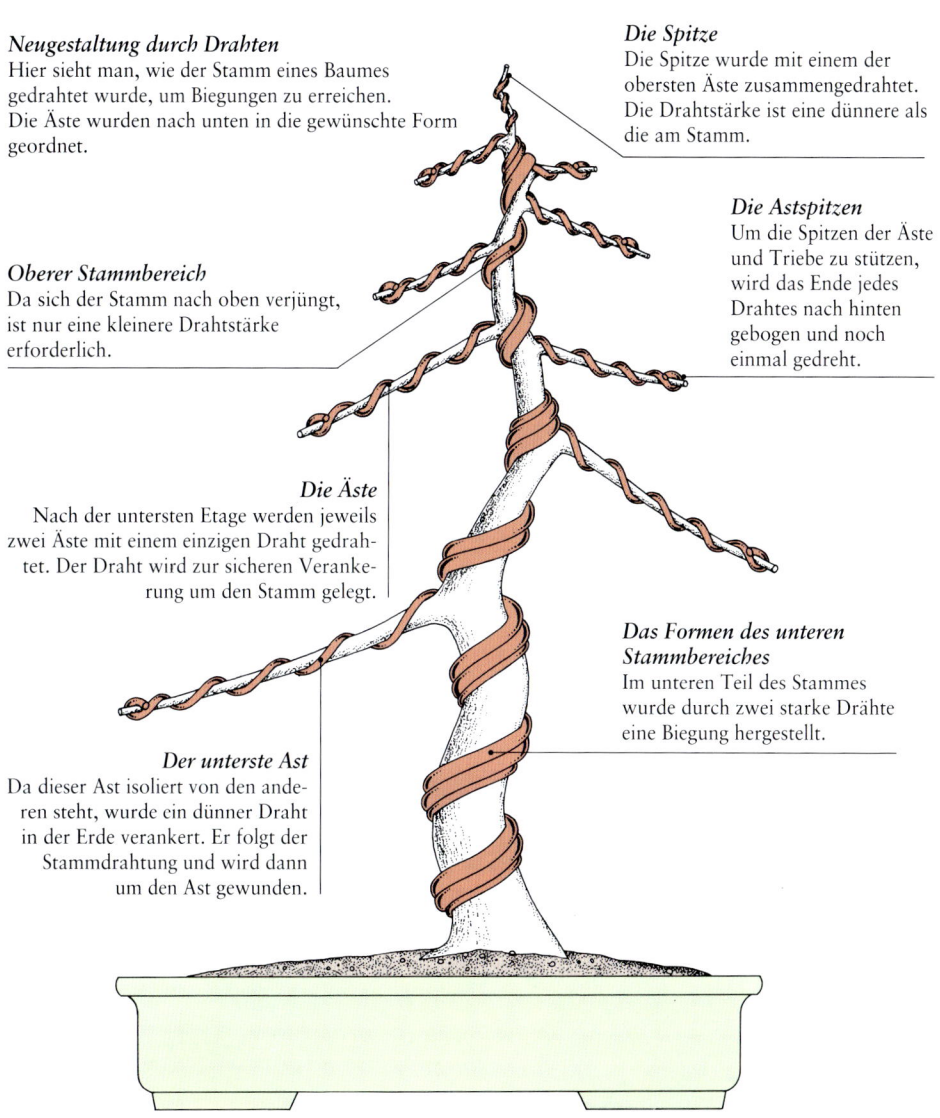

Neugestaltung durch Drahten
Hier sieht man, wie der Stamm eines Baumes gedrahtet wurde, um Biegungen zu erreichen. Die Äste wurden nach unten in die gewünschte Form geordnet.

Die Spitze
Die Spitze wurde mit einem der obersten Äste zusammengedrahtet. Die Drahtstärke ist eine dünnere als die am Stamm.

Die Astspitzen
Um die Spitzen der Äste und Triebe zu stützen, wird das Ende jedes Drahtes nach hinten gebogen und noch einmal gedreht.

Oberer Stammbereich
Da sich der Stamm nach oben verjüngt, ist nur eine kleinere Drahtstärke erforderlich.

Die Äste
Nach der untersten Etage werden jeweils zwei Äste mit einem einzigen Draht gedrahtet. Der Draht wird zur sicheren Verankerung um den Stamm gelegt.

Das Formen des unteren Stammbereiches
Im unteren Teil des Stammes wurde durch zwei starke Drähte eine Biegung hergestellt.

Der unterste Ast
Da dieser Ast isoliert von den anderen steht, wurde ein dünner Draht in der Erde verankert. Er folgt der Stammdrahtung und wird dann um den Ast gewunden.

Das Drahten der Äste

Wenn der Stamm des Bonsai ganz gedrahtet ist, können Sie mit den Ästen beginnen. Drahten Sie immer den untersten Ast zuerst und arbeiten Sie sich nach oben.
Bei Bonsai-Liebhabern gibt es zwei verschiedene Lehrmethoden für das Drahten von Ästen. Bei einer der bevorzugten Techniken drahtet man jeden Ast in voller Länge mit dem Hauptdraht. Man fährt fort, bis man den ganzen Baum gedrahtet hat. Danach werden die Nebenäste gedrahtet. Sie fangen mit den Zweigen wieder am untersten Ast an. Bei der zweiten Methode drahtet man einen Ast durch, bevor man zum nächsten Ast über geht. Drahten Sie immer präzise und sauber, gleich welcher Methode Sie folgen.

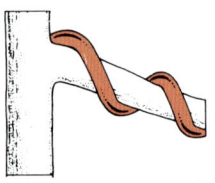 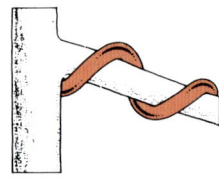

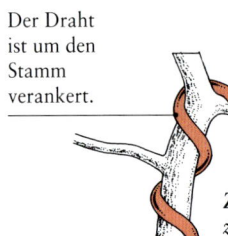

Der Draht ist um den Stamm verankert.

Anfang der Drahtung
Führen Sie die erste Windung des Drahtes über den Ast (siehe Abbildung links). Wenn Sie den Draht unterhalb des Astes entlangführen (siehe Abbildung rechts), kann der Ast beim Biegen abbrechen.

Zwei Äste werden gleichzeitig gedrahtet
Es ist üblich, zwei Äste mit einem einzigen Draht zu drahten. Zwischen den beiden Ästen wird der Draht um den Stamm geführt.

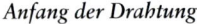

Das Ende des Drahtes wird unter den ersten Windungen festgehalten.

Verankerung des Drahtes an einem einzelnen Ast
Steht ein Ast so isoliert da, daß er mit keinem anderen Ast verbunden werden kann, wird das Drahtende unter den ersten Windungen befestigt.

Am Ende einer Stammverjüngung reicht eine kleinere Drahtstärke.

Der Draht unterstützt den äußersten Punkt der Biegung.

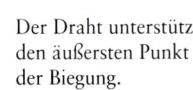

Wie man eine Biegung im Stamm erreicht
Wenn der Stamm gebogen werden soll, muß die Hauptunterstützung auf dem äußersten Punkt der Biegung liegen. Zwischen den Spiralen ist die Unterstützung durch den Draht geringer.

Wechsel der Drahtstärke
Wenn sich ein Stamm oder Ast verjüngt, müssen Sie zu einer kleineren Drahtstärke wechseln.
Der dünnere Draht wird ein paar Windungen entlang des dickeren Drahtes geführt. Dadurch hat er Halt und es ist gewährleistet, daß er die Verjüngung unterstützt. Diese Technik kann man auch anwenden, um einen dünnen Ast als Spitze hochzubiegen.

DAS DRAHTEN EINES TYPISCHEN ASTES

Ungedrahteter Ast

Querschnitt durch den Stamm.

Zweige, die im rechten Winkel wachsen.

Gedrahteter Ast

Querschnitt durch den Stamm.

Gedrahtete Zweige, damit sie eine neue, dichtere Formation einnehmen.

Kleinere Drahtstärke an feinen Zweigen.

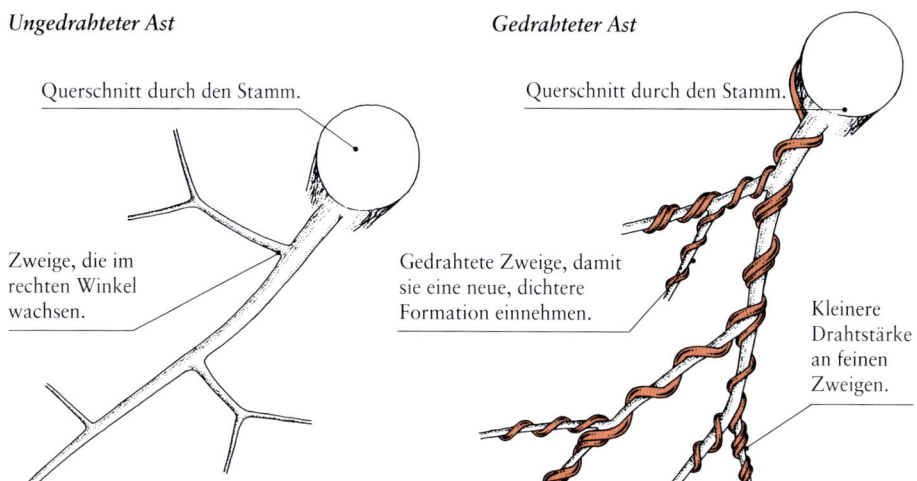

Natürlicher Zustand
Der Ast zeigt vom Stamm kommend Zweige im rechten Winkel. Die Zweige müssen gedrahtet werden, damit die Anordnung dichter wird.

Drahten des ganzen Astes
Wenn der ganze Ast und die Zweige gedrahtet werden müssen, wird der Draht durch einige Windungen um den Stamm verankert.

DIE VERANKERUNG BEI UNTERGEORDNETEM DRAHTEN

Die korrekte Drahtungsmethode

Querschnitt durch den Stamm.

Der Draht wird an der Astgabelung verankert, damit das Verbindungsstück gleichmäßig unterstützt wird.

Die inkorrekte Drahtungsmethode

Querschnitt durch den Stamm.

Draht, der spiralförmig um die Astgabelung gelegt wird, unterstützt das Verbindungsstück nicht gleichmäßig.

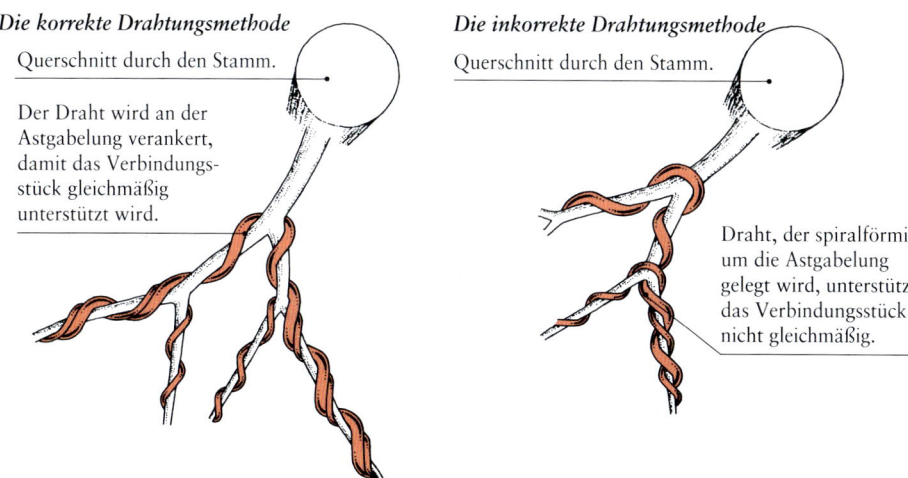

Gleichmäßige Unterstützung
Wenn man nur die Zweige und nicht den ganzen Ast drahten muß, wird der Draht an der Astgabelung verankert, wie es hier beim Querschnitt gezeigt wird.

Ungleichmäßige Unterstützung
Wenn ein Paar von Zweigen so gedrahtet wird, daß sich der Draht wie eine Spirale um die Astgabelung legt, wird das Verbindungsstück nicht gleichmäßig unterstützt. Es kann leicht beschädigt werden.

Das Drahten eines Wacholders

Für den ersten Drahtungsversuch sind Wacholder ideal. Sie haben biegsame Äste und immergrünes Laub, das sofort die Wirkung des Drahtens zeigt. Einige Wacholder haben stacheliges, nadelähnliches Laub. Andere haben zierliches, schuppenförmiges Laub oder eine Mischung aus beiden. Dieser *Juniperus chinensis* 'Blaauw' wurde in einer Baumschule als Gartenpflanze gezogen. Er wuchs ein Jahr lang ohne Bonsai-Gestaltung in seinem Plastiktopf. Die erste Aufgabe besteht darin, das Laub auszudünnen, um seine Dichte zu verringern.

Unausgewogene, dichte Struktur.

Vor dem Drahten
Dieser Baum kam aus einer Baumschule. Er hat einen aufrechten Stamm mit einer guten Verjüngung, schuppenförmige Blätter und eine große Anzahl von nach oben wachsenden Ästen. Die Äste sind stark, aber trotzdem biegsam.

Elegante, baumähnliche Gestaltung.

Nach dem Drahten
In nur drei Stunden wurde der Baum durch Schneiden und Drahten völlig verwandelt. Er bildet jetzt das Grundgerüst für einen sehr eindrucksvollen Bonsai. Jetzt müssen noch Pflegemaßnahmen durchgeführt werden, wie das Entfernen von Trieben, die unter der Laubmasse hängen.

Detail-Drahtung

Die Äste müssen, um Alter vorzugeben, nach unten gedrahtet werden. Das Laub muß ausgedünnt werden und die Nebenäste zu feinen, flachen Polstern gedrahtet werden. In der Wachstumsperiode nach dem Drahten werden die nach unten wachsenden Triebe entfernt. Triebe, die nach oben wachsen, werden mit den Fingern ausgezupft. Nach einem Jahr wird das künstliche Aussehen durch neues Laub verhüllt. »Wolkenförmige« Polster werden wie bei einem Baum in der freien Natur entstehen. Die Pflegemaßnahmen werden während der folgenden Wachstumsperioden weitergehen.

1. Ein unverfeinerter Ast

2. Ein geschnittener Ast

3. Ein gedrahteter Ast

4. Ein gepflegter Ast

Die Pflege der Äste
1. Dies ist die typische Aststruktur vor der Gestaltung (von oben gesehen).
2. Nachdem längere Triebe und überflüssiges Laub entfernt wurden, hat der Ast eine ausgewogene Form.
3. Der Ast wurde mit 2,5 mm starkem kupferfarbenen Aluminiumdraht leicht gebogen. An der Spitze wurde Draht von 1,5 mm Stärke verwendet.
4. Die Seitenansicht zeigt die Form des gedrahteten Astes. Er hat an der Spitze eine leichte Aufwärtsbewegung.

DRAHTEN DES WACHOLDERS

1. Plazieren Sie den Baum in Augenhöhe und wählen Sie die Vorderansicht aus. Dicke Äste an der Basis werden abgeschnitten. Die oberen Äste werden ausgedünnt. Die übriggebliebenen Stumpen werden zu Jins gestaltet (Seite 147).

2. Schneiden Sie ein Stück Draht, das etwa um ein Drittel länger ist, als die Gesamtlänge der zwei untersten Äste. Halten Sie den Draht am Stamm fest und verankern Sie ihn.

3. Drehen Sie die erste Drahtbiegung über die Oberseite des untersten Astes. Winden Sie den Draht als Verankerung einmal um den Stamm und legen Sie ihn dann über die Oberseite des zweiten Astes. Drahten Sie die Äste ganz durch.

4. Hier sind die ersten zwei Astebenen in ihre ungefähre Stellung gedrahtet. Wenn Sie später den ganzen Baum gedrahtet haben, können Sie die Form der beiden Äste und das Laub durch weiteres Drahten und Schneiden noch verfeinern.

5. Drahten Sie weiter. Biegen Sie die oberen Äste in Position und halten Sie sie beim Drahten fest. Nach Möglichkeit sollten Sie nicht nur einen, sondern immer zwei Äste auf einmal drahten. Der Draht kann dadurch am Stamm verankert werden.

6. Das Drahten ist fast abgeschlossen. Die längeren Äste sind geformt. Drahten Sie jetzt die Baumspitze und richten Sie die Äste aus. Die Laubmasse muß bearbeitet werden, um klarere Formen zu erzielen. Nach unten hängendes Laub wird entfernt (siehe links).

DER WACHOLDER WIRD EINGETOPFT

1. Nehmen Sie den gedrahteten Baum aus seinem Plastiktopf. Kämmen Sie die Wurzeln mit einem Wurzelhaken aus Metall strahlenförmig aus. Schneiden Sie die Wurzeln zu einem flachen Wurzelsystem zurück. Das Wurzelsystem muß zum Gewicht des Stammes und in eine Bonsai-Schale passen (Seite 175).

2. Bereiten Sie die neue Schale mit Drainagenetzen und Verankerungsdrähten vor (Seite 125). Schütten Sie eine Lage Pflanzerde in die Schale. Plazieren Sie den Baum mit der Vorderansicht nach vorne in der Schale. Befestigen Sie ihn durch das Zusammendrehen der Verankerungsdrähte.

Die weitere Pflege der Gestaltung
Bei dieser Baumart bleibt der Draht etwa ein Jahr an der Pflanze. Der Draht muß regelmäßig überprüft werden. Wenn er anfängt, in die Rinde einzuschneiden, wird er entfernt. Damit der Zuwachs angepaßt wird, drahtet man den Bonsai erneut alle zwei bis drei Jahre. Zahlreiche Formverfeinerungen werden im Laufe der Zeit durchgeführt. In drei bis vier Jahren muß man vielleicht einige Äste entfernen, um eine offene Struktur zu bekommen.

Ausgewogener Aufbau
Die Aststruktur hat jetzt einen eleganten Umriß, den das Laub bald schmücken wird.

Verwittertes Aussehen
Um den Eindruck von Alter zu schaffen, wurden die Stümpfe zu Jins gestaltet.

Rotbraune, unglasierte Schale
Die Farbe und Beschaffenheit dieser ovalen Tokoname-Schale wiederholt die rötlichen Farbtöne der Rinde. Die Schale ergänzt die Rauheit eines Waldbaumes.

Immergrünes Laub
Die wohlgeformten Laubpolster werden sich während der nächsten Wachstumsperioden allmählich füllen.

Verbesserter Stamm
Der natürliche, anmutige Stammverlauf wurde durch sorgfältiges Drahten verbessert und ist jetzt deutlich zu sehen.

Sabamiki, Jin und Shari

*I*n der freien Natur hat ein Baum oftmals totes Holz. Bei einem Bonsai können Sie einen ähnlich dramatischen Effekt erzielen, indem Sie dieses tote Holz oder unerwünschtes lebendes Holz in die Gestaltung mit einbeziehen. Eine Gestaltung mit ausgedehntem toten Holz nennt man eine Sabamiki (Treibholz)-Gestaltung. Wird totes Holz am Stamm geschnitzt oder heruntergerissen, benutzt man das japanische Wort »Shari«. Ähnlich beschädigte Äste werden auf japanisch »Jin« genannt. Es gibt keine deutsche Übersetzung für Jin. Es wird auch als Verb (»jinen«) benutzt und als Adjektiv

(»gejint«). Sie können Sabamiki, Jin oder Shari gestalten, indem Sie das tote Holz am Bonsai bearbeiten. Danach wird es mit einer Kalk-Schwefel-Lösung gebleicht und konserviert. Alternativ hierzu können Sie lebende Äste, die bei Ihrer Gestaltung überflüssig sind, benutzen. Wenn man sie völlig abschneidet, vernarbt der Stamm. Wenn Sie jedoch die Rinde abschälen, sie schnitzen oder herunterreißen, erzielen Sie eine eindrucksvolle Wirkung von Alter. Der Bonsai sieht dann aus, als sei er auf natürliche Weise durch Schneemassen oder starken Wind beschädigt worden.

DIE »JINS« WERDEN AM WACHOLDER GESTALTET

1. Die unteren Äste wurden bis auf Stumpen abgeschnitten (Seite 145). Schneiden Sie mit der Konkavzange einen Ring in die Rinde des Stumpens. Dieser Schnitt muß an der Basis des Stumpens sein.

2. Halten Sie die Rinde mit der Jinzange fest und quetschen Sie sie vom darunterliegenden weißen Holz ab. Halten Sie die abgequetschte Rinde mit der Zange fest und ziehen sie vom Stumpen ab.

3. Damit der Jin natürlich aussieht, wird das Holz mit der Zange festgeklemmt und nach unten abgerissen, bis sich die Maserung zeigt.

4. Die Oberfläche des freigelegten Holzes wird mit der Drahtbürste (oder wie hier mit einer Fräse) gereinigt.

Pflanzung auf einem Felsen

Wenn Sie die Wirkung Ihres Bonsai noch erhöhen wollen, sollten Sie einen oder mehrere Felsen in die Gestaltung integrieren. Massive, elementar aussehende Felsen können den Eindruck erwecken, der Bonsai sei Teil einer Landschaft. Ein einzelner Felsen kann einer schroffen Klippe, einem gewaltigen Berg oder einer felsigen Insel gleichen. Eine Gruppe kleinerer Felsen, die aus der Erde der Bonsai-Schale zutagetritt, kann an die felsige Gegend erinnern, wo die Bäume herkommen. Benutzen Sie eine Fels- oder Schieferplatte anstatt einer herkömmlichen Schale. Dadurch sieht eine Gestaltung besonders natürlich aus. Auf den nächsten Seiten wird gezeigt, wie man mit Felspflanzungen verschiedene Effekte erzielt. Der felsenumfassende Stil, bei dem es scheint, als ob die Bäume aus dem Felsen wachsen, wird auf der gegenüberliegenden Seite und auf den Seiten 150/151 erklärt. Der Wurzel-über-dem-Felsen-Stil wird auf den Seiten 152–155 geschildert. Bei ihm verstärkt der Felsen optisch die festen Wurzeln des Bonsai-Saikei; der »Landschaft auf dem Tablett«-Stil, wo eine zerklüftete und dramatisch wirkende Pflanzung geschaffen wird, wird auf den Seiten 160/161 gezeigt.

Die Auswahl des Felsens

Für eine erfolgreiche Felspflanzung muß man als erstes einen schönen Felsen finden. Dieser wird mit einer oder mehreren geeigneten Bonsai-Pflanzen bestückt, so daß alle Elemente der Gestaltung wie ein einziges Element aussehen. Es gibt viele Arten von Felsen auf der Erde. Einige davon eignen sich jedoch besser als andere für eine Felspflanzung. Für die Bonsai-Gestaltung sollte man einen harten Felsen, der nicht auseinanderbricht, nehmen. Er sollte eine schöne Farbe, Form und Beschaffenheit haben. Der japanische Ibigawa-Felsen ist auf der gegenüberliegenden Seite abgebildet und gut geeignet. Er ist ein vulkanisches Konglomerat, eine Mischung verschiedener Felsarten, die durch die Hitze eines Vulkans zusammengeschweißt wurden. Verwenden Sie keinen Marmor oder Quarz. Ihre glänzende, leuchtende Oberfläche lenkt von der natürlichen Wirkung der Bäume ab. Frost kann die Gesteinsschichten von Sandstein und anderen Sedimentsgesteinen auseinanderbrechen.
Weiche Felsen werden für den Wurzel-über-dem-Felsen-Stil und für den felsumfassenden Stil nicht benutzt, da sie zu schnell und zu leicht erodieren. Anderes weiches Nicht-Sedimentgestein wie Lava und Tuff kann leicht geformt werden. Man kann es leicht aushöhlen und den Baum wie in eine Schale pflanzen.

Felsen für die felsumfassenden Pflanzungen

Für diese Gestaltung ist der Felsen der wichtigste Teil. Er diktiert, welchen Baum oder welche Bäume Sie nehmen. Ein runder, weicher Felsen läßt an eine Wasserszenerie denken. Sie können diesen Eindruck noch verstärken, indem Sie Bäume wie Weiden auswählen, die in der Natur in der Nähe von Gewässern wachsen. Einen schroffen Felsen wie im Gebirge bepflanzen Sie mit Birken, Wacholdern, Kiefern und Fichten. Besondere Aufmerksamkeit widmet man der Form und der Art des Felsens. Der Felsen sollte sehr interessant sein. Für eine gute Pflanzung kann man keinen nichtssagenden Felsen nehmen. Zusammengefaßt bedeutet das, daß Sie einen natürlich aussehenden Felsen auswählen sollen. Das ist keine Einschränkung, denn in der Natur gibt es eine Vielzahl von phantastisch zusammengefügten Gebirgssteinen, Felsbrocken und Felsen. Eine ansprechende Beschaffenheit und Farbe ist auch sehr wichtig. Sehr eindrucksvoll wirken Schwarz oder Grauschattierungen.

Die Entscheidung für eine felsumfassende Stilart

Schauen Sie sich den Felsen aus allen Blickwinkeln an und wählen Sie dann die »Voransicht« der Gestaltung. Als nächstes müssen Sie sich für die Größenordnung innerhalb der Gestaltung entscheiden. Soll der Felsen einen Berg, eine Klippe oder einen Felsbrocken darstellen? Davon hängt es nämlich ab, welche Bäume Sie pflanzen und wie groß sie sein müssen.

Eine Wasserinszenierung

Diese Art der Pflanzung wurde noch dadurch verstärkt, daß man sie in ein flaches Wassertablett setzte, wie dieser unglasierte, erhaben ausgearbeitete Suiban.

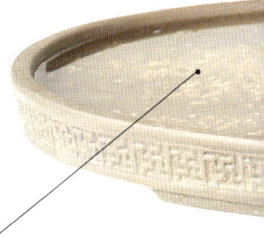

Eine vollendete Felspflanzung

In relativ kurzer Zeit wurde mit dieser felsumfassenden Bonsai-Stilart der Eindruck einer alten, wilden Landschaft geschaffen. Obwohl die Bäume noch verhältnismäßig jung sind, sehen sie aus, als ob sie schon jahrelang auf diesem Felsen wachsen. Im Laufe der Zeit kann sich diese Gestaltung, die bereits jetzt eindrucksvoll wirkt, nur noch steigern.

Interessante Struktur

Zutageliegender Quarz lockert die Felsoberfläche auf.

Mädchenkiefer

Die weißen Streifen im Laub wiederholen die Farbe des Quarzes im Felsen.

Sich ergänzende Formen

Die abgerundeten, unregelmäßigen Baumformen wiederholen die Konturen des Ibigawa-Felsens.

Sauberes Drahten

Jeder Baum wurde so gedrahtet, daß seine Stammwindungen der Form des Felsens folgen.

Natürlicher Eindruck

Die Form des Felsens ermöglicht, daß sich Wasser unter dem Überhang sammelt. Man glaubt, einen Wasserfall vor sich zu haben.

Farbkontraste

Das blaugrüne Laub der Kiefern und die Herbstfarben der kleinen Pflanzen sind ein hervorragender Kontrast zu den immergrünen Blättern der Zwergmispel.

Pflanzung einer felsumfassenden Gestaltung

Der für diese Gestaltung ausgewählte Ibigawa-Felsen ist ein gesammeltes Stück. Seine Kombination aus Farbe und Struktur sind an sich schon faszinierend. Um seine Form zu verfeinern, wurde er behauen und mit dem Meißel bearbeitet. Er wurde mit Säure behandelt, damit die weicheren Teile weggefressen und die Oberfläche unregelmäßiger wurde. Die Basis wurde flach abgesägt, was zusätzliche Stabilität zur Folge hatte.

Die Vorbereitung der Materialien

Der Felsen wurde sorgfältig geprüft, um die beste Vorderansicht zu finden und um das Aussehen der Pflanzung festzulegen – eine Nachahmung von kleinen Bäumen, die sich beharrlich an eine Felseninsel oder an einen aus dem Erdreich ragenden Felsen klammern. Für die richtige Größenordnung wurden einige vorgestaltete Mädchenkiefern und andere kleine Pflanzen ausgewählt.

Nachdem alle notwendigen Materialien vorhanden waren (siehe unten), wurden die Bäume gegen den Felsen gehalten, um ihre Proportionen und Formen zu überprüfen. Für sie wurde der beste Standort ausgewählt, d.h. eine Stelle, an der sie die Eigenschaften des Felsens ergänzen.

Vorbereitung der Verankerungsdrähte

Bei einer felsumfassenden Gestaltung brauchen Sie Verankerungsdrähte, um die Pflanzen auf dem Felsen zu befestigen. Schneiden Sie ein Stück Draht ab und drücken Sie die Mitte gegen ein Eßstäbchen, eine Stricknadel oder irgendein Werkzeug mit einem Durchmesser von etwa 6 mm, das sich verjüngt. Winden Sie den Draht in der Mitte einmal um das Eßstäbchen herum, so daß eine kreisrunde Schlinge mit zwei langen Enden entsteht. Ziehen Sie die Schlinge vom Eßstäbchen ab. Drücken Sie die Schlinge mit einer Zange auf den Boden und ziehen Sie die Drahtenden senkrecht nach oben. Kleben Sie die Drahtschlinge auf den Felsen und lassen Sie die Enden frei. Bereiten Sie genügend Verankerungsdrähte (siehe unten) vor, damit die Wurzeln aller Pflanzen festgehalten werden.

Harter Ibigawa-Felsen

Immergrüne Zwergmispeln

Mädchenkiefer

Mädchenkiefern

Zwergthymian

Gelbes Heidekraut

Verankerungsdrähte

Wie man den besten Winkel findet
Bevor Sie anfangen die Pflanzung zu gestalten, wird der Felsen von allen Seiten betrachtet, um die interessanteste Vorderansicht zu finden.

Verankerungsdraht
Lange Enden an jeder Seite der Schlinge sichern die Pflanzung.

Die Auswahl der Materialien

Die drei Mädchenkiefern (Pinus parviflora) sind alle etwa 10 cm hoch. Um den Eindruck einer einsamen Insel zu verstärken, wurden andere Pflanzen dazugenommen. Gut durchfeuchtetes Moos vervollständigt die Pflanzung. Gepflanzt wird in ein Torf-Lehm-Gemisch.

DIE FELSUMFASSENDE PFLANZUNG

1. Verwenden Sie einen wasserfesten Kleber, wie z.B. Epoxid-Harz oder einen schnelltrocknenden Spezialkleber aus Japan. Mit dem Kleber werden die Verankerungsdrähte auf den Stellen des Felsens befestigt, wo die Bäume hinkommen. Es sollten genügend Drähte zu einem gewebeartigen Untergestell angeordnet werden, daß alle Wurzeln befestigt werden können.

2. Nehmen Sie etwas angefeuchtetes Torf-Lehm-Gemisch (ein Teil Torf und ein Teil Lehm werden befeuchtet und zu einer klebrigen Masse geknetet) und legen Sie eine Schicht auf die Stelle des Felsens auf, an die Sie Ihren Baum pflanzen wollen. Stellen Sie den Baum auf diese Schicht und breiten Sie seine Wurzeln aus. Bedecken Sie die Wurzeln mit etwas Torf-Lehm-Gemisch.

3. Überkreuzen Sie die Verankerungsdrähte über den Wurzeln. Es ist besser, Drähte von verschiedenen Verankerungsdrähten zu nehmen, als zwei Enden desselben Verankerungsdrahtes zusammenzudrehen. Um die Drähte zu befestigen, werden die Enden mit einer Zange festgehalten. Drehen Sie die Drähte so zusammen, daß sie die Wurzeln nicht beschädigen.

4. Nehmen Sie etwas Torf-Lehm-Gemisch und drücken Sie es so auf die Wurzeln, daß sie völlig bedeckt sind. Halten Sie das Torf-Lehm-Gemisch feucht. Verwenden Sie einen Wasserzerstäuber, bis Sie das Moos aufgelegt haben (Abbildung 6). Das Moos wird vor dem Auflegen einige Stunden in Wasser eingeweicht.

5. Befestigen Sie die anderen Pflanzen genau wie die erste. Erst werden die Kiefern und danach die kleineren Pflanzen befestigt. Übersprühen Sie das Torf-Lehm-Gemisch, damit es feucht bleibt.

6. Wenn alle Pflanzen an ihrem Standort sind, wird das Torf-Lehm-Gemisch mit feuchtem Moos abgedeckt. Das sieht bei der Pflanzung nicht nur gut aus, es verhindert auch die Erosion. Setzen Sie den Felsen in ein flaches Tablett. Streuen Sie den feinen Kies in das Tablett und füllen Sie mit Wasser auf. Das Wasser schafft eine feuchte Umgebung für die Pflanzen.

Wurzel-über-dem-Felsen-Stil

Bonsai, die in der Wurzel-über-dem-Felsen-Stilart gestaltet werden, schaffen Situationen, wie in gebirgigen oder felsigen Gegenden. Dort wachsen Bäume aus Samen, die in eine Felsspalte gefallen sind. Auf der verzweifelten Suche nach Nahrung und Feuchtigkeit kriechen die Wurzeln dieser kleinen Bäume über den Felsen hinweg. Wenn die Wurzelspitzen endlich etwas Erde finden, dringen Sie in diese ein. Die Wurzelteile, die über dem Felsen liegen, verdicken sich und klammern sich an ihren felsigen Halt.

Für den Wurzel-über-dem-Felsen-Stil nimmt man bei der Bonsai-Gestaltung Bäume, die starke oberirdische Wurzeln ausbilden wie die Chinesische Ulme und den Dreispitzahorn. Sie können natürlich auch andere Baumarten, besonders für kleinere Bonsai, nehmen, die nicht unbedingt solche ausgeprägten Wurzeln aufweisen. Da die Wurzeln des Baumes mit dem Felsen zu einem dauerhaften Teil der Gestaltung zusammenschmelzen, ist es wichtig, einen passenden Felsen auszuwählen. Nehmen Sie einen sehr harten, frostfesten Stein mit einer interessanten schroffen Struktur – ein weicher Stein bröckelt bei Frost ab. Auch Steine mit einer langweiligen, glatten Oberfläche sind nicht zu empfehlen.

Von Bonsai-Fachgeschäften auf der ganzen Erde werden Ibigawa- Felsen angeboten. Sie sind die beste Wahl, die Sie treffen können, weil sie alle Bonsai-Kriterien erfüllen. Sie sind hart und schroff (zerklüftet) und haben eine interessante Farbe und Struktur. Als Ersatz kann man in einigen Gegenden auch passende heimische Steine finden.

Ein Ahorn wird im Wurzel-über-dem-Felsen-Stil gepflanzt

Dieser elegante, junge Japanische Fächerahorn (*Acer palmatum*) wurde seit einem Jahr in dieser Stilart gestaltet und hat in dieser Zeit schon eine reife Ausstrahlung angenommen.

Der zwei- oder dreijährige Sämling wuchs im Freiland und hatte freigelegte Wurzeln. Anfangs wurde er mit Plastikstreifen an dem Ibigawa-Felsen befestigt (Seite 154). Dann wurden beide als eine Einheit in einen Plastiktopf mit Sand gesetzt. Die Wurzeln können jetzt dicker werden. Wie lange dieser Verdickungsprozeß dauert, hängt von der Größe des Baumes ab. Bei kleinen und mittleren Bonsai dauert es etwa ein Jahr. Bei einem größeren Bonsai kann er die doppelte oder dreifache Zeit dauern. Die Wurzeln müssen einen wesentlichen Teil der Gestaltung darstellen. Vergewissern Sie sich, daß sich die Wurzeln dauerhaft am Felsen befestigt haben, bevor Sie die Befestigungsstreifen entfernen (Seite 155).

Pfropfband aus Plastik

Japanischer Ibigawa-Felsen

Zusammenfügen des Materials

Probieren Sie, ob der Stein in das Wurzelsystem des Baumes hineinpaßt. Für den ersten Arbeitsvorgang brauchen Sie Pfropfband aus Plastik oder Streifen einer Plastiktüte, um die Wurzeln am Felsen festzubinden, scharfen Sand und einen einfachen Plastiktopf. Für die Pflanzung nach einem Jahr brauchen Sie eine Bonsai-Schale und Pflanzerde.

Zwei- bis dreijähriger Sämling aus dem Freiland mit freigelegten Wurzeln.

Die endgültige Pflanzung

Dieser junge Fächerahorn ist jetzt 16,5 cm hoch. Drei Monate, nachdem er in eine Bonsai-Schale gepflanzt wurde, hat er ausgeschlagen. Die Basis für eine gute Gestaltung ist schon offensichtlich. In den nächsten Jahren wird der Baum in Ruhe gelassen, damit er sich verzweigt. Der Stein bringt die Gestaltung ins Gleichgewicht, und gibt dem kleinen Bonsai eine größere Wirkung. Um das natürliche Aussehen der Gestaltung noch zu verstärken, wurde die Erdoberfläche mit Sand bedeckt und mit Moos bepflanzt.

Elegante Silhouette

Ein kräftiger Rückschnitt beim Eintopfen des Baumes hat eine gute Grundstruktur der Äste erzielt. An den Ästen hängen zierliche, gewölbte Blätter.

Ausgewogenes Design

Der Felsen sorgt für zusätzliche Anziehungskraft und schafft für Gewicht an der schlanken Basis des jungen Baumes.

Gesprenkelte, ovale Schale

Die weiche, blaugrüne Glasierung ist cremefarben gesprenkelt. Sie verstärkt das Sommerlaub und bildet einen hervorragenden Kontrast zu den scharlachroten Herbstblättern.

Fester Halt

Eine starke Wurzel liegt bei dieser Vorderansicht des Wurzelsystems im Vordergrund.

GESTALTUNG DER WURZELN ÜBER DEM FELSEN

1. Kämmen Sie mit einem Wurzelhaken die Wurzeln aus. Schütteln Sie die Erde ab. Probieren Sie aus, an welcher Seite des Felsens sich die Wurzeln am besten anschmiegen können.

2. Binden Sie die Wurzeln über dem Felsen fest. Ein Helfer muß die Wurzeln oben, in der Mitte und an der Basis des Felsens mit Plastikstreifen festbinden, während Sie die Wurzeln festhalten.

3. Ihr Helfer muß die Wurzeln eng am Felsen anbinden und sie so abdecken, daß sich keine waagerechten Wurzeln entwickeln. Lange Wurzeln werden an der Basis belassen, damit sie nach unten wachsen.

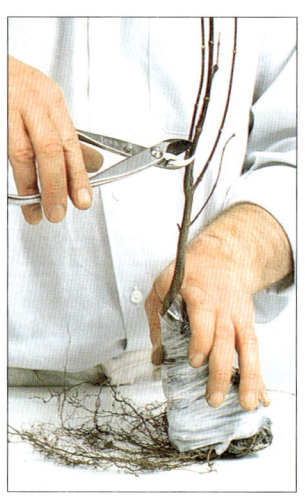

4. Der Baum wird mit einer Konkavzange stark zurückgeschnitten. Die Äste werden auf ein bis zwei Knospen eingekürzt.

5. Feuchtigkeit ist für das Wachstum der neuen Knospen wichtig. Damit die zurückgeschnittenen Äste nicht austrocknen, werden Sie mit Wundverschlußmittel an den Enden versiegelt.

6. Vergraben Sie alle Wurzeln und den gesamten Felsen in einem Topf mit sauberem, scharfem Sand. Die Wurzeln müssen bis zur Stammbasis bedeckt sein. Ein anderes Substrat ist nicht nötig.

DAS EINTOPFEN DES BAUMES

7. Ein Jahr lang wird der Baum während der Wachstumsperiode täglich gegossen. Im Winter wird der Sand nur feucht gehalten. Im Sommer alle zwei Wochen düngen. Kräftiger, neuer Zuwachs wird auf ein bis zwei Knospen zurückgeschnitten. Nach einem Jahr führen Sie Schritt 8–11 aus.

8. Im späten Winter oder im zeitigen Frühjahr werden die Äste grob zurückgeschnitten. Nehmen Sie den Baum aus dem Topf und waschen Sie den Sand aus den Wurzeln und aus den Plastikstreifen. Verwenden Sie dazu klares Wasser.

9. Schneiden Sie die Plastikstreifen mit einer scharfen Schere auf – dabei keine Wurzeln abschneiden. Entfernen Sie die Plastikstreifen.

10. Die Wurzeln sollten sich verdickt haben und den Felsen umklammern. Sollte dies nicht der Fall sein – binden Sie sie wieder fest, wie bei Schritt 2 und 3 beschrieben, und pflanzen Sie Felsen und Baum für ein weiteres Jahr in den Sand.

11. Wenn Sie mit der Wurzelentwicklung zufrieden sind, wird die beste Vorderansicht ausgewählt (Seite 24). Schneiden Sie die Äste unter Berücksichtigung der Vorderseite. Der Baum wird so in eine Schale gepflanzt (Seite 125), daß der Felsen eine Verlängerung des Stammes bildet.

Die Hauptwurzeln des Baumes folgen jetzt den Konturen des Felsens.

Gruppenpflanzungen

Mit einer Bonsai-Gruppenpflanzung können Sie die natürliche Schönheit einer Baumgruppe, eines Waldlandes oder eines Waldes widerspiegeln. Benutzen Sie diese Stilart auch für Bäume, die für einen einzelnen Bonsai nicht geeignet sind, z.B. junge, schlanke Bäume oder Bäume, die nur einseitige oder spärliche Äste haben. Beobachten Sie genau, wie die Bäume in der Natur wachsen. Ein Baum entwickelt sich in der Gruppe anders als ein einzeln stehendes Exemplar. Jeder Baum muß um seinen Teil des Lichts, des Wassers und der Nahrung mit den anderen konkurrieren. Daher wird er in die Höhe anstatt in die Breite wachsen. Er entwickelt einen hohen, schlanken Stamm anstelle eines kurzen, dicken Stammes. Nur die Äste der ganz außen gelegenen Bäume erhalten genug Licht, um sich auszubreiten. Die jüngeren und schwächeren Bäume neigen sich von den dominanteren weg und zur Sonne hin.

Baumarten für Gruppenpflanzungen

Viele immergrüne und laubabwerfende Baumarten, insbesondere die von Natur aus aufrecht wachsenden Arten sind für Gruppenpflanzungen geeignet. Wählen Sie für eine kleine bis mittlere Gruppe Bäume mit kleinen Blättern aus. Baumarten mit großen Blättern und groben Zweigen kann man für größere Gruppen nehmen.

Es ist am besten, Bäume derselben Art zu einer Gruppe zu gestalten. Wenn Sie Baumarten mischen, ist die Größenordnung ein weiteres Problem. Wenn ein Baum im Hintergrund größere Blätter als ein Baum im Vordergrund hat, geht die Illusion von Tiefe (Ferne) verloren. Außerdem stellen verschiedene Baumarten unterschiedliche Anforderungen an die Erde, sowie an das Gießen und Düngen.

Schaffen von Perspektive und Raum

Sie müssen bei einer Gruppenpflanzung eine Illusion von Perspektive und Raum schaffen. Selbst in einer engen Schale können Sie ein Gefühl von Tiefe herstellen, indem Sie große Bäume in den Vordergrund und kleinere Bäume nach hinten stellen. Die Anordnung wird mit zwei oder drei kleineren Gruppen, die jeweils in der Höhe abnehmen, leicht gestaffelt. Wenn man die Silhouetten der Hintergrundbäume einfach hält, registriert das Auge sie in weiterer Entfernung als die durchgestalteten Bäume im Vordergrund. Ordnen Sie die Bäume asymmetrisch an. Die Abstände an den Schalenseiten sollten unterschiedlich groß sein. Eine große flache Schale oder eine Schiefer- oder Felsplatte erzeugen den Eindruck von Weite. Sie werden das Gefühl haben, daß Sie zwischen den Bäumen spazierengehen können.

Das Pflanzen einer Gruppe

Buchen, Birken, Zedern, Sicheltannen, Ulmen, Hainbuchen, Wacholder, Lärchen, Ahorne und Fichten sind ideale Arten für Gruppenpflanzungen. Bei Ahornen, Ulmen und Sicheltannen ist es oft notwendig, daß man sie selbst aus Sämlingen oder Stecklingen zieht. Sie sollten in eine schlankere, aufrechtere Form als ein einzelner Bonsai geschnitten werden. Damit eine Gruppe natürlich aussieht, nimmt man eine ungerade Anzahl von Bäumen. Sie sollten mehr Bäume zur Auswahl haben als Sie tatsächlich benötigen. Bei jedem Baum werden die Wurzeln geschnitten (Seite 175) und es wird eine grobe Anordnung der Gruppe ausgearbeitet. Wählen Sie für Ihre Gruppe eine Schale aus, die groß genug ist und decken Sie die Drainagelöcher ab (Seite 125). Streuen Sie eine flache Schicht Kies in die Schale. Der Kies wird mit einer Lage Pflanzerde bedeckt.

Für eine Gruppenpflanzung vorgezogen
Fünf japanische Sicheltannen *Cryptomeria japonica* 'Yatsubusa' wurden aus Stecklingen gezogen und acht Jahre lang vorgestaltet. Sie unterscheiden sich in der Stammdicke und in der Höhe und eignen sich jetzt für eine kleinere Gruppe.

DAS PFLANZEN EINER GRUPPE

Dieser Baum wird der Mittelpunkt der Gruppe.

1. Nehmen Sie den ersten Baum aus dem Anzuchttopf. Kämmen Sie die Wurzeln mit einem Wurzelhaken sorgfältig aus. Schneiden Sie die Wurzeln mit einer Schere so, daß sie in die Schale passen. Dieser Vorgang wird bei jedem Baum wiederholt.

2. Entscheiden Sie sich für die Vorderansicht des größten Baumes (Seite 24). Wenn Sie den Baum in die vorbereitete Schale setzen, sollte er dem Betrachter am nähesten sein. Er wird in den vorderen Teil der Schale, etwa ein Drittel von einer Schalenseite entfernt, gepflanzt.

3. Wählen Sie nun einen kürzeren, dünneren Baum aus. Plazieren Sie ihn ganz nahe am ersten Baum. Er darf sich leicht von dem größeren Baum wegneigen, so, als suche er Licht.

Füllen Sie Pflanzerde in die Zwischenräume.

Die Komposition hat eine realistische Asymmetrie.

4. Der dritte Baum wird auf die andere Seite des zentral gelegenen Baumes und leicht nach hinten gepflanzt. Der Abstand zwischen dem ersten Baum und den Bäumen an den Seiten muß unterschiedlich sein, damit die Gruppe natürlich aussieht.

5. Um die Illusion von Perspektive zu erhöhen, wird der vierte, dünnere Baum an die Rückseite der Schale gesetzt. Der fünfte Baum wird an die äußerste rechte Seite der Gruppe gesetzt, damit er sich von den anderen Bäumen leicht weglehnen kann.

Die Zwischenstufe
Schon jetzt vermittelt die gutausgewogene Pflanzung Tiefe und Perspektive.

Eine angenehme Silhouette
Die Gruppierung hat eine stabile, dreieckige Form und einen ansprechenden Umriß. Das dichte Laub muß noch ausgedünnt werden.

Interessanter Kontrast
Aufrechte und geneigte Stämme geben der Struktur Vielfalt.

Anordnung
Die asymmetrische Gruppe ist gut in der Schale plaziert.

AUSPUTZEN UND VOLLENDEN DER GESTALTUNG

1. Um die Struktur offener zu gestalten, schneidet man sich überkreuzende Äste ab.

2. Für eine ausgewogene Silhouette wird das Laub ausgeputzt. Dadurch kommt mehr Licht in die Gruppe.

3. Die Erde wird gut gegossen. Mit einem Spachtel wird frisches Moos aufgelegt und festgedrückt.

Von der Seite betrachtet
Dieser Blickwinkel zeigt deutlich die Verteilung der Bäume. Sie sind so von vorn nach hinten angeordnet, daß Perspektive in die Gestaltung kommt.

Höchster Punkt
Der höchste Baum lehnt sich mit der Spitze leicht nach vorn.

Abgestufte Höhen
Der größte Baum der Gruppe ist auf der Vorderseite und der kleinste im Hintergrund.

Raumverteilung
Im Vordergrund der Gestaltung ist mehr offene Fläche.

Ausgeputztes Laub
Durch Schneiden wurde
eine gute Basisform erreicht.
Da das Laub schnell
wächst, muß es immer
wieder zurückgeschnitten
werden. Zur Verfeinerung
der Struktur kann man
die Zweige später
noch drahten.

Die fertige Anordnung
Die Gruppe aus fünf Bäumen wurde in weniger
als zwei Stunden fertiggestellt. Alle Stufen, von
der Pflanzvorbereitung bis zum letzten Ausputzen,
wurden in dieser Zeit durchgeführt. Die Stärke der
Gestaltung resultiert aus einer sorgfältigen Planung
und der Anwendung natürlicher Logik.

Dreieckige Form
Die Pflanzung hat eine anziehende,
asymmetrische Silhouette.

Eine gutüberlegte Gestaltung
Die zwei geneigten Stämme
führen das Auge durch die
Gestaltung und hin zu der frei-
en Fläche auf der rechten Seite.

Zwischenräume
Alle Stämme können
von vorn deutlich gese-
hen werden. Ungleich-
mäßige Zwischenräume
sehen natürlich aus.

**Unglasierte,
braune Schale**
Die relativ große, ja-
panische Tokoname-
Schale hilft, ein
Gefühl von Raum
zwischen den Bäu-
men zu schaffen.

Der letzte Schliff
Samtweiches Moos verleiht dieser
Landschaftspflanzung einen
naturalistischen Touch.

Landschafts-Stilart

Eine Saikei- oder lebendige Landschaftspflanzung kombiniert lebende Pflanzen mit Materialien wie Felsen, Erde oder Sand. Diese gestalten die Umgebung einer natürlichen Landschaft. Eine Saikei-Pflanzung kann genauso unterschiedlich wie Landschaften in der Natur sein. Sie muß nicht einmal realistisch sein. Sie können Materialien von einem Fundort in Ihrer Heimat nehmen und eine vertraute Landschaft nachbilden. Sie können aber auch einen exotischen Ort oder eine Phantasielandschaft darstellen. Bei der Saikei-Pflanzung müssen sich alle Bestandteile miteinander vertragen und Sie müssen dafür sorgen, daß die Pflanzen in ihrer Umgebung gedeihen können.

Bestandteile der Saikei-Gestaltung

Die Möglichkeiten bei einer Saikei-Pflanzung sind unbegrenzt und nur an Ihre Ideen und Erfahrung gebunden. Mit ihrer Rauheit und Höhe verleihen Felsen der Gestaltung oft einen dramatischen Aspekt. Sie verstärken den Eindruck von Entfernung und Raum. Der oftbenutzte Ibigawa-Felsen kann an eine Landschaft erinnern, die seiner Heimat Japan ähnlich ist, oder, wie hier gezeigt wird, an eine felsige Insel vor Südwestengland oder der Bretagne in Frankreich. Flache, glattere Steine mit waagerechten Gesteinsschichten haben eine weichere Wirkung wie z.B. ein Moor oder die Heide. Wenn Sie flache Erdbänke in Ihrer Gestaltung formen und sie mit Gräsern, Moos und flachwachsenden Bodendeckern abdecken, wird eine offenere, wogende Landschaft nachgeahmt. Wenn Sie eine Schale mit einem Wasserreservoir verwenden, können Sie eine Küste, ein Flußufer oder ein Seeufer gestalten. Die geschickte Anwendung von Sand oder Kies erzielt die gleiche Wirkung. Das lebende Material kann aus selbstgezogenen Sämlingen oder Stecklingen, aus Gartencenterpflanzen oder gestalteten Bonsai bestehen.

Gestaltung einer Saikei-Pflanzung

Die Gestaltung basiert auf zwei großen und mehreren kleinen Teilen eines Ibigawa-Felsens. Der größte Felsen weist Höhlen und Einschlüsse auf. Die Felsen werden so angeordnet, daß sie ansprechend wirken und eine interessante Komposition abgeben. Die Bäume sind zwei Hinoki-Zwergzypressen *Chamaecyparis obtusa* 'Yatsubusa'. Sie wurden in ihrer natürlichen Form belassen, aber so ausgedünnt, daß der Stamm sichtbar wird. Zum Ausfüllen werden zwei Heidepflanzen (sie ahmen Bäume auf dem entfernteren Felsen nach) und flachwachsende, bodenbedeckende Pflanzen (Thymian, *Acaena* und *Cotula*) genommen. Ihre Wurzeln verhindern das Abbröckeln der Erde. Eine flache, ovale, rotbraune Tokoname-Schale ist die breite Basis. Ihre dunkle Farbe trägt zu der rauhen Wirkung der Szene bei. Der Eindruck einer offenen Landschaft wird durch den Kies, der die Schale bis zum Rand füllt, erhöht. Die Pflanzen wurden hinter den Felsen in eine Grunderdmischung gepflanzt. Das Moos wurde auf ein Torf-Lehm-Gemisch gesetzt (Seite 157).

Die richtige Größe
Die genaue relative Größe der Gestaltungselemente ist entscheidend für den Erfolg.

DAS PFLANZEN DES SAIKEI

1. Der große Felsen wird nah an die Vorderseite und der kleinere Felsen nah an die Rückseite der Schale

gesetzt. Das erzeugt den Eindruck von Perspektive (links, Abbildung von oben). Die Gesteinsschichten müssen wie in der Natur in dieselbe Richtung verlaufen. Bei der Erhebung sieht man, daß der höchste Punkt ein Drittel vom Schalenrand entfernt ist (rechts). Die Komposition bildet ein asymmetrisches Dreieck. Die eine Seite ist mehr als doppelt so lang als die andere.

2. Halten Sie die Pflanzen gegen die Felsen um den besten Standort zu wählen. Zuerst werden die Bäume, dann die flachwachsenden Pflanzen und das Moos plaziert.

3. Streuen Sie eine flache Kiesschicht um die Felsen. Schütten Sie Pflanzerde zwischen und hinter die Felsen. Befestigen Sie die Erde hinter den Felsen mit kleinen Steinen.

4. Pflanzen Sie die Bäume hinter den Felsen in die Erde. Die bodenbedeckenden Pflanzen werden um die Basis der Bäume in die Erde gepflanzt.

Baumartige Form
Das Heidekraut ähnelt in Form und Farbe den Zypressen und gleicht weit entfernten Bäumen.

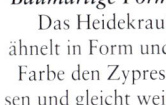

5. Schneiden Sie die Heidepflanzen in eine baumartige Form, so daß sie weit entfernt erscheinen. Pflanzen Sie die Heidepflanzen hinter den kleinen Felsen.

6. Bedecken Sie die Erde mit einem Torf-Lehm-Gemisch und drücken Sie das feuchte Moos auf. Das Moos wird mit U-förmigen Drahtstücken in der Erde befestigt, damit die Oberfläche festgehalten wird.

Unglasierte, flache, ovale Schale
Die Felsen stehen auf Kies, der Wasser darstellt. Die Pflanzung kann normal gegossen werden, da die Schale Abzugslöcher hat.

BONSAI-VERMEHRUNG

KAPITEL 4

Die Vermehrung von Pflanzen ist eine faszinierende Beschäftigung und eine hervorragende Methode, die besten Pflanzen für die Bonsai-Gestaltung zu bekommen und auszuwählen. Es ist ein befriedigendes Gefühl, einen gereiften Bonsai zu haben, den man von Anfang an aufgezogen hat. Sie können die Vermehrungstechniken, die in diesem Kapitel beschrieben werden, anwenden, um neues Material von einer Pflanze zu bekommen, die Sie in einer Baumschule oder in einem Gartencenter gekauft haben. Sie können Abfälle benutzen, die sonst für den Komposthaufen bestimmt waren.
Die Grundtechniken der Vermehrung durch Samen oder Stecklinge, durch Absenken und Pfropfen werden Schritt für Schritt an Beispielen gezeigt. Die empfohlenen Vermehrungsmethoden für jeden Baum oder Strauch entnehmen Sie dem Kapitel »Bonsai-Baumarten von A–Z« und dem »Verzeichnis von Bäumen und Sträuchern, die für Bonsai geeignet sind«.
In diesem Kapitel finden Sie Anweisungen, die noch detaillierter sind als die Anmerkungen in den oben genannten Abschnitten.

Neue Pflanzen gewinnen
Solch eine wunderschöne Bonsai-Gruppe aus Dreispitzahorn, *(Acer buergerianum)* kann man aus Pflanzen-Material gestalten, das entweder aus Samen, aus Stecklingen aus verholzten oder unverholzten Trieben oder durch Abmoosen gewonnen wurde.

Vermehrung durch Samen

Wenn man Bäume oder Sträucher aus Samen zieht, hat man zwar viele Sämlinge, aber man braucht viel Zeit und Platz.

Stellen Sie zuerst fest, daß die gewünschte Baumart leicht aus Samen gezogen werden kann (siehe Bonsai-Baumarten von A–Z, Seiten 38–113). Baumsamen müssen für die Keimung frisch sein, selbst wenn sie bei passenden Temperaturen feucht gelagert werden. Sammeln Sie die Samen selbst oder kaufen Sie die Samen im Fachgeschäft. »Bonsai-Samen-Sets« sind oft teuer und unzuverlässig. Manche Samen von winterharten Bäumen brauchen eine Kälteperiode, um zu keimen. Wenn man außerhalb der Saison säen will, kann ein Kühlschrank oder eine Gefriertruhe diese Kälteperiode ersetzen. Es kann jedoch sein, daß diese unreifen Sämlinge den Winter nicht überleben. Nehmen Sie die Aussaat besser im Frühherbst oder Winter vor und setzen Sie den Samen der Kälte aus.

Stratifizierte Samen

Manche Samen müssen vor der Aussaat stratifiziert werden. Man vergräbt die Samen in Töpfen mit feuchtem Sand. Danach werden sie entweder dem Frost ausgesetzt oder sie wandern in den Kühlschrank. Samen mit harten Schalen oder Hülsen werden in Wasser eingeweicht, keimfähige Samen sinken nach unten. Entfernen Sie leere Schalen, die oben schwimmen. Ein paar Tropfen Spülmittel im Wasser verhindern, daß keimfähige, kleinere Samen oben schwimmen.

Aus Samen gezogene Kiefern

Die Abbildungen zeigen Japanische Mädchenkiefern (*Pinus parviflora*). Die gesammelten Kiefernzapfen kommen für ein paar Tage in einen warmen Raum, damit sie sich öffnen. Man nimmt die Samen heraus und weicht sie ein (siehe oben). Kiefern werden normalerweise durch Samen oder durch Pfropfen vermehrt. Der hohe Harzgehalt der Kiefern verhindert die Kallusbildung, man sollte daher keine Stecklinge schneiden. Da Sämlinge oft nicht so wie die Mutterpflanze ausfallen, wird das Pfropfen bevorzugt. Der Wurzelstock, den man für das Pfropfen braucht, muß trotzdem aus Samen gezogen werden.

Auf Seite 136 wird der Vorgang beschrieben, wie sich Sämlinge entwickeln müssen, damit sie brauchbares Ausgangsmaterial werden. Wenn Sie einen kleinen Bonsai wollen, kann der Sämling in einem Topf gezogen werden. Bei Bedarf wird in einen größeren Topf umgesetzt. Wenn man einen großen Bonsai mit einem starken Stamm will, muß man den jungen Baum ins Freiland pflanzen.

AUSSAAT

1. Füllen Sie eine Saatkiste mit einer geeigneten Aussaaterde. Bei Kiefern besteht diese aus einem Teil Perlit und einem Teil Torf.

2. Ziehen Sie Rillen, damit Sie die Samen gleichmäßig aussäen können. Zuerst wird eine feine Sandschicht über die Erde gestreut, damit man die Samen besser sieht.

3. Die Samen werden im gleichmäßigen Abstand in die Rillen gelegt. Der Abstand hängt von der Größe der Samen ab. Je größer der Samen, desto weiter der Abstand.

4. Die Oberfläche wird mit einer Lage Kies abgedeckt, die doppelt so dick wie der Samen ist. Gut angießen und die Saatschale ins Freie stellen.

Das Umpflanzen von Sämlingen

Ein Sämling, der nach einem Jahr ins Freiland gesetzt wird, wächst schneller zu geeignetem Bonsai-Material heran. Wenn dies nicht möglich ist, kommen sie in einen 7,5 cm-Topf mit wasserdurchlässiger Erde. Breiten Sie die Wurzeln wagenradförmig aus, damit sie sich beim Dickerwerden nicht verflechten. Man bekommt damit ein Wurzelsystem, das sich nach allen Richtungen gleichmäßig ausbreitet. Damit die Wurzeln genug Platz haben, wird jährlich umgetopft.

2. Die Pfahlwurzel und die anderen langen Wurzeln werden zurückgeschnitten, damit sich an der Stengelbasis mehr und feinere Wurzeln bilden. Die feinen Faserwurzeln nahe am Stengel dürfen nicht abgeschnitten werden.

1. Diese Sämlinge wuchsen ein Jahr lang ungestört. Jetzt werden sie vorsichtig herausgenommen, indem man ihre langen Wurzeln löst.

3. Jeder eingetopfte Sämling darf nun ein paar Jahre lang uneingeschränkt wachsen und einen dicken Stamm und eine Aststruktur entwickeln.

Stecklinge

Die Vermehrungsmethode aus Stecklingen hat viele Vorteile. Sie ist einfach und zuverlässig. Die neuen Pflanzen haben immer die Charakteristika der Mutterpflanze. Sie können oft Material verwenden, das beim Routineschnitt anfällt und sonst weggeworfen wird.

Es gibt zwei verschiedene Arten von Stecklingen. Die einen sind aus weichen, die anderen sind aus verholzten Trieben. Stecklinge aus weichen, noch nicht verholzten Trieben schneidet man vom diesjährigen Zuwachs. Man sollte sie im Spätfrühling oder im frühen Sommer schneiden, wenn die Mutterpflanze kräftig wächst.

Verholzte Stecklinge

Verholzte Stecklinge stammen aus ausgereiften Trieben, die oft schon Jahre alt sind. Viele Bonsai-Liebhaber schneiden erfolgreich zur »falschen« Jahreszeit. Sie verwenden Abgeschnittenes von ihrem vorhandenen Bonsai wieder und werfen es nicht auf den Komposthaufen. Das Stecklingsmaterial muß gesund und kräftig sein. Damit der Steckling keine Feuchtigkeit verliert, wird bis zur Kallus- und Wurzelbildung die Luftfeuchtigkeit erhöht, indem Sie den Steckling übersprühen oder ihn mit einer Glas- oder Plastikhaube abdecken. Die verholzten Stecklinge vieler Baumarten schlagen oft Wurzeln, wenn man sie einfach ohne jeden Schutz ins Freiland steckt.

Stecklinge aus noch nicht verholzten Trieben

Diese Stecklinge wurden von der japanischen Zwergsicheltanne, *Cryptomeria japonica* 'Yatsubusa' genommen. Der ausgewählte Trieb wird unterhalb der Verzweigung eines Seitentriebes abgeschnitten (dort sind die meisten Pflanzenhormone und die Wurzelentwicklung des Stecklings wird angeregt). Sie können eine normale Aussaatkiste nehmen. Eine tiefere Tonschale ist besser für das Wurzelwachstum und die Wände sind für die Erde eine bessere Drainage- und Isolierschicht. Nehmen Sie für die verschiedenen Baumarten (Seite 177 und 186–209) eine spezielle Anzuchterde. Hier wurde als Wurzelnährboden ein Gemisch aus einem Teil Perlit und einem Teil Torf genommen.

VERMEHRUNG DURCH STECKLINGE

1. Zuerst wird die Schale vorbereitet. Große Abzugslöcher werden mit Plastiknetzen abgedeckt, damit die Erde nicht ausgespült wird (Seite 125). Füllen Sie eine Schicht aus grobem Kies und dann die Erdmischung ein.

2. Der ausgewählte Steckling wird nach oben gehalten und von der Mutterpflanze abgeschnitten. Schneiden Sie ihn mit einer sehr scharfen Schere sauber ab.

3. Im unteren Drittel werden alle Nadeln und Seitentriebe entfernt. Wenn Sie das nicht machen, fault der Steckling ab, sobald er in die Erde gesteckt wird.

4. Mit einem Pflanzstock oder Bleistift werden Löcher in die Erde gebohrt. (Das abgetrennte Ende des Stecklings darf beim Einbringen in die Erde nicht verletzt werden).

5. Stecken Sie jeden Steckling in ein Loch und drücken Sie die Erde leicht an. Machen Sie das mit jedem Steckling, bis die Schale voll ist.

6. Vorsichtig gießen, damit die Stecklinge nicht umfallen. Bringen Sie ein Schild mit dem Pflanzennamen und dem Datum an, an dem die Stecklinge gemacht wurden.

Die weitere Pflege der Stecklinge

Die Schale kommt in ein ungeheiztes Gewächshaus oder Frühbeet, damit die Stecklinge wurzeln und anwachsen. Regelmäßig gießen, ansonsten brauchen die Stecklinge ein Jahr lang keine weitere Pflege.

Nach einem Jahr

Nach einem Jahr sollten die Stecklinge beträchtlich gewachsen sein. Die Schale wird langsam zu eng, und die Wurzeln wachsen durch die Abzugslöcher. Jetzt ist es an der Zeit, die Stecklinge in einzelne Töpfe zu versetzen, damit sie Platz haben, sich zu entwickeln.

Umtopfen

Verwenden Sie eine wasserdurchlässige Erdmischung. Schneiden Sie die längsten Wurzeln jedes Stecklings zurück (Seite 175). Setzen Sie den Steckling in einen Topf mit einem Durchmesser von 7,5 cm. Nach einem Jahr wird er in einen größeren Topf oder zur Stammverdickung ins Freiland gesetzt.

Absenken und Pfropfen

Bei der Vermehrung durch Absenken wird der Trieb einer Gartenpflanze am Boden festgeklammert oder mit Erde bedeckt, damit er Wurzeln bildet, während er noch mit der Mutterpflanze verbunden ist. Manchmal können Sie diese Methode bei Bonsai anwenden. Die Mutterpflanze muß aber mehrstämmig sein und im Freiland wachsen.

Die Technik, die bei Bonsai häufiger angewandt wird, ist das Abmoosen. Es ist eine sehr schnelle Methode, einen Bonsai zu bekommen. Man

wählt einen schön geformten Ast aus, der leicht in eine geeignete Bonsai-Form geschnitten werden kann.

Berufsgärtner vermehren Bäume und Sträucher durch Pfropfen. Dieser Vorgang ist für Anfänger und Hobbygärtner viel schwerer zu meistern, darum werden hier auch nur die Grundprinzipien des Pfropfens erklärt.

Vermehrung ist ein faszinierendes Thema, und es gibt viele Fachbücher, die Sie über alle möglichen Methoden genauer informieren.

Abmoosen

Der Weißdorn, *Crataegus laevigata* 'Paul Scarlet', der hier abgebildet ist, ist eine Containerpflanze und kommt aus einem Gartencenter. Er wurde nicht als potentieller Bonsai vorgeformt. Die Pflanze ist spindeldünn, trotzdem kann die verzweigte Seitenpartie zu einem kleinen, ansprechenden Baum gemacht werden, den man zu einem Bonsai gestaltet.

Bei der gebräuchlichen Methode des Abmoosens wickelt man Sphagnum-Moos um den Stengel und deckt ihn wie ein Paket mit durchsichtiger Plastikfolie ab. Die Wurzeln wachsen aus dem Stengel in das Moos. Hier wurde anstelle von Moos ein Topf mit Erde genommen. Diese Methode hat den Vorteil, daß man den Stengel,

wenn sich Wurzeln gebildet haben, am Topfboden abtrennen kann. Man muß ihn nicht noch einmal umtopfen.

Der neue Baum
Ein Jahr nach dem Pfropfen hat der Baum einen schlanken Stamm ausgebildet. Im Gartencenter können Sie solche Exemplare jederzeit finden.

ABMOOSEN BEI EINEM STRAUCH

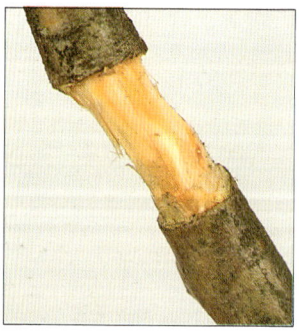

1. Zwei Schnitte kreisförmig in die Rinde machen. Der Abstand ist eineinhalb mal so groß wie der Stammdurchmesser. Die Rinde wird zwischen den Schnitten entfernt.

2. Einen Plastiktopf auf einer Seite bis zur Mitte des Bodens aufschneiden. Das Bodenstück wird so zurechtgeschnitten, daß es um den Stamm paßt.

3. Der Topf wird geschlossen und mit Draht befestigt. Den Topf mit der gleichen wasserdurchlässigen Erdmischung füllen, die man auch für Stecklinge verwendet.

Abmoosen auf einer unteren Ebene

Dieses Beispiel zeigt, wie man das Erscheinungsbild eines Baumes durch Abmoosen verbessern kann. Dieser rotblühende Weißdorn ist die gleiche Art wie der auf der gegenüberliegenden Seite. Eine etwa 2,5 cm oberhalb der Erde gelegene, häßliche Pfropfstelle hat den Stamm verunstaltet. Abmoosen hilft, solche Fehler auszumerzen. Neue Wurzeln werden oberhalb der Pfropfstelle angetrieben und der Baum kann umgetopft werden. Der untere Teil des Stammes wird dabei mit einem Topf voll Erde eingeschlossen. Nach einer gewissen Zeit den Topf kurzfristig entfernen, um das Wurzelwachstum zu kontrollieren. Danach wird er wieder um den Wurzelballen gelegt und mit Drähten befestigt. Wenn sich oberhalb der Pfropfstelle ein zufriedenstellender Wurzelballen gebildet hat, kann man den alten Wurzelstock entfernen. Der Baum sollte zu diesem Zeitpunkt nicht in Blüte stehen. Der abgemooste Baum

Abmoosen an Ort und Stelle
Dieses Exemplar wurde abgemoost, indem der Plastiktopf auf der ursprünglichen Erdoberfläche steht. Der Topf ist seit einem Jahr in seiner Position.

wächst mit seinem neuen Wurzelsystem oberhalb der ursprünglichen Erdoberfläche weiter. Im zeitigen Frühjahr, bevor sich die neuen Blattknospen öffnen, umtopfen.

Pfropfen

Die Pfropftechnik wird besonders bei bestimmten Baumarten, wie z.B. Kiefern (Seite 81–91) angewendet. Fruchtende Bäume werden häufig gepfropft. Ein aus einem Samen gezogener Baum braucht viele Jahre, bis er reif genug ist, um Blüten und Früchte zu bilden; bei einem Apfel dauert es 15 bis 20 Jahre. Äpfel, die aus Samen gezogen wurden, gleichen selten der Mutterpflanze und können unattraktive Blüten und Früchte haben. Ein gepfropfter Baum hat immer die gleichen Eigenschaften der Mutterpflanze und wird viele Blüten und Früchte hervorbringen.
Der Teil des Baumes, der auf den Wurzelstock gepfropft wird, heißt Reis. Um sicher zu stellen, daß das Pfropfen gelingt, müssen alle Kambiumschichten (Kambium ist die grüne Schicht unter der Rinde) des Reises und des Wurzelstocks genau ausgerichtet werden. Hier wird ein zweijähriger Apfelsämling als Wurzelstock für ein ausgereiftes Apfelreis benutzt. Wird im Spätwinter oder im zeitigen Frühjahr gepfropft, öffnen sich schon drei Monate später Blüten am Reis.
Wenn Sie oft pfropfen wollen, sollten Sie ein Fachbuch lesen, in dem Sie Hinweise und praktische Einzelheiten über geeignete Wurzelstöcke finden.

Das Reis wird vorbereitet
Mit einem sehr scharfen Pfropfmesser, einem Skalpell oder mit einer einseitigen Rasierklinge wird die Basis des Reises keilförmig zugeschnitten.

WIE EIN BAUM GEPFROPFT WIRD

1. Durch den Wurzelstock wird ein sauberer Schnitt gemacht. Den Stengel mit einer scharfen Klinge spalten. Danach wird das Reis in den gespaltenen Stengel eingepaßt.

2. Die Pfropfstelle mit Plastikband vom ungeschnittenen Teil des Wurzelstockes bis zum oberen Teil des Reises umwickeln. Das Band nach einem Jahr entfernen.

*P*FLEGE-
MASSNAHMEN

KAPITEL 5

Wenn Sie einen Bonsai in der gewählten Stilart gestaltet haben, ist es sehr wesentlich, daß die Pflanzen gut gedeihen. Dafür brauchen Sie gärtnerische Grundkenntnisse. Sie müssen den richtigen Standort der Pflanze kennen und wissen, wie man sie korrekt gießt und düngt, wie man einen Wurzelschnitt durchführt und wie Sie Ihren Bonsai von Zeit zu Zeit umtopfen. Ein Routineschnitt ist für die Erhaltung der Bonsai-Form wichtig. Schließlich müssen Sie Ihre Pflanzen wachsam vor Schädlingen und Krankheiten schützen. Im Kapitel »Bonsai-Baumarten von A–Z« und im »Verzeichnis von Bäumen und Sträuchern, die für Bonsai geeignet sind« werden die Routinepflegemaßnahmen für jeden Baum und Strauch skizziert. Schlagen Sie bei diesen Kapiteln nach und lesen Sie, wie die Erhaltungstechniken einzeln erklärt werden. Schritt für Schritt-Abbildungen helfen Ihnen dabei. Auf diese Weise können Sie jedem Bonsai seine tägliche Pflege angedeihen lassen, damit er gesund bleibt und sich zu einer schönen Pflanze entwickelt.

Routinemaßnahmen in der Bonsai-Pflege
Sorgsamer Wurzelschnitt (ganz links) und vorsichtiges Zurückzupfen der Triebspitzen (links oben) gehören zur regelmäßigen
Pflege eines Bonsai, um seine kunstvoll gestaltete Silhouette zu
erhalten (links unten).

Standort

Für Ihre Bonsai ist es wichtig, daß sie an einem Standort stehen, der ihnen geeignete Klimabedingungen, gutes Licht und die richtige Luftfeuchtigkeit bietet. Der Standort muß dem Betrachter eine gute Ansicht der Bäume gewähren, so daß er sie bewundern kann und es muß genügend Platz da sein, daß Sie bequem arbeiten können. Weiter unten sind ein paar allgemeingehaltene Punkte aufgeführt, die Ihnen helfen, Ihren Bonsai richtig aufzustellen. Der genaue Standort richtet sich jedoch immer nach dem individuellen Baum und den örtlichen Gegebenheiten. Prüfen Sie auf den Seiten 38–113 und 187–209, welcher Standort der beste für jede Baumart ist. Wenn Sie Anfänger sind oder erst kürzlich in einen neuen Ort gezogen sind, können Sie sich bei Ihrem örtlichen Bonsai-Club Rat holen.

Klima

Es ist ein weitverbreitetes Mißverständnis, daß Bonsai wie Zimmerpflanzen im Haus gehalten werden sollen. Tatsache ist, daß die meisten winterhart sind und im Freien wachsen müssen. Wenn Sie einen Bonsai im Zimmer aufstellen, sollte es höchstens für etwa einen Tag sein. Selbst wenn sie draußen stehen, brauchen Bonsai mehr Aufmerksamkeit als ihre ausgewachsenen Artgenossen im Garten. Wurzeln, die in einer Schale wachsen, sind weniger geschützt als Wurzeln im Erdreich. Sehr leicht werden sie je nach Wetterbedingungen zu kalt, zu warm, zu naß oder zu trocken. Der beste Rat ist, Extreme zu vermeiden. In Ländern mit gemäßigten Temperaturen wie England können die meisten Bonsai das ganze Jahr über draußen stehen. In Ländern wie Kalifornien oder in einigen Gegenden Australiens müssen Bonsai in der heißen Sonne schattiert werden. In kalten Gebieten wie Skandinavien oder Kanada ist ein angemessener Frostschutz erforderlich.

Betrachtungshöhe

Bonsai sehen am besten auf Regalen und Ständern in Augenhöhe aus. Die Augenhöhe verändert sich selbstverständlich: Es kommt darauf an, ob der Betrachter sitzt oder steht. Wenn der Bonsai sitzend betrachtet werden soll, muß er etwa 1 m über dem Boden stehen. Wenn man ihn stehend betrachtet, wäre eine Höhe von 1,2–1,5 m richtig. Das wäre aber für die täglichen Pflegemaßnahmen zu hoch, also wird oft ein Kompromiß gemacht und die Bäume werden etwa auf Tischhöhe aufgestellt.

Wintervorsorge

Wieviel Winterschutz benötigt wird, ist von Baumart zu Baumart verschieden (Seite 38–113 und Seite 187–209) und kommt auf die örtlichen Gegebenheiten an. Schützen Sie winterharte Bäume vor Wind und Frost, aber bringen Sie sie nicht ins Haus. Ein geheizter Raum unterbricht ihre Winterruhe und sie schlagen aus. Sie brauchen soviel Licht wie möglich; ein Frühbeet oder ein gut gelüftetes Gewächshaus ist daher ein optimales Winterquartier. Eine andere Möglichkeit besteht darin, Bäume, besonders die mit zarten Zweigen, unter das Regal zu stellen. Man hängt eine Plastikfolie wie einen Vorhang vor die Pflanzen, um die widrigsten Wetterverhältnisse abzuschirmen. Kalter Wind schadet besonders dem Laub von immergrünen Bäumen. Auch die Wurzeln der Pflanzen müssen geschützt werden. Besonders anfällig sind fleischige Wurzeln. Selbst wenn der größte Teil des Baumes ungeschützt bleibt, sollte man die Schale in die Erde oder, noch besser, in ein vorbereitetes Beet aus Kiefernnadel oder ähnlichem Isoliermaterial eingraben.

Zimmerbonsai

In den letzten Jahren haben Bonsai-Liebhaber in Gebieten mit gemäßigten Temperaturen immer mehr Interesse, tropische und subtropische Bonsai im Zimmer zu ziehen. Das ist ein schwieriges Vorhaben: Die meisten Bäume wuchsen in ihren Heimatländern draußen und wurden dann in Länder exportiert, die nur gemäßigte Temperaturen haben. Dort werden Sie in geheizten, feuchten Gewächshäusern gehalten, bevor sie verkauft werden. Ein normales Wohnzimmer kann vielleicht genauso warm sein wie die Heimat der Bäume, Taiwan oder die Philippinen. Es kann aber nicht die Lichtverhältnisse und die Luftfeuchtigkeit, die die Pflanzen brauchen, liefern. Damit solche »Zimmer«-Bonsai gedeihen, sollte man sie im Treibhaus oder Gewächshaus halten und nur jeweils ein paar Tage im Haus aufstellen.

Bonsai in einem englischen Garten

Diese sehr förmliche Aufstellung bietet Interessantes auf verschiedenen Ebenen. Man hat für die Routinepflege der Bäume und Sträucher genug Platz.

Gießen und Düngen

Die Wasser- und Düngermenge, die Sie Ihrem Bonsai geben sollten, hängt von verschiedenen Faktoren ab. Manche Bäume sind »durstiger« als andere. Die Menge des Wassers und der Nahrung ist auch von der Jahreszeit abhängig. Ein Faktor sind Typ und Qualität der Pflanzerde: Je mehr Wasser und Dünger in der Erde festgehalten werden, um so weniger müssen Sie gießen und düngen und umgekehrt.

Gießen

Der Hauptgrund, warum so viele Bonsai eingehen, ist falsches Gießen. Die Wurzeln trocknen in den flachen Schalen viel schneller als im Erdreich aus. Die meisten Bonsai können zwar in falscher Erde ohne zusätzlichen Dünger nicht gerade gedeihen, aber sie können überleben. Wenn sie jedoch kein Wasser haben, trocknen sie aus und sterben ab. Ein Bonsai muß normalerweise im Frühling, Sommer und Herbst täglich gegossen werden. Im Winter brauchen Bäume in der Ruhezeit, wenn sie draußen im Regen oder Schnee stehen, nur wenige zusätzliche Wassergaben. Bäume, die im Frühbeet oder Gewächshaus stehen, müssen gegossen werden, um nicht auszutrocknen. Tropische und subtropische Zimmerbonsai werden weiter gegossen und feucht gehalten, da sie auch im Winter weiterwachsen, wenn auch viel langsamer als im Sommer.

Wie man richtig gießt

Gießen Sie Ihren Bonsai abends nach Sonnenuntergang. Die Feuchtigkeit bleibt die ganze Nacht bis zum nächsten Morgen in der Erde und steht den Wurzeln zur Verfügung. Wenn Sie morgens gießen, trocknet die Erde vielleicht in ein paar Stunden ganz aus. Außerdem können Tropfen tagsüber auf die Blätter fallen und die Blätter verbrennen. Gießen Sie von oben und nehmen Sie eine Gießkanne oder einen Wasserschlauch mit einer feinen Brause. Es gibt spezielle Bonsai-Gießkannen und -sprenger zu kaufen. Die Gießkanne muß einen langen Hals haben, damit das Wasser mit genügend Druck gesprüht wird. Der Kopf des Sprengers muß abnehmbar sein, um die winzigen Löcher reinigen zu können.

Düngen

Für gutes Wachstum ist ein Bonsai-Dünger nötig. Wird nicht gedüngt, stirbt der Bonsai zwar nicht ab, er gedeiht aber auch nicht. Vom Frühling bis zum Herbst wird gewöhnlich ein normaler, ausgewogener Dünger verwendet. Viele erfolgreiche Bonsai-Liebhaber benutzen nichts anderes. Im Herbst ist es ratsam, zu einem Dünger mit hohem Kalium- und Phosphorgehalt zu wechseln. Dieser Dünger sollte wenig Stickstoff enthalten, weil sich das Wachstum des Baumes verlangsamt und bald zur Ruhe kommt. Für Rhododendron (Azaleen), *Enkianthus*, *Stewartia* und andere Pflanzen, die Kalk nicht vertragen, müssen Sie einen Spezialdünger anwenden. Die Hauptbestandteile des Düngers sind auf der Packung in der Reihenfolge NPK aufgedruckt (N für Stickstoff, P für Phosphor und K für Kalium). Ein typischer Herbstdünger sollte das Verhältnis 0:10:10 haben. Folgen Sie den Anweisungen auf der Packung; es lohnt sich nicht, ein Spezialprodukt zu kaufen, wenn Sie es nicht richtig anwenden.

Dünger

Es gibt viele Düngersorten mit unterschiedlichen Namen zu kaufen. Sie können zwischen flüssigem und festem Dünger wählen. Fester Dünger wird in Pulverform, als Granulat oder als kleine Kuchen oder Blöcke angeboten. Kaufen Sie nach Möglichkeit Granulat: Es dauert einige Wochen, bis es zerfällt und bei jedem Regen oder Gießen löst sich ein bißchen Dünger. Das Granulat bleibt sichtbar oben auf der Erde und Sie sehen genau, wann es Zeit ist, neuen Dünger hinzuzufügen. Flüssiger Dünger wirkt schneller, aber es ist schwieriger zu beurteilen, wieviel aufgenommen wurde. Ein starker Regen gleich nach dem Aufbringen kann den Dünger durch die Erde ausspülen, noch bevor ihn die Pflanze aufgenommen hat. Das gleiche Problem hat man bei festem Dünger in Pulverform. Japanische Bonsai-Liebhaber verwenden oft kleine Blöcke oder Kuchen aus Rapsschrot oder Fischmehl. Dieser Dünger löst sich genauso langsam wie Granulat, sieht aber oft unansehnlich aus und kann Brutplatz für Maden sein.

Wurzelschnitt und Umtopfen

Nach ein paar Jahren füllen die Wurzeln des Bonsai die Schale völlig aus. Wenn eine normale Topfpflanze den Topf »prallvoll« ausfüllt, wird sie ganz einfach in ein größeres Gefäß mit mehr Erde umgepflanzt. Wenn Sie einen Bonsai umtopfen, möchten Sie dieselbe Schale, die Sie sorgfältig zum Baum ausgewählt haben, weiterverwenden. Daher schneiden Sie die Wurzeln, damit der Bonsai, zusammen mit etwas neuer Erde, wieder in diese Schale paßt. Irrtümlicherweise wird oft angenommen, daß dieser Wurzel-schnitt den Baum an der Entwicklung hindert oder ihn gar verzwergt. Tatsache ist, daß ein Bonsai, bei dem die Wurzeln geschnitten wurden, viel kräftiger wächst, weil sich in der neuen Erde Faserwurzeln an jeder beschnittenen Wurzel bilden. Untersuchen Sie jedes Jahr den Wurzelballen genau, um zu sehen, ob ein Wurzelschnitt (siehe unten) notwendig ist. Die ungefähre Zeitspanne, nach der jeder Baum oder Strauch wieder geschnitten werden muß, steht auf den Seiten 38–113 und 187–209.

Wurzelschnitt

Das Ziel eines Wurzelschnitts ist es, die Wurzeln zu einem flachen Wurzelsystem zu schneiden, welches bequem wieder in die Schale paßt. Normalerweise wird das im Frühling gemacht, aber die Japanischen Lärchen (*Larix kaempferi*) beispielsweise sind winterhart genug, so daß man sie auch im Winter bearbeiten kann. Voraussetzung ist, daß die Erde nicht gefroren ist. Der umgetopfte Baum kann wieder ins Freie gestellt werden;

Den Wurzelballen untersuchen
Untersuchen Sie den Baum jedes Jahr, um festzustellen ob ein Wurzelschnitt und Umtopfen notwendig sind. Schneiden Sie die Verankerungsdrähte durch und nehmen Sie die Pflanze aus der Schale. Drehen Sie die Pflanze um, und überprüfen Sie die Erde auf der Unterseite. Wenn sich eine dichte Masse von langen Wurzeln um den Wurzelballen windet, müssen sie beschnitten und der Baum umgetopft werden.

Frostschutz ist normalerweise nicht nötig. Lärchen wachsen schnell und mögen es nicht, wenn sie in einer Schale sind, darum muß man jährlich die Wurzeln schneiden. Wenn man keilförmige Schnitte (Bild 3) macht, darf man die oberirdischen Wurzeln nicht beschädigen; die Form und Anordnung der Wurzeln, die über der Erde zu sehen sind, sind bei einem gereiften Bonsai ein wichtiger Teil der Gestaltung.

Rund um den Ballen wachsende Wurzeln zeigen an, daß ein Wurzelschnitt und Umtopfen nötig sind.

DIE TECHNIK DES WURZELSCHNITTS

1. Kämmen Sie die Wurzeln vorsichtig mit dem Wurzelhaken aus. Die Oberflächenwurzeln nicht verletzen.

2. Die langen, kreisförmig wachsenden Wurzeln abschneiden. Kürzen Sie die Wurzeln auf der Unterseite.

3. Schneiden Sie Keile aus dem Wurzelballen heraus. Das regt die Bildung von Faserwurzeln an.

Umtopfen

Wenn Sie einen Bonsai umtopfen, setzen Sie ihn
normalerweise wieder in dieselbe Schale. Nachdem Sie den Baum aus der Schale genommen
haben, wird diese gründlich gesäubert. Mit einer
festen Bürste wird die alte Erde entfernt. Häufig
ist das schon alles, was man tun muß. Sollte die
Schale aber noch schmutzig sein, wird sie sorgfältig mit Wasser und flüssiger Seife geschrubbt.
Aus gärtnerischer Sicht muß man beim Umtopfen
eines Bonsai keine andere Schale nehmen. Eine
normale Pflanze wird in einen größeren Topf
gepflanzt, damit sich die Wurzeln ausbreiten können. Haben Sie jedoch das Gefühl, daß die Schale
nicht richtig zur Gestaltung paßt, dann nehmen
Sie die Gelegenheit wahr und wählen Sie eine
andere Schale aus. Bei diesem Beispiel entschied
man sich, daß eine schlichtere Schale besser als
die alte, abgerundete, sei.
Egal, ob Sie eine neue Schale nehmen oder die
alte weiter benutzen, befestigen Sie die Plastik-
netze wieder über den Abzugslöchern (Seite 125).
Die Verankerungsdrähte müssen auch wieder
angebracht werden, bevor Sie den Boden mit
einer Schicht geeigneter Pflanzerde (gegenüberliegende Seite) abdecken. Nach dem Wurzelschnitt
(Seite 175) wird der Baum wieder eingepflanzt
(unten).

Vor dem Umtopfen
Man muß jedes Jahr den Wurzelballen
überprüfen, um festzustellen, ob der Baum
umgetopft werden muß.

DER BAUM WIRD UMGETOPFT

1. Der Baum wird so in die vorbereitete Schale gesetzt, daß die Vorderseite in der richtigen Position ist.
Die Verankerungsdrähte werden
über dem Wurzelballen zusammen-
gedreht.

2. Mit einem Eßstäbchen wird mehr
Erde in die Wurzelmasse eingearbei-
tet. Die zuvor ausgeschnittenen Zwischenräume werden sorgfältig aufge-
füllt. Es wird so lange Erde hinzuge-
fügt, bis die Schale voll ist.

3. Der Baum wird gründlich gegossen. Legen Sie feuchte Moospolster
auf die Erde und drücken Sie diese
mit einer kleinen Kelle an.

Bonsai-Erdmischungen

Verschiedene Bonsai benötigen verschiedene Erdsorten. Eine gute Pflanzerde muß genug Feuchtigkeit für die Wurzeln speichern können. Die Erde sollte genügend wasserdurchlässig sein, damit keine Staunässe entsteht, und die Wurzeln zu faulen beginnen. Die Erdmischung sollte locker sein und Wasser speichern können. Sie muß gut durchlüftet sein, damit Sauerstoff in Umlauf gesetzt wird und die Wurzeln »atmen«.

Drei Erdmischungen werden bei »Bonsai-Baumarten von A–Z« auf den Seiten 38–113 vorgeschlagen, und Hinweise für andere Pflanzen sind auf den Seiten 187–209 zu finden. Mit etwas Erfahrung können Sie Ihre eigene Pflanzerde mischen. Dies sind die Bestandteile der drei Mischungen:

• *Grunderdmischung*
Ein Teil Lehm, zwei Teile Torf, zwei Teile Sand.
• *Wasserdurchlässige Erdmischung*
Ein Teil Lehm, ein Teil Torf, drei Teile Sand.
• *Kalkfreie Erdmischung*
Ein Teil Lehm, drei Teile Torf, ein Teil Sand.

Dünger verbrennt die neuen Wurzeln, daher wird ein umgetopfter oder neu gepflanzter Bonsai erst zwei bis drei Wochen, nachdem das Wachstum eingesetzt hat, erstmals gedüngt. Wenn sich die Pflanze gefestigt hat, kann mit der Düngung begonnen werden (Seite 174).

Larix kaempferi
Japanische Lärche

Der umgetopfte Baum
Der einzig sichtbare Unterschied nach dem Umtopfen ist die neue Schale, die den Bonsai besser ergänzt. Lärchen wie diese müssen zur Erhaltung gesunden Wachstums jedes Jahr umgetopft werden. Andere Baumarten brauchen diese Behandlung nicht so oft.

Routineschnitt

Wenn Ihr Bonsai am richtigen Standort steht, korrekt gegossen, gedüngt und umgetopft wird, wird er kräftig wachsen. Jetzt spielen die Fertigkeiten des Formens und Schneidens eine Rolle, teilweise, um die Gestaltung zu erhalten und auch, um sie zu verbessern. Eine Technik des Erhaltungsschnitts nennt man Zurückzupfen oder »Fingerschnitt«. Das Zurückzupfen regt das untergeordnete Wachstum näher am Ast oder Zweig an, und bringt buschigeres Laub hervor, was den Baum älter erscheinen läßt.

Ohne Zurückzupfen werden die kräftigsten Triebe, die sich meistens an den obersten Ästen befinden, stark und dick und bewirken, daß der Baum kopflastig wird. Die unteren Äste verdorren und sterben ab. Um das zu verhindern, werden die oberen Triebe rechtzeitig eingekürzt. Die unteren Äste dürfen sich ausbreiten und dicker werden, bevor man sie schneidet. Diese Methode bringt zarte Zweige an der Spitze und starke, untere Äste hervor. Auch die Stammverdickung wird gefördert.

Zurückzupfen einer Konifere

Koniferen wie Zedern, Sicheltannen, Lärchen, Fichten und wie dieser Wacholder werden zurückgezupft; wenn sie mit einer Schere geschnitten werden, werden die geschnittenen Triebspitzen braun und der Bonsai wird vorübergehend unansehnlich. Wenn Sie die weichen Kuppen Ihrer Fingerspitzen benutzen, entsteht kein Schaden. Die zwei ver-

schiedenen Arten von Koniferenlaub – schuppenförmig und nadelförmig – müssen unterschiedlich gezupft werden (siehe unten und gegenüber). Die obengenannten Bäume und einige Wacholder haben Nadeln, Zypressen und andere Wacholder haben schuppenförmiges Laub. Einige Wacholder haben eine Laubsorte; andere haben Nadeln im jugendlichen Stadium und schuppenförmige Blätter, wenn sie älter werden. Dieses Laub nennt man »jugendlich« und später »erwachsen«.

DAS ZURÜCKZUPFEN BEI BAUMARTEN MIT SCHUPPENFÖRMIGEN BLÄTTERN

1. Leittriebe werden mit einer Drehung entfernt. Halten Sie den Ast mit einer Hand fest. Mit Daumen und Zeigefinger der anderen Hand zupfen Sie den Trieb beim Herausziehen mit einer Drehbewegung ab.

2. Ziel ist es, den Trieb sauber vom Ast zu trennen, ohne das verbleibende Laub zu beschädigen. Das erreicht man, indem man gleichzeitig dreht und fest zieht.

3. Fahren Sie fort, den ganzen Baum zurückzuzupfen, damit die Gestaltungskonturen verfeinert werden und eine ausgewogene Form geschaffen wird. Beachten Sie besonders die Spitze, damit sie nicht zerrupft und unordentlich wird.

Die Spitze wurde stark zurück-gezupft.

Das wachsende Laub verbirgt die Äste.

Der geneigte Verlauf des Stammes ist wieder zu sehen.

Juniperus squamata 'Meyeri'
Vor dem Zurückzupfen
Nach der ersten Formgebung wuchs dieser Bonsai zwei Monate lang ohne weitere Gestaltungsmaß-nahmen weiter. Der Stammverlauf und die Gesamt-struktur verliert sich hinter den Laubmassen.

Derselbe Baum nach dem Zupfen
Der Bonsai wurde ziemlich stark zurückgezupft, um seine eleganten Linien wieder zu sehen und um Ord-nung in die Gesamtgestaltung zu bringen. Da Aus-gewogenheit und Harmonie wiederhergestellt sind, wird regelmäßig gezupft, um die Form zu halten.

DAS ZURÜCKZUPFEN BEI BAUMARTEN MIT NADELN

1. Halten Sie den Ast mit den Fin-gern und dem Daumen einer Hand sanft, aber sicher fest. Ergreifen Sie den Leittrieb mit den Kuppen von Daumen und Zeigefinger der ande-ren Hand.

2. Mit einer winzigen, scharfen Bewegung, wird der Ast ausgezupft. Wenn Sie das korrekt durchführen, bleibt das restliche Laub unversehrt.

3. Zupfen Sie alle Triebe im Spitzen-bereich zurück, damit alle Äste ordentlich wirken. Durch das Zurückzupfen wird eine kompakte-re, verfeinerte Form erreicht, und der Stammverlauf hervorgehoben.

Beschneiden

Die hier abgebildete Chinesische Ulme, *Ulmus parvifolia*, zeigt, wie vorsichtiges Schneiden während der ganzen Wachstumsperiode die Form eines Bonsai verfeinern kann und wie buschigeres Wachstum angeregt wird. Sie können mit einer Schere die Stengel schneiden. Das Laub sollte nie geschnitten werde, da es sonst unordentlich aussieht und braune Ränder bekommt. Mit den Fingernägeln kürzt man am besten die sehr weichen, jungen Stengel und die »Kerzen« der Kiefern (die ausgestreckten Kiefernknospen), solange sich diese noch nicht verhärtet haben. Für den Schnitt von zäheren Stengeln und Kerzen benutzen Sie eine Schere, damit Sie das zarte Gewebe des Stengels nicht zerreißen.

Dieser Bonsai wurde im Wurzel-über-dem-Felsen-Stil gestaltet.

Vor dem Schnitt
Wuchernder Wuchs hat die Silhouette »verwischt«.

DAS ZURÜCKSCHNEIDEN EINES LAUBBAUMS MIT DER SCHERE

Der geschnittene Bonsai ist wieder harmonisch.

1. Halten Sie den Trieb nach oben und schneiden Sie den Stengel oberhalb eines Blattes ab. Schneiden Sie nie das Laub, da es sonst braun wird.

2. Entfernen Sie alle langen Triebe, die die Silhouette des Bonsai stören. Die abgeschnittenen Triebe können als Stecklinge benutzt werden.

Nach dem Schnitt
Jetzt hat der Baum eine attraktiv konische Form.

DAS SCHNEIDEN VON KIEFERNKERZEN

1. Legen Sie eine Schere mit einer feinen, scharfen Spitze vorsichtig an der Basis der Kerze an. Die umgebenden Nadeln nicht mitschneiden.

2. Machen Sie einen einzelnen, sauberen Schnitt durch die Basis der Kerze, ohne ausgefranste Enden zu hinterlassen.

3. Der Rückschnitt der Kerzen verfeinert die Form des Baumes und regt außerdem die Bildung neuer Knospen an.

Blattschnitt

Manche Baumarten, wie Birken, Ulmen und dieser rote Fächerahorn bringen Blätter in dauerndem oder in aufeinanderfolgendem Wachstum hervor. Wenn Sie alle Blätter im Sommer entfernen, wird ein zweiter Austrieb sprießen: Sie haben das Wachstum zweier Jahre in einem Jahr. Die neuen Blätter sind kleiner und ihre Herbstfärbung ist intensiver als beim ersten Austrieb. Der

Japanische Ahorn (unten) hat nach dem Blattschnitt einen zweiten Austrieb seines roten Frühlingslaubes hervorgebracht. Der richtige Zeitpunkt für den Blattschnitt ist sehr wichtig. Wenn er zu früh durchgeführt wird, haben sich die neuen Knospen noch nicht gebildet. Wird er zu spät gemacht, sind die neuen Blätter noch nicht abgehärtet und es bleibt zu wenig Zeit, um die Ersatzknospen auszubilden.

DIE TECHNIK DES BLATTSCHNITTS

1. Mit einer Schere werden alle Blätter von der Spitze des Baumes bis zu den untersten Ästen sorgfältig und systematisch abgeschnitten.

2. Schneiden Sie jedes Blatt am Ansatz ab und lassen Sie den Blattstiel stehen.

3. Die Blattstiele werden belassen, um Feuchtigkeit für die schlafenden Knospen an ihrer Basis zu erhalten. Die Blattstiele fallen ab, bevor sich die neuen Knospen öffnen.

Acer palmatum
'Deshojo'
Roter Fächerahorn

Der Baum steht im ersten Frühlingslaub. Das Laub nimmt seine grüne Sommerfarbe an.

Die Blattstiele verbleiben am Baum, um den jungen Knospen bei der Entwicklung zu helfen.

Vor dem Blattschnitt
Der Baum hat einen vollen Blattbaldachin.

Nach dem Blattschnitt
Reduktion auf den unbelaubten Zustand.

Schädlinge und Krankheiten

Diese Seiten zeigen die alltäglicheren Schädlinge und Krankheiten, die Ihre Bonsai befallen können. Glücklicherweise sind die meisten Bäume und Sträucher winterhart und für Schädlinge und Krankheiten nicht sehr empfänglich. Wenn sich jedoch ein Problem auftut, sollten Sie es gleich erkennen und es im Keim ersticken. Als nützliche Vorsorgemaßnahme sollte man die Bonsai monatlich vom zeitigen Frühjahr bis zum Sommerende mit einem systemischen Insektizid und Fungizid besprühen. Ein 90prozentiger Schutz ist dadurch gewährleistet. Die Mittel dringen in die Saftbahnen ein und helfen der Pflanze, sich in den folgenden zwei bis drei Wochen gegen feindliche Einwirkungen zu wehren. Prüfen Sie, ob die Fungizide und Insektizide miteinander verträglich sind und folgen Sie den Anweisungen des Herstellers. Blätter dürfen nur besprüht werden, wenn sie in Knospe stehen oder voll geöffnet sind – sich öffnende Blätter können geschädigt werden.

SCHÄDLINGE

Schwarze Blattlaus
Blattläuse saugen den Saft aus Stengeln, Blättern und Früchten und übertragen Viren. Wenn man sie findet, müssen sie bekämpft werden. Sie sind einfach zu entdecken; Blätter und neue Triebe kräuseln sich.

Grüne Blattlaus
Blattläuse greifen besonders dünnblättrige Laubbäume an. Sie verbergen sich unter den Blättern und an jungen Trieben. Sie sondern ein Sekret, den sogenannten »Honigtau« ab. Schneiden Sie befallene Triebe heraus.

Zikade
Zikaden-Larven bewohnen eine speichelartige Masse auf Blättern und Stengeln. Sie leben vom Pflanzensaft. Der Schaden ist ähnlich wie bei Blattläusen. Entfernen Sie den »Speichel« mit einem feuchten Tuch.

Schildläuse
Die winzigen, saftsaugenden Insekten sehen wie harte weiße, gelbe, rote oder braune Blasen an den Blättern und Stengeln aus. Der Schaden zeigt sich durch klebrigen Honigtau. Mit systemischen Insektiziden behandeln.

Milben
Diese roten oder schwarzen Milben kommen in den meisten Klimabereichen vor und sitzen unter Ästen und in Rindenspalten. Sie ernähren sich von Einzellern und schädigen das Wachstum nicht. Eventuell mit Zahnbürste entfernen.

Raupen
Raupen fressen gierig das neue Laub und die Stengel. Man kann sie ablesen oder ein Kontaktmittel spritzen. Entfernen Sie alle beschädigten Blätter, um das Aussehen des Baumes wieder herzustellen.

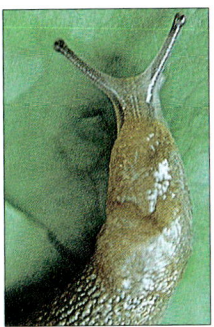

Schaden (siehe oben), der durch den erwachsenen Rüsselkäfer (rechts) verursacht wurde.

Schnecken

Schnecken attackieren Wurzeln und Triebe und fressen große Löcher in die Blätter. Flüssige Schneckenvernichtungsmittel, die in die Erde eingespült werden, eignen sich nicht für Bonsai. Stattdessen können Sie Schneckenkorn neben der Schale auslegen.

Rüsselkäfer

Der erwachsene Käfer knabbert Laub an und hinterläßt eingekerbte Ränder; die Larven ernähren sich von Wurzeln. Bis zu 6 Monaten können sie unentdeckt in der Erde leben.

Miniermotte

Wenn Sie auf den Blättern braune oder weiße Markierungen sehen, wurden diese wahrscheinlich von der Miniermotte verursacht. Sie fressen das weiche, innere Gewebe. Schädlich sind die Larven der Motte, die aus Eiern auf der Unterseite der Blätter schlüpfen. Sie sehen wie Blasen aus. Entfernen Sie die befallenen Blätter und spritzen Sie mit einem systemischen Insektizid.

Ein durch Mottenlarven geschädigtes Blatt.

KRANKHEITEN

Kräuselkrankheit

Diese Krankheit ist auf einige Pfirsicharten begrenzt. Sie verursacht Blattschäden, die den Baum schwächen. An den Blättern entwickeln sich rötliche Blasen, die größer und weiß werden. Der Pilz kann den Winter überleben. Vernichten Sie befallene Blätter und wenden Sie ein kupferhaltiges Fungizid an.

Echter Mehltau

Die Pilzsporen gedeihen bei Feuchtigkeit. Sie erscheinen als weißgepuderte Flecken auf Blättern und Stielen von Eichen, Weißdorn und Apfelbäumen. Entfernen Sie die befallenen Triebe, da die Krankheit an ihnen überwintert. Vorbeugemaßnahmen sind wichtig.

VERZEICHNIS VON BÄUMEN UND STRÄUCHERN, DIE FÜR BONSAI GEEIGNET SIND

KAPITEL 6

Dieses Verzeichnis erweitert den Bereich »Bonsai-Baumarten von A–Z« auf den Seiten 36–113, damit Sie bei der Suche nach Bonsai-Material die größte Auswahl haben. Es ist eine Zusammenstellung von über 300 Bäumen und Sträuchern, die für die Bonsai-Kultur geeignet sind. Dieses Verzeichnis ist nach denselben Kriterien angeordnet wie »Bonsai-Baumarten von A–Z«. Die Pflanzen werden in alphabetischer Reihenfolge ihrer botanischen Namen aufgelistet. Es folgen die volkstümlichen (deutschen) Namen. Unterarten, Varietäten und Zuchtformen sind alphabetisch gelistet und erscheinen sofort nach der Eintragung der Hauptbaumart. Jede Eintragung beschreibt kurz die Charakteristika des Baumes oder Strauches und schlägt besonders geeignete Stilarten und Größen vor. Pflegehinweise sind gleichfalls enthalten und haben die gleichen Symbole wie im Kapitel »Bonsai-Baumarten von A–Z«.

Die Auswahl von Bonsai
In einer Bonsai-Baumschule sehen Sie einige der unendlich vielen Baum- und Stilarten, die die Bonsai-Welt so erstaunlich und aufregend machen.

Wie man das Verzeichnis benutzt

In diesem Verzeichnis werden über 300 Bäume und Sträucher, die sich für Bonsai eignen aufgelistet. Meistens handelt es sich um Arten, es werden aber auch ausgezeichnete Unterarten, Hybriden, Varietäten und Zuchtformen zusammen mit ihren Ursprungsarten aufgeführt. Die Ähnlichkeiten und Unterschiede zu der Art sind aufgezeigt. Das Verzeichnis wiederholt die Pflanzeneintragung von »Bonsai-Baumarten von A–Z« mit einer Kurzbeschreibung der Pflanze und mit einer Querreferenz der Seiten, die für Stilarten, Größen und Pflegehinweise wichtig sind. Die Pflanzen sind in alphabetischer Reihenfolge ihrer botanischen Namen gelistet. Pflanzen mit zwei Namen finden sich unter dem gebräuchlichsten Namen, das Synonym wird in Klammern genannt.

Es steht außerdem in der richtigen alphabetischen Reihenfolge mit Querreferenzen auf die Haupteintragung. Der volkstümliche deutsche Name wird ebenfalls angegeben.

Beschreibungen

Jeder Baum und Strauch, auch die von »Bonsai-Baumarten von A–Z«, wird kurz beschrieben und Charakteristika wie Wachstumsrate, Größe, Winterhärte, Blattform und -größe, Herbstfärbung oder eine andere Färbung werden aufgezeigt. Ebenso werden Rindenstruktur und Blüten und Früchte ausführlich beschrieben.

Stilarten und Größen

Anstelle von absoluten Definitionen werden Stilarten empfohlen, die erfolgreich sind; die Baumart und der Charakter des individuellen Baumes wird Ihre Wahl beeinflussen. Weitere Einzelheiten lesen Sie auf den Seiten 116–121. Gute »Akzent«- und Komplementärpflanzen sind aufgelistet. Die vorgeschlagenen Größen richten sich nach der natürlichen Größe des Baumes und der Feinheit seiner Äste und Zweige. Die Größen sind eingeteilt in: sehr groß – über 90 cm; groß – 45 bis 90 cm; mittelgroß – 20 bis 45 cm; klein – 10 bis 20 cm und sehr klein – bis zu 10 cm.

Pflegehinweise

Die Bedürfnisse der Pflanze und die Vermehrung wird unter denselben Symbolen wie bei »Bonsai-Baumarten von A–Z« geführt (siehe Kasten unten). Weitere Pflegeeinzelheiten sind auf den Seite 170–183 beschrieben. Wenn sich zwei Zuchtformen zur gleichen Stilart oder Größe eignen und ähnliche Pflegebedürfnisse haben, werden diese Einzelheiten nicht wiederholt. Stattdessen gibt es eine Querreferenz auf die erste Eintragung, auf dieses Verzeichnis oder auf »Bonsai-Baumarten von A–Z«. Wenn sich ein Aspekt der Pflege, des Stils oder der Größe von der ersten Eintragung unterscheidet, wird er bei diesem Verzeichnis benannt.

Pflegesymbole

⬤ Standort	💧 Gießen	⊞ Düngen
▣ Umtopfen	✂ Schnitt	⊡ Vermehrung

Allgemeine Beschreibung
Die natürliche Beschaffenheit, Winterhärte, Blattypen, Blüten und Früchte, sind hier aufgeführt, ebenso passende Stilarten und Größen.

Identifikation
Dieses Verzeichnis ist eine alphabetische Reihenfolge der botanischen Namen (in fettgedruckter Kursivschrift). Die volkstümlichen (deutschen) Namen (in Kursivschrift) folgen den botanischen Namen.

Ulmus × elegantissima 'Jaqueline Hillier'
Jaqueline Hillier-Ulme
Ein laubabwerfender Baum mit zierlicher, dichter Beschaffenheit und kleinen, gezahnten Blättern. Für alle Stilarten und Größen geeignet.
⬤ Volle Sonne. Vor Frost schützen.
💧 Während der Wachstumsperiode täglich gießen. Bei heißem Wetter häufiger. Im Winter feucht halten.
⊞ Im ersten Monat nach dem Öffnen der Knospen wöchentlich düngen, danach 14-tägig bis zum Spätsommer.
▣ Jedes Jahr im zeitigen Frühjahr. Durchlässige Erde.
✂ Neue Triebe während der Wachstumsperiode zurückschneiden.
⊡ Stecklinge, Pfropfen.

Ulmus glabra *Bergulme*
Im Herbst färben sich die Blätter gelb. Die Rinde ist graubraun. Stilarten, Größen und Pflege wie *Ulmus × elegantissima* 'Jaqueline Hillier'
⊡ Samen, Stecklinge, Wurzelstecklinge

Pflegetips
Die erforderliche Pflege ist unter den zutreffenden Symbolen (siehe oben) aufgelistet. Vermehrungsmethoden nach aufsteigendem Schwierigkeitsgrad genannt.

Querreferenzen
Baumarten oder Zuchtformen mit ähnlicher Stilart, Größe und Pflege haben eine Querreferenz zur ersten Eintragung. Jede Eintragung, die in »Bonsai-Baumarten von A–Z« mit einem Bild versehen ist, hat eine Querreferenz zu den betreffenden Seiten.

Abies alba *Weißtanne*
Eine immergrüne Konifere mit zylindrischen Zapfen und dunkelgrünen, nadelartigen Blättern. Geeignet für streng aufrecht, frei aufrecht, geneigte Form, Halbkaskade, Literatenform, Doppelstamm, Gruppenpflanzung, Floßform, Mehrfachstamm, Saikei. Mittlere bis sehr große Größen.
◉ Halbschatten.
◙ Täglich im Sommer.
⚬ Vom zeitigen Frühjahr bis zur Herbstmitte alle zwei Wochen.
▣ Jedes zweite Jahr im Frühling oder Herbst mit Grunderdmischung.
▧ Neue Triebe während der Wachstumsperiode zurückzupfen.
▤ Samen, Absenken, Stecklinge.

Abies koreana *Koreanische Tanne*
Eine langsamwachsende, kleine, immergrüne Konifere mit dunklen Nadeln. Die Zapfen sind selbst an jungen Bäumen purpurrot. Stilarten, Größen und Pflege wie *Abies alba*.

Abies koreana '**Compact dwarf**' *Koreanische Zwergtanne*
Eine Zwergform von *A. koreana*, die keine Zapfen bildet. Vorgeschlagene Größen: sehr klein und klein. Stilarten und Pflege wie *A. alba*.
▣ Pfropfen.

Abies lasiocarpa *Felsengebirgstanne*
Eine immergrüne Konifere mit graugrünen, nadelartigen Blättern. Stilarten, Größe und Pflege wie *A. alba*.

Abies lasiocarpa var. *arizonica* *Arizona- oder Korktanne*
Eine Varietät mit silbergrauen, nadelartigen Blättern und einer dicken, korkigen Rinde. Stilarten, Größe und Pflege wie *A. alba*.

Abies lasiocarpa var. *arizonica* '**Compacta**' *Zwergkorktanne*
Eine Zwergform mit bemerkenswerten silbrigen, blaugrauen Nadeln. Stilarten, Größe und Pflege wie *A. alba*.
▣ Pfropfen.

Acer buergerianum *Dreispitzahorn*
Ein laubabwerfender Baum mit wunderschönen Herbstfarben in Orange und Rot (Seite 40/41).

Acer buergerianum formosanum *Formosa-Dreispitzahorn*
Eine kompaktere Unterart mit dicken, lederartigen Blättern. Für Stilarten und Pflege siehe Seite 40/41.

Acer buergerianum '**Mino Yatsubusa**' *Zwergdreispitzahorn*
Diese Zwergform hat eine spitze Krone. Im Herbst sehen seine langen, schmalen, glänzenden Blätter aus, als seien sie rot- und orangelackiert. Für Stilarten, Größen und Pflege Seite 40/41.

Acer campestre *Feldahorn*
Ein kleiner, laubabwerfender Baum mit einer ziemlich groben Aststruktur. Im Herbst werden die Blätter leuchtend gelb (Seite 42).

Acer davidii *Davidsahorn*
Ein laubabwerfender Baum mit schlangenartiger, grünweiß gestreifter Rinde. Die Blätter sind herzförmig und haben rote Blattstiele. Im Herbst werden sie leuchtend gelb. Geeignet für alle Stilarten außer der Besenform. Für mittlere bis große Größen, auch für sehr kleine Bonsai. Pflege Seite 42.

Acer ginnala *Amurahorn*
Ein laubabwerfender Baum, der dem *A. buergerianum* sehr ähnelt, aber frostresistenter ist und oft als Ersatz in kälteren Klimabereichen gepflanzt wird. Stilarten, Größen und Pflege Seite 40/41.
◉ Volle Sonne.
▣ Jährlich im zeitigen Frühjahr. Wasserdurchlässige Erdmischung.

Acer japonicum *Japanischer Ahorn*
Ein laubabwerfender Baum mit fächerartigen Blättern, die im Herbst, orange und leuchtend gelb werden. Alle Stilarten außer der Besenform. Geeignet für mittlere bis große Größen und für sehr kleine Bonsai. Pflege Seite 42.
▣ Samen, Stecklinge, Pfropfen, Absenken, Abmoosen.

Acer japonicum '**Aureum**' *Japanischer Goldahorn*
Eine Varietät mit gelben Blättern, die sich im Herbst orange färben. Stilarten, Größen und Pflege Seite 42.
▣ Pfropfen, Absenken, Abmoosen, Stecklinge.

Acer palmatum *Fächerahorn*
Diese klassische Bonsai-Art ist ein laubabwerfender Baum mit fünflappigen Blättern, die im Herbst rot werden. Die Rinde wird im Alter silbrig. Es gibt über 250 Zuchtformen (Seiten 43–45).

Acer palmatum '**Chishio**' *Japanischer Fächerahorn*
Ähnlich wie die oben genannten Arten, aber mit karmesinrotem Frühlingslaub. Einst der häufigste rote Fächerahorn bei Bonsai, jetzt aber von 'Deshojo' verdrängt. Stilarten, Größen und Pflege Seite 44/45.
▣ Pfropfen, Stecklinge, Absenken, Abmoosen.

Acer palmatum '**Deshojo**' *Roter Fächerahorn*
Die winterhärteste der *Palmatum*-Arten mit rotem Frühlingslaub, das besonders brillant ist. Stilarten, Größen und Pflege Seite 44/45
▣ Pfropfen, Stecklinge, Absenken, Abmoosen.

Acer palmatum '**Dissectum**' *Schlitzblättriger Fächerahorn*
Dieser Ahorn hat feingeschlitzte grüne Blätter mit sieben bis elf Lappen. Im Herbst werden sie rot. Die besten Stilarten sind frei aufrecht, geneigte Form, Halb-

kaskade, Kaskade, Doppelstamm und Gruppenpflanzung. Alle Größen sind geeignet. Pflege Seite 44/45.
☒ Pfropfen, Stecklinge, Absenken, Abmoosen.

Acer palmatum 'Dissectum atropurpureum' *Schlitzblättriger roter Fächerahorn*
Eine Varietät mit purpurroten Blättern, die im Herbst orangefarben werden. Geeignet für frei aufrechte und geneigte Form, Halbkaskade, Kaskade, Doppelstamm, Mehrfachstämme und alle Größen. Pflege Seite 44/45.
☒ Pfropfen, Stecklinge, Absenken, Abmoosen.

Acer palmatum 'Dissectum atropurpureum' 'Inaba shidare' *Schlitzblättriger Roter Fächerahorn*
Die Blätter dieser hervorragenden Zuchtform haben den ganzen Frühling und Sommer ein tiefes Purpurrot und werden im Herbst karmesinrot. Frei aufrecht und geneigte Form, Halbkaskade, Kaskade, Doppelstamm und Mehrfachstamm sind die Stilarten. Für alle Größen geeignet. Pflege Seite 44/45.
☒ Pfropfen, Stecklinge, Absenken, Abmoosen.

Acer palmatum 'Kagiri Nishiki' *Kagiri-Nishiki-Fächerahorn*
Die Blätter haben ein tiefes Blaugrün mit cremeweißem und rosagesprenkeltem Rand. Im Herbst werden die Blätter rosenrot. Stilarten, Größen und Pflege Seite 43.

Acer palmatum 'Kashima' *Kashima Fächerahorn*
Eine sehr kleine Zwergform mit Blättern, die im zeitigen Frühjahr ein helles Gelbgrün mit rötlichen Rändern haben. Die Blattfarbe vertieft sich zu einem saftigen Grün und wird im Herbst hellgelb. Frei aufrecht, geneigte Form, Halbkaskade, Kaskade, Doppelstamm und Mehrfachstamm sind die besten Stilarten. Für alle Größen geeignet. Pflege Seite 45.
☒ Pfropfen, Stecklinge, Absenken, Abmoosen.

Acer palmatum 'Katsura' *Katsura-Fächerahorn*
Das Laub dieser 'Yatsubusa'-Zwergform ist im Frühling aprikosenfarbig und wird im Herbst orange und gelb. Gestalten Sie diesen Strauch frei aufrecht, geneigt, als Halbkaskade, Kaskade, Doppelstamm und als Mehrfachstamm und in allen Größen. Pflege Seite 44/45.
☒ Pfropfen, Stecklinge, Absenken, Abmoosen.

Acer palmatum 'Kiyohime' *Kiyohime-Fächerahorn*
Er ist eine der ersten Zuchtformen von 'Yatsubusa' und sehr klein. Er wächst waagerecht ohne einen Leittrieb in der Mitte. Für alle Stilarten außer der Literatenform und ganz besonders für die Besenform geeignet. Pflege Seiten 43-45.
☒ Stecklinge, Pfropfen, Absenken, Abmoosen.

Acer palmatum 'Kotohime' *Kotohime-Fächerahorn*
Eine sehr kleine 'Yatsubusa'-Form. Stark aufrecht wachsend. Eine der kleinblättrigsten Arten. Alle Stilarten außer Halbkaskade, Kaskade und Literatenstil. Sehr kleine und kleine Größen. Pflege Seite 44/45.
☒ Pfropfen, Stecklinge, Absenken, Abmoosen.

Acer palmatum 'Nishiki gawa' *Kiefernrinden-Ahorn*
Die korkige Rinde wird schon bei jungen Bäumen sehr dick. Die Blätter werden im Herbst rot. Die besten Stilarten sind frei aufrecht, geneigt, Halbkaskade, Kaskade, Doppelstamm und Mehrfachstamm. Für alle Größen. Pflege Seite 44/45.
☒ Stecklinge, Pfropfen, Absenken, Abmoosen.

Acer palmatum 'Sango Kaku' *Sango-Kaku-Fächerahorn*
Eine Zuchtform mit lebhafter rosa Rinde. Die rosa Zweige finden im Winter die meiste Beachtung. Im Frühling haben die grünen Blätter einen roten Rand. Stilarten, Größen und Pflege Seite 44/45.
☒ Pfropfen, Stecklinge, Absenken, Abmoosen.

Acer palmatum 'Seigen' *Seigen-Fächerahorn*
Im Frühling ist das Laub durchscheinend rosa und rot und besonders windempfindlich. Im Herbst wird es rot und orange. Stilarten, Größen und Pflege Seite 44/45.
☒ Pfropfen, Stecklinge, Absenken, Abmoosen.

Acer palmatum 'Shigitatsu Sawa' *Shigitatsu-Sawa-Fächerahorn*
Ein Ahorn mit gelbgrünen Blättern und hellgrünen Blattadern. Die Herbstfarbe ist rot. Stilarten, Größen und Pflege Seite 44/45.
☒ Pfropfen, Stecklinge, Absenken, Abmoosen

Acer palmatum 'Ukigomo' *Ukigomo-Fächerahorn*
Die hellgrünen Blätter haben feine weiße und rosa Flecken. Einige ganz weiß oder rosa. Stilarten, Größen und Pflege Seite 44/45.
☒ Pfropfen, Stecklinge, Absenken, Abmoosen.

Acer palmatum 'Ukon' *Ukon-Fächerahorn*
Im Herbst werden die limonengrünen Blätter gelb und goldfarben. Die Äste und Zweige sind auch limonengrün. Stilarten, Größen und Pflege Seite 44/45.
☒ Pfropfen, Stecklinge, Absenken, Abmoosen.

Acer trifidium siehe bei *Acer buergerianum*

Amelanchier lamarckii *Felsenbirne*
Der laubabwerfende Strauch hat im Frühjahr duftende, weiße Blüten und im Herbst rote Früchte. Geeignete Stilarten sind frei aufrecht, geneigt, Halbkaskade, Kaskade, Wurzel-über-dem-Felsen, Doppelstamm, Floßform, Gruppenpflanzungen und Saikei. Sehr kleine bis große Größen.
● Volle Sonne.
◮ Täglich während der Wachstumsperiode.
♣ Vom Frühling bis zum Herbst alle zwei Wochen.
■ Jedes zweite Jahr im zeitigen Frühjahr. Grunderdmischung.
▧ Nach der Blüte neue Triebe zurückschneiden.
☒ Aussaat, Stecklinge, Absenken, Abmoosen.

Andromeda japonica siehe *Pieris japonica*

Andromeda polifolia Moor-(Heide-) Lavendel
Ein Strauch mit schmalen, immergrünen Blättern. Im Frühsommer bringt er rosa, heideartige Blüten hervor. Kalkmeidend. Gute Stilarten sind Mehrfachstamm und Saikei; wird auch als Akzentpflanze verwendet. Für sehr kleine und kleine Größen.
◉ Halbschatten.
◔ Erde während der Wachstumsperiode feucht halten.
⊡ Im Sommer monatlich mit Spezialdünger.
▣ Jedes Frühjahr mit kalkfreier Erdmischung.
▧ Nach der Blüte neue Triebe zurückschneiden.
▨ Stecklinge, Teilen.

Arundinaria nitida (Sinanundinaria nitita) Bambus
Grasartige immergrüne Blätter an starken, gewölbten Rohren (Seite 46/47).

Arundinaria pygmaea (Pleioblastus pygmaeus) Zwergbambus
Diese Zwergart wächst in der freien Natur bis zu einer Höhe von 25 cm, aber in einer flachen Schale bleibt sie viel niedriger. Geeignet für Mehrfachstamm-Stil in sehr kleinen und kleinen Größen. Pflege Seite 46/47.

Azalea indica siehe **Rhododendron indicum**

Berberis buxifolia Berberitze
Die buchsartigen Blätter an diesem halb-immergrünen Strauch sind oben dunkelgrün und auf der Unterseite grau. Im Frühling hat der Strauch gelbe Blüten und im Herbst purpurfarbene Früchte. Geeignete Stilarten sind frei aufrecht, geneigt, Wurzel-über-dem-Felsen-Stil, felsumfassende Form, Doppelstamm, Mehrfach-stamm, Floßform, Gruppenpflanzungen, gewundene Form und Saikei. Größen: sehr klein bis mittelgroß.
◉ Volle Sonne oder Schatten.
◔ Täglich während der Wachstumsperiode.
⊡ Jede zweite Woche im Sommer.
▣ Jedes zweite Jahr im Frühling bevor die Knospen aufbrechen. Grunderdmischung.
▨ Aussaat, Stecklinge, Teilen, Absenken.

Berberis darwinii Berberitze
Dieser immergrüne Strauch hat dunkelgrüne, stech-palmenartige Blätter. Im zeitigen Frühjahr ist er mit Trauben von goldorangefarbenen Blüten bedeckt. Im Herbst hat er blaue Früchte. Stilarten, Größen und Pflege siehe B. buxifolia.

Berberis thunbergii Berberitze
Im Herbst werden die Blätter dieses dornigen Strauches rot, bevor sie abfallen. Im Frühling hat der Strauch kleine, gelbe Blüten und im Herbst leuchtend rote Früchte. Stilarten, Größen und Pflege siehe B. buxifolia.

Berberis thunbergii 'Bagatelle' Zwergberberitze
Das kompakte Laub dieser sehr winterharten Zwergart ist im Frühling purpurrot und wird im Sommer dunkel-rot. Am besten sind sehr kleine und kleine Größen. Stilarten und Pflege siehe B. buxifolia.
▨ Stecklinge, Teilen, Absenken.

Betula nana Zwergbirke
Die winzigen, gezahnten Blätter dieses Strauches sind im Herbst, bevor sie abfallen, sattgold. Der Stamm ist kupferfarben (Seite 48).

Betula pendula Weißbirke
Dieser laubabwerfende Baum hat eine ausgeprägte, silbrig-weiße Rinde und herzförmige Blätter, die im Herbst goldfarben sind (Seite 49).

Bougainvillea × buttiana Bougainvillie
Diese zarte Kletterpflanze hat tiefrote, blütenartige Deckblätter und halb-immergrüne, ovale Blätter. Sie eignet sich für alle Stilarten außer streng aufrecht, Besenform und Literaturform und für mittlere bis sehr große Größen.
◉ Volle Sonne. Mindesttemperatur 7 °C.
◔ Täglich im Sommer, im Winter sparsam.
⊡ Vierzehntägig im Sommer.
▣ Alle drei bis vier Jahre im Frühling mit wasser-durchlässiger Erdmischung.
▧ Für kompakteren Wuchs wuchernde Triebe fortwährend zurückschneiden.
▨ Stecklinge.

Bougainvillea × buttiana 'Orange King' Bougainvillie 'Orange King'
Die blütenartigen Deckblätter sind an dieser Art orangefarben. Stilarten, Größen und Pflege wie B. buttiana.

Bougainvillea glabra Bougainvillie
Diese zarte Kletterpflanze hat halb-immergrüne, ovale Blätter und kirschrote, blütenartige Deckblätter. Stilar-ten, Größen und Pflege wie B. buttiana.

Bougainvillea glabra 'Magnifica' Bougainvillie
Die blütenartigen Deckblätter dieser Zuchtform sind rosenrot. Stilarten, Größen und Pflege wie B. buttiana.

Bougainvillea glabra 'Snow White' Weiße Bougainvillie
Eine Zuchtform mit weißen, blütenartigen Deckblät-tern. Stilarten, Größen und Pflege wie B. buttiana.

Buxus microphylla Kleinblättriger Buchsbaum
Dieser kompakte Strauch hat immergrüne, kleine, läng-liche, dunkelgrüne Blätter. Er eignet sich für frei auf-rechte Form, geneigte Form, Halbkaskade, Wurzel-über-dem-Felsen-Stil, felsumfassende Form, Doppel-stamm, Mehrfachstamm, Gruppenpflanzungen und Saikei sowie für alle Größen.
◉ Volle Sonne oder Schatten. Vor Frost und kaltem Wind schützen.
◔ Täglich während der Wachstumsperiode. Im Winter immer feucht halten.
⊡ Alle zwei Wochen in der Wachstumsperiode.
▣ Jedes zweite Jahr im Frühling. Grunderdmischung.
▧ Neue Triebe ständig zurückschneiden.
▨ Stecklinge, Teilen, Absenken.

Buxus sempervirens *Buchsbaum*
Dieser kleine, immergrüne Baum oder Strauch mit winzigen, dunkelgrünen Blättern ist von *B. microphylla* kaum zu unterscheiden, aber einfacher zu bekommen. Stilarten, Größen und Pflege wie bei *B. microphylla*.

Calluna vulgaris *Heidekraut*
Die vielen Zuchtformen dieses kleinen, immergrünen kalkmeidenden Strauches haben feinstrukturiertes Laub in verschiedenen Farben. Oft sind die Blüten purpurrot, können aber auch rosa, weiß oder rot sein. Die Stengel sind verholzt. Geeignete Stilarten sind frei aufrecht, geneigt, Halbkaskade, Literatenform, felsumfassende Form, Doppelstamm, Mehrfachstamm und Saikei. Sie wird auch als Akzentpflanze benutzt. Nur in sehr kleinen und kleinen Größen gestalten.
- ◉ Volle Sonne.
- ◌ Täglich im Sommer.
- ⬥ Nicht düngen, Düngung verhindert Blütenbildung.
- ▣ Alle drei bis vier Jahre mit kalkfreier Erdmischung.
- ◫ Laub zurückschneiden, damit es kompakt bleibt.
- ▣ Stecklinge, Absenken, Samen.

Calluna vulgaris 'County Wicklow' *'County-Wicklow'-Heide*
Im Sommer hat diese kompakte Zwergheide doppeltgefüllte, rosa Blüten. Stilarten, Größen und Pflege wie *C. vulgaris*.
- ▣ Stecklinge.

Calluna vulgaris 'Foxii Nana' *Zwergheide*
Diese Heide wird mehr wegen ihres feinen, moosartigen Laubes als wegen der hell-purpurfarbenen Blüten, die nur selten erscheinen, gezogen. Die besten Stilarten sind die felsumfassende Form und Saikei. Größen und Pflege wie *C. vulgaris*.
- ▣ Stecklinge.

Camellia japonica *Kamelie*
Ein beeindruckender, kalkmeidender Strauch mit glänzenden, immergrünen Blättern. Im Frühling hat die Kamelie rosafarbene, rote oder weiße Blüten. Geeignete Stilarten sind frei aufrecht, geneigt, Halbkaskade, Kaskade, Doppelstamm und Mehrfachstamm. Für große und sehr große Größen.
- ◉ Halbschatten. Vor Frost schützen.
- ◌ Täglich während der Wachstumsperiode mit kalkfreiem Wasser. Im Winter die Erde immer feucht halten.
- ⬥ Alle zwei Wochen während der Wachstumsperiode mit Spezialdünger.
- ▣ Alle zwei bis drei Jahre im Spätfrühling mit kalkfreier Erdmischung.
- ◫ Nach der Blüte neue Triebe zurückschneiden.
- ▣ Stecklinge, Absenken, Samen.

Camellia reticulata *Kamelie*
Ein kalkmeidender, immergrüner Strauch mit großen, einfachen oder gefüllten Blüten in rot oder rosa. Stilarten, Größen und Pflege wie *C. japonica*.
- ▣ Jährlich im Spätfrühling mit kalkfreier Erdmischung.

Camellia sasanqua *Kamelie*
Es ist die kleinste Kamelie, sie wird daher oft für Bonsai benutzt. Der Strauch ist kalkmeidend und immergrün mit kleinen, duftenden, weißen Blüten im Winter und im zeitigen Frühjahr. Sie braucht mehr Winterschutz als andere Kamelien. Stilarten, Größen und Pflege wie *C. japonica*.
- ◉ Halbschatten. Vor Frost und kaltem Wind schützen.

Caragana arborescens *Chinesischer Erbsenbaum*
Dieser strauchartige, laubabwerfende Baum hat zusammengesetzte Blätter und gelbe Blüten. Er kommt aus Sibirien, ist sehr widerstandsfähig und kann Minustemperaturen aushalten. Als Zimmerbonsai verträgt er auch hohe Temperaturen (Seite 50).

Caragana chamlagu siehe *C. sinica*

Caragana sinica (C. chamlagu) *Mongolischer Erbsenstrauch*
Dieser Strauch hat glänzende, ovale, gezahnte, dunkelgrüne Blätter und dünne Äste. Er ist halb-immergrün. Stilarten, Größen und Pflege Seite 50.
- ◉ Voll sonnig, drinnen oder draußen. Vor Frost und eisigen Winden schützen.

Carmona microphylla (Ehretia buxifolia) *Fukientee*
Der zarte, immergrüne Strauch besitzt kleine, glänzende, dunkelgrüne Blätter, weiße Blüten und rote Früchte (Seite 51).

Carpinus betulus *Hainbuche*
Dieser Baum hat eine graugestreifte, gefurchte Rinde. Die gerillten, ovalen Blätter werden im Herbst gelb. Stilarten, Größen und Pflege Seite 52.

Carpinus japonica *Japanische Hainbuche*
Ein laubabwerfender Baum mit gerillten Blättern und langen Kätzchen im Frühjahr. Stilarten, Größen und Pflege Seite 52.

Carpinus laxiflora *Japanische lockerblütige Hainbuche*
Diese Hainbuche hat einen glatten Stamm und ziemlich kleine, glänzende Blätter. Die lockeren Blütenbüschel werden im Herbst zu langen, grünen Fruchtständen. Stilarten, Größen und Pflege Seite 52.

Carpinus turczaninowii *Koreanische Hainbuche*
Die zarten, feinverzweigten Ästen tragen sehr kleine Blätter, die sich im Herbst orangerot färben. Stilarten, Größen und Pflege Seite 52.

Castanea *Kastanie*
Ein laubabwerfender Baum mit großen, gezahnten Blättern. Er hat im Frühling weiße oder rote Blüten. Frei aufrecht, geneigt, Halbkaskade, Doppelstamm, Mehrfachstamm und Gruppenpflanzung sind geeignete Stilarten in großen und sehr großen Größen.
- ◉ Volle Sonne.
- ◌ Täglich während der Wachstumsperiode.
- ⬥ Alle zwei Wochen während der Wachstumsperiode.

▣ Jedes zweite Jahr im Frühling mit Grund-
erdmischung.
▧ Neue Triebe ständig zurückschneiden.
▤ Samen.

Cedrus atlantica *Atlaszeder*
Diese immergrüne Konifere hat eine graue Rinde,
nadelartige Blätter und zylindrische Zapfen (Seite 53).

Cedrus atlantica 'Glauca' *Blauzeder*
Eine Zedernart mit blaugrauer Rinde und blaugrauem
Laub. Stilarten, Größen und Pflege Seite 53.
▤ Pfropfen.

Cedrus deodora *Himalajazeder*
Eine immergrüne Konifere mit hängenden Ästen. Der
Hauptstamm ist mit langen Nadeln bedeckt. Stilarten,
Größen und Pflege Seite 53.

Cedrus libani *Libanonzeder*
Diese langlebige, langsamwachsende, immergrüne
Konifere hat dunkelgrüne Nadeln. Die Äste breiten sich
horizontal aus. Stilarten, Größen und Pflege Seite 53.

Cedrus libani ssp. **brevifolia** *Zypernzeder*
Diese langsamwachsende, immergrüne Konifere hat
sehr kurze, dunkelgrüne Nadeln. Geeignet für sehr
kleine bis große Größen. Stilarten und Pflege Seite 53.
▤ Pfropfen.

Celastrus orbiculatus *Baumwürger*
Diese laubabwerfende Kletterpflanze hat im Herbst
gelbe Blätter. Die grünen Früchte öffnen sich, sind
innen golden gefüttert und haben leuchtend rote Samen
(Seite 54).

Celtis sinensis *Chinesischer Zürgelbaum*
Ein kleiner, laubabwerfender Baum mit zarten Zweigen
und glänzenden Blättern. Er sieht der *Zelkova serrata*
sehr ähnlich und eignet sich für alle Größen und folgende
Stilarten: streng aufrecht, frei aufrecht, geneigt, Halbkas-
kade, Kaskade, Besenform, alle Felsenformen, Doppel-
stamm, Mehrfachstamm, Gruppenpflanzungen und Saikei.
◉ Volle Sonne.
◫ Im Sommer täglich.
▨ Einen Monat lang nach dem Öffnen der Knospen
wöchentlich, im Sommer jede zweite Woche.
▣ Jedes Jahr im zeitigen Frühjahr mit Grunderd-
mischung.
▧ Neue Triebe im Sommer ständig zurückschneiden.
▤ Samen, Stecklinge, Absenken.

Cercidiphyllum japonicum *Katsurabaum*
Dieser laubabwerfende Baum wird oft mit *Cercis
siliquastrum* verwechselt. Seine Blätter sind herzförmig
mit einer abgerundeten Spitze und werden im Herbst
leuchtend gelb und rosa. Empfehlenswerte Stilarten sind
frei aufrecht, geneigt, Halbkaskade, Kaskade, Besenform, Doppelstamm, Mehrfachstamm und Saikei. Für
kleine bis sehr große Größen.
◉ Sonne oder Halbschatten.

◫ Während der Wachstumsperiode täglich, im Winter
sparsam.
▨ Im Sommer alle zwei Wochen.
▣ Alle zwei bis drei Jahre im zeitigen Frühjahr mit
Grunderdmischung.
▧ Ständig neue Triebe zurückschneiden.
▤ Samen, Stecklinge, Absenken, Abmoosen.

Cercis canadensis *Kanadischer Judasbaum*
Blaßrosa Blüten im Frühsommer und glänzend grüne,
herzförmige Blätter schmücken diesen laubabwerfenden
Baum. Am besten sind folgende Stilarten: frei aufrecht,
geneigt, Halbkaskade, Kaskade, Besenform, Wurzel-
über-dem-Felsen, Doppelstamm, Mehrfachstamm und
Gruppenpflanzungen. Für mittlere bis große Größen.
◉ Volle Sonne.
◫ Im Sommer täglich, im Winter sparsam.
▨ Jede zweite Woche während des Sommers.
▣ Jedes zweite Jahr im zeitigen Frühjahr mit
Grunderdmischung.
▤ Samen, Stecklinge, Absenken, Abmoosen.

Cercis siliquastrum *Europäischer Judasbaum*
Dieser laubabwerfende Baum hat kleine, herzförmige
Blätter. Im Frühling trägt er rosa-lilafarbene Blüten an
den unbelaubten Ästen. Stilarten, Größen und Pflege
wie *C. canadensis*.

Chamaecyparis obtusa *Hinoki-Scheinzypresse*
Diese immergrüne Konifere hat flache, fächerartige
Äste. Die Zapfen sind erbsenförmig und die Unterseiten
der schuppenartigen Blätter haben blaue Ränder.
Stilarten, Größen und Pflege Seite 57.

Chamaecyparis obtusa 'Nana Gracilis' *Hinoki-
Zwergscheinzypresse*
Diese langsamwachsende Zuchtart hat eine konische
Form mit glänzendem, dunkelgrünem Laub. Sie eignet
sich besonders für sehr kleine bis mittlere Größen.
Stilarten und Pflege Seite 57.
▤ Pfropfen, Stecklinge.

Chamaecyparis obtusa 'Yatsubusa' *Hinoki-Zwergscheinzypresse*
Eine kompakte Zwergart, die langsam wächst und
konisch geformt ist. Besonders geeignet für sehr kleine
bis mittlere Größen. Stilarten und Pflege Seite 57.
▤ Stecklinge.

Chamaecyparis pisifera *Sawara-Scheinzypresse*
Diese immergrüne Konifere hat schuppenartiges, dunkelgrünes Laub mit weißen Zeichnungen. Die Rinde ist
gefurcht, rotbraun und schält sich ab. Die Zapfen sind
sehr klein. Stilarten, Größen und Pflege Seite 57.
▤ Stecklinge.

Chamaecyparis pisifera 'Boulevard' *Blaumoos-Zypresse*
Weiches, stahlblaues Laub, im Winter purpurrot
gefärbt. Stilarten, Größen und Pflege siehe Seite 57.
▤ Stecklinge.

Chamaecyparis pisifera 'Plumosa' *Plumosa-Scheinzypresse*
An jungen Bäumen ist das wedelartige Laub leuchtend grün. Eine andere Zuchtform, *C.p.* 'Plumosa aurea', hat goldfarbenes Laub. Streng aufrecht, frei aufrecht, geneigt, Doppelstamm, Mehrfachstamm, Floßform, gewundene Form und Saikei sind die besten Stilarten. Für alle Größen. Pflege Seite 57.
⚡ Stecklinge.

Choenomeles japonica *Japanische Zierquitte*
Ein laubabwerfender Strauch mit ovalen Blättern, leuchtend rosa Blüten im zeitigen Frühjahr an unbelaubten Ästen und gelben Früchten. Stilarten, Größen und Pflege Seite 55.

Choenomeles japonica 'Chojubai' *Japanische Zwergzierquitte*
Diese Zwergform hat das ganze Jahr eine Fülle von roten und weißen Blüten. Stilarten, Größen und Pflege Seite 55.
⚡ Stecklinge, Teilen.

Choenomeles sinensis (Cydonia sinensis) *Chinesische Scheinquitte*
Dieser halb-immergrüne Baum hat eine attraktive, schuppige Rinde und glänzende Blätter, die im Herbst von Gold nach Purpurrot wechseln. Er hat im Frühling kleine, rosafarbene Blüten, im Herbst duftende, gelbe Früchte (Seite 56).

Choenomeles speciosa *Blühende Zierquitte*
Dieser laubabwerfende, blühende Strauch hat ovale Blätter und ist *C. japonica* sehr ähnlich. Im zeitigen Frühjahr erscheinen rote Blüten an den unbelaubten Ästen. Im Herbst hat er gelbe Früchte. Stilarten, Größen und Pflege Seite 55.
🌙 Vierzehntägig vom Frühling bis zum Herbst.
⚡ Pfropfen, Stecklinge.

Choenomeles speciosa 'Nivalis' *Weißblühende Nivalis-Zierquitte*
Diese Art hat im zeitigen Frühjahr weiße Blüten, was sehr selten ist; die anderen Arten blühen rosa oder rot. Stilarten, Größen und Pflege Seite 55.
🌙 Vierzehntägig vom Frühling bis zum Herbst.
⚡ Pfropfen, Stecklinge.

Choenomeles × superba (C. japonica × C. speciosa) *Blühende Zierquitte*
Alle diese kleinen bis mittelgroßen, blühenden Sträucher haben ovale Blätter, aber Blüten in verschiedenen Farben. Stilarten, Größen und Pflege Seite 55.

Choenomeles × superba 'Crimson and Gold' *Blühende Zierquitte*
Eine Art mit dunkelroten Blüten und sehr deutlichen gelben Staubgefäßen. Stilarten, Größen und Pflege Seite 55.
⚡ Pfropfen, Setzlinge.

Choenomeles × superba 'Etna' *Blühende Zierquitte*
Diese Züchtung hat zinnoberrote Blüten. Stilarten, Größen und Pflege Seite 55.
⚡ Pfropfen, Stecklinge.

Choenomeles × superba 'Incendie' *Blühende Zierquitte*
Halbgefüllte Blüten in orange-rot schmücken diese Zuchtart. Stilarten, Größen und Pflege Seite 55.
⚡ Pfropfen, Stecklinge.

Choenomeles × superba 'Pink Lady' *Blühende Zierquitte*
Eine Züchtung mit rosaroten Blüten. Stilarten, Größen und Pflege Seite 55
⚡ Pfropfen, Stecklinge.

Cornus kousa *Japanischer Hartriegel*
Dieser laubabwerfende Strauch hat im Frühsommer zahlreiche weiße Blüten. Im Herbst wird das Laub bronzefarben und rot. Die besten Stilarten sind frei aufrecht, geneigt, Halbkaskade, Kaskade, Wurzel-über-dem-Felsen, Gruppenpflanzung und Mehrfachstamm.
● Volle Sonne, im Sommer leichter Schatten.
◍ Im Sommer täglich. Niemals austrocknen lassen.
🌙 Alle zwei Wochen im Sommer.
▪ Jedes zweite Jahr im Frühling mit Grunderdmischung.
✂ Nach der Blüte neue Triebe zurückschneiden.
⚡ Stecklinge, Absenken.

Cornus officinalis *Hartriegel (Japanische Kornelkirsche)*
An diesem laubabwerfenden Strauch oder kleinen Baum erscheinen im zeitigen Frühjahr an den unbelaubten Ästen Büschel von gelben Blüten. Im Herbst werden das Laub und die Früchte rot. Geeignete Stilarten sind frei aufrecht, geneigt, Halbkaskade, Kaskade, Wurzel-über-dem-Felsen, Doppelstamm, Mehrfachstamm, Gruppenpflanzung, Floßform und auch die gewundene Form. Gestalten Sie die Pflanze in mittleren bis sehr großen Größen.
● Volle Sonne, im Sommer schattieren.
◍ Im Sommer täglich. Im Winter feucht halten.
🌙 Jede zweite Woche im Sommer.
▪ Jedes zweite Jahr im zeitigen Frühjahr oder Frühherbst mit Grunderdmischung.
✂ Nach der Blüte neue Triebe zurückschneiden.
⚡ Absenken, Samen.

Corylopsis pauciflora *Scheinhasel*
An diesem laubabwerfenden, kalkmeidenden Strauch sind die kleinen ovalen Blätter in der Jugend rosa. Im zeitigen Frühjahr trägt er duftende, gelbe Blüten. Geeignet für frei aufrecht, geneigt, Wurzel-über-dem-Felsen, Doppelstamm, Mehrfachstamm, Gruppenpflanzungen und gewundene Form. Mittlere bis sehr große Größen.
● Volle Sonne.
◍ Während der Wachstumsperiode täglich mit kalkfreiem Wasser.
🌙 Mit einem Spezialdünger alle zwei Wochen während der Wachstumsperiode.

▣ Jedes zweite Jahr im Frühling mit kalkfreier Erdmischung.

▧ Nach der Blüte neue Triebe zurückschneiden.

▨ Stecklinge, Absenken, Abmoosen.

Corylopsis spicata Scheinhasel
Ein laubabwerfender Strauch mit ovalen Blättern und duftenden, glänzenden, gelben Blüten im Frühling. Für die Gestaltung eignen sich frei aufrecht, geneigt, Halbkaskade, Kaskade, Wurzel-über-dem-Felsen, Doppelstamm, Floßform, gewundene Form und Gruppenpflanzungen. Die besten Größen sind mittel- bis sehr groß.

◉ Volle Sonne, im Sommer schattieren.

◐ Im Sommer täglich.

▲ Im Sommer alle zwei Wochen.

▣ Nach der Blüte jedes zweite Jahr mit Grunderdmischung.

▧ Nach der Blüte neue Triebe zurückschneiden.

▨ Stecklinge, Absenken, Abmoosen.

Corylus avellana Haselnuß
Dieser laubabwerfende Strauch ist im Sommer als Bonsai unattraktiv, da er große, grobe Blätter hat. Im Winter schätzt man seine Struktur und seine Zweige. Im Spätwinter hat er gelbe »Kätzchen« und im Herbst Nüsse. Er eignet sich für alle Stilarten, außer der Besenform und der Literatenform. Für mittlere bis sehr große Größen.

◉ Volle Sonne, im Sommer schattieren.

◐ Im Sommer täglich, Erde besonders dann feuchthalten, wenn sich Nüsse entwickeln.

▲ Während der Wachstumsperiode alle zwei Wochen.

▣ Jährlich im zeitigen Frühjahr mit Grunderdmischung.

▧ Neue Triebe ständig zurückschneiden.

▨ Samen, Stecklinge, Absenken.

Corylus heterophylla Japanische Hasel
Ähnlich der *C. avellana*, aber kleinere Blätter. Stilarten, Größen und Pflege wie *C. avellana*.

Cotinus coggygria Perückenstrauch
Ein laubabwerfender Strauch mit weichen, abgerundeten Blättern, die im Herbst orangerot werden. Im Sommer sehen die federartigen Blüten wie Rauchwolken aus. Für frei aufrecht, geneigt, Halbkaskade, Kaskade, Doppelstamm und Mehrfachstamm, für mittlere bis sehr große Bonsai.

◉ Sonne oder Schatten.

◐ Im Sommer täglich.

▲ Vom Frühling bis zum Blütenbeginn alle zwei Wochen, danach monatlich bis zum Spätsommer.

▣ Im zeitigen Frühjahr jedes zweite Jahr mit Grunderdmischung.

▧ Während der Wachstumsperiode neue Triebe zurückschneiden.

▨ Stecklinge, Samen.

Cotoneaster adpressus Zwergmispel
Im zeitigen Frühjahr hat dieser laubabwerfende Strauch rosa Blüten. Im Herbst trägt er glänzend rote Früchte; die kleinen Blätter werden scharlachrot. Stilarten, Größen und Pflege Seite 58/59.

Cotoneaster congestus Zwergmispel
Dieser winzige, immergrüne Strauch hat ovale Blätter, weiße Blüten und rote Früchte. Stilarten, Größen und Pflege Seite 58/59.

Cotoneaster conspicuus 'Decorus' Zwergmispel
Ein kleinblättriger, immergrüner Strauch mit duftenden, weißen Blüten, die ganz geöffnet einer Wildrose gleichen. Die Früchte sind rot. Stilarten, Größen und Pflege Seite 58/59.

▣ In den ersten zehn Jahren immer im Spätfrühling, danach, wenn es notwendig wird.

Cotoneaster horizontalis Fächerzwergmispel
Dieser immergrüne Strauch hat kleine, runde, dunkelgrüne Blätter, die im Herbst rot werden. Im Frühling trägt er rosa Blüten, die zu roten Früchten werden Seite 58/59.

Cotoneaster horizontalis 'Variegatus' Buntgefärbte Fächerzwergmispel
Eine Form mit rosa und roten Früchten und Blättern, die grün und cremefarbig gemustert sind. Nicht so kräftig wie *C. horizontalis*. Stilarten, Größen und Pflege Seite 58/59.

Cotoneaster microphyllus Kleinblättrige Zwergmispel
Dieser immergrüne Strauch hat schmale, zugespitzte, glänzende, dunkelgrüne Blätter. Die Blüten sind weiß, die Früchte rot. Stilarten, Größen und Pflege Seite 58/59.

Cotoneaster praecox Zwergmispel
Die Herbsttönung dieses kleinen, laubabwerfenden, blühenden Strauches ist brillanter als bei *C. adpressus* und die Früchte sind leuchtender. Stilarten, Größen und Pflege Seite 58/59.

Cotoneaster simmonsii Zwergmispel
Ein halb-immergrüner Strauch mit kleinen, lederartigen Blättern, die im Herbst scharlachrot werden. Rosa Blüten, rote Früchte. Stilarten, Größen und Pflege Seite 58/59.

Cotoneaster 'Skogholm' Zwergmispel
Große, korallenrote, ovale Früchte sind die Hauptmerkmale dieses immergrünen, blühenden Zwergstrauches (Seite 58/59).

Crassula arborescens Jadebaum
Eine immergrüne Sukkulente mit glatten, abgerundeten Blättern und blaßrosa Blüten (Seite 60).

Crassula sarcocaulis *Jadebaum*
Diese immergrüne Zwergsukkulente hat graugrüne
Blätter. Die rosa Blüten sind schön, riechen aber unan-
genehm. Am besten für frei aufrechte Form, Doppel-
stamm und Mehrfachstamm. Für sehr kleine bis
mittelgroße Bonsai.
● Volle Sonne; toleriert Kälte, wenn sie trocken
gehalten wird, ansonsten Winterschutz.
◊ Mäßig, alle drei bis vier Wochen, wenn es kühl ist.
⚡ Vom Spätfrühling bis zum Herbstanfang einmal im
Monat.
▣ Jedes zweite Jahr im Frühling.
▧ Im Frühling neue Triebe zurückzupfen, während der
Wachstumsperiode Äste schneiden, Blätter vom Stamm
entfernen.
✄ Stecklinge.

Crataegus cuneata *Japanischer Weißdorn*
Dieser laubabwerfende Baum hat kleine, gelappte
Blätter. Im Frühling blüht er weiß und trägt im Herbst
hagebuttenartige Früchte. Stilarten, Größen und Pflege
Seite 61.

Crataegus laevigata (C. oxyacantha) *Englischer
Weißdorn*
Ein Laubbaum mit weißen Blüten und orangeroten
Früchten im Herbst. Stilarten, Größen und Pflege
Seite 61.
✄ Stecklinge, Samen, Pfropfen (bei Hybriden).

Crataegus laevigata 'Paul Scarlet' *Rotdorn*
Eine Hybride, die zwar scharlachrote, gefüllte Blüten,
aber selten Früchte trägt (Seite 61).

Crataegus monogyna *Eingriffeliger Weißdorn*
Dieser Laubbaum hat sehr stark duftende, weiße
Blüten. Die roten Früchte nennt man Hagebutten.
Stilarten, Größen und Pflege Seite 61.

Crataegus oxyacantha siehe **Crataegus laevigata**

Cryptomeria japonica *Japanische Sicheltanne*
Das nadelartige Laub dieser immergrünen Konifere ist
glänzend blaugrün. Die rotbraune Rinde schält sich in
Streifen ab. Die besten Größen sind mittelgroß bis groß.
Stilarten und Pflege Seite 62/63.
✄ Samen, Stecklinge.

Cryptomeria japonica 'Yatsubusa' *Japanische Zwergsicheltanne*
Diese Zwergform hat einen schmal-konischen Wuchs
und kompaktes Laub (Seite 62/63).

Cycas revoluta *Sagopalme*
Diese zarte, immergrüne Pflanze hat wedelartige Blätter
wie eine Palme. Am geeignetsten ist der Mehrfach-
stamm-Stil. Für kleine bis große Bonsai.
● Volle Sonne. Im Winter warm halten.
◊ Im Sommer zweimal pro Woche, im Winter sehr
sparsam.
⚡ Im Frühling und Sommer einmal im Monat.

▣ Jedes zweite Jahr im Spätfrühling mit Grund-
erdmischung.
▧ Schneiden ist nicht notwendig.
✄ Teilen.

Cydonia oblonga *Quitte*
Ein Laubbaum, der der *Cydonia sinensis*, der Chine-
sischen Scheinquitte, ähnelt. Diese Quitte hat rosa und
weiße einfache Blüten und im Herbst goldgelbe Früchte.
Geeignete Stilarten sind frei aufrecht, geneigt, Halb-
kaskade, Kaskade, Doppelstamm, Mehrfachstamm,
Floßform, gewundene Form und Gruppenpflanzung.
Für mittlere bis sehr große Bonsai.
● Volle Sonne.
◊ Während der Wachstumsperiode täglich.
⚡ Während der Wachstumsperiode alle zwei bis
drei Wochen.
▣ Jedes zweite Jahr im Frühling mit Grund-
erdmischung.
▧ Neue Triebe müssen sich entwickeln und lang
werden, bevor man sie schneidet und drahtet.
✄ Samen, Stecklinge, Absenken, Abmoosen.

Daphne × burkwoodii *Seidelbast*
Dieser halb-immergrüne Strauch hat ovale Blätter und im
Frühsommer duftende, rosa Blüten. Für frei aufrecht,
geneigt, Halbkaskade, Kaskade, Doppelstamm, Mehr-
fachstamm und Saikei. Für kleine bis mittlere Größen.
● Volle Sonne.
◊ Im Sommer täglich.
⚡ Alle zwei Wochen im Sommer.
▣ Jedes zweite Jahr im zeitigen Frühjahr mit
wasserdurchlässiger Erdmischung.
▧ Nach der Blüte neue Triebe zurückschneiden.
✄ Stecklinge, Absenken.

Daphne odora *Seidelbast*
Ein immergrüner Strauch mit duftenden, rosa Blüten,
die im Winter und im zeitigen Frühjahr erscheinen.
Stilarten, Größen und Pflege wie *D. × burkwoodii.*
▣ Jedes zweite Jahr im zeitigen Frühjahr mit
Grunderdmischung.

Deutzia gracilis *Deutzie*
Im Frühsommer hängen reinweiße Blütenbüschel an
diesem laubabwerfenden Strauch. Geeignete Stilarten
sind frei aufrecht, geneigt, Halbkaskade, Kaskade,
Doppelstamm und Mehrfachstamm. Für mittlere bis
große Bonsai.
● Volle Sonne, im Sommer schattieren. Vor Früh-
jahrsfrösten schützen.
◊ Während der Wachstumsperiode täglich.
⚡ Während der Wachstumsperiode alle zwei Wochen.
▣ Jedes Jahr im zeitigen Frühling mit Grunderd-
mischung.
▧ Nach der Blüte stark zurückschneiden. Die
darauffolgenden Triebe einkürzen.
✄ Stecklinge, Absenken.

Deutzia scabra *Deutzie*
Von diesem laubabwerfenden Strauch existieren Zuchtformen mit einfachen und gefüllten Blüten in Weiß und
verschiedenen Rosa-Tönen. Stilarten, Größen und
Pflege wie *D. gracilis*.

Deutzia scabra 'Azaleiflora' *Deutzie*
Eine Zuchtform mit kleinen, weißen Blütenblättern, die
sich nach hinten biegen. Stilarten, Größen und Pflege
wie *D. gracilis*.

Deutzia scabra 'Nikko' *Deutzie*
Diese Zwergform hat weiße Blüten. Stilarten, Größen
und Pflege wie *D. gracilis*.

Deutzia scabra 'Plena' *Deutzie*
Eine Zuchtform mit gefüllten weißen Blüten, die rosa
überzogen sind. Stilarten, Größen und Pflege wie
D. gracilis.

Diospyros kaki *Chinesische Dattelpalme*
Die Herbstfärbung dieses Laubbaumes ist purpurrot
und orange. Die tomatenartigen, eßbaren Früchte sind
orangefarben. Frei aufrecht, geneigt, Halbkaskade,
Kaskade, Literaturform. Doppelstamm, Mehrfach-
stamm, Floßform, gewundene Form und Gruppen-
pflanzungen. Für mittlere bis sehr große Bonsai.
- ◉ Volle Sonne.
- ◔ Während der Wachstumsperiode täglich.
- ⬙ Während der Wachstumsperiode alle zwei Wochen.
- ▣ Jedes zweite Jahr im zeitigen Frühling mit
Grunderdmischung.
- ▧ Im Sommer neue Triebe zurückschneiden.
- ✄ Pfropfen, Absenken, Abmoosen.

Ehretia buxifolia siehe Carmona microphylla

Elaeagnus multiflora *Ölweide*
Dieser laubabwerfende Strauch hat grüne Blätter mit
silbrigen Unterseiten. Im Frühling und im Hochsommer
trägt er kleine, duftende, cremefarbene Blüten, im
Herbst blutrote Früchte (Seite 64).

Elaeagnus pungens *Ölweide*
Die glänzenden Blätter dieses immergrünen Strauches
haben weiße Unterseiten, die braune Flecken aufweisen.
Im Herbst trägt er duftende, cremefarbene Blüten.
Stilarten, Größen und Pflege Seite 64.

Enkianthus campanulatus *Prachtglocke*
Im Herbst werden die kleinen, dunkelgrünen Blätter
dieses kalkmeidenden, laubabwerfenden Strauches
leuchtend gelb, orangerot und purpurrot. Im Frühling
hat er cremigweiße, glockenförmige Blüten. Geeignete
Stilarten sind frei aufrecht, geneigt, Halbkaskade,
Wurzel-über-dem-Felsen-Stil, Doppelstamm,
Mehrfachstamm und Gruppenpflanzungen. Für
kleine bis große Bonsai.
- ◉ Volle Sonne, im Sommer schattieren.
- ◔ Während der Wachstumsperiode täglich.
- ⬙ Alle zwei Wochen im Sommer mit Spezialdünger.

- ▣ Jedes zweite Jahr im zeitigen Frühjahr mit kalkfreier
Erdmischung.
- ▧ Neue Triebe werden in Form geschnitten.
- ✄ Stecklinge, Absenken.

Enkianthus cernuus var. rubens *Rote Prachtglocke*
Dieser kalkabmeidende, laubabwerfende Strauch hat
im Spätfrühling rote Blüten und eine ausgezeichnete
Herbstfärbung. Stilarten, Größen und Pflege wie
E. campanulatus.

Enkianthus perulatus *Weiße Prachtglocke*
Diese kompakte, laubabwerfende Form eignet sich noch
besser als die anderen für Bonsai. Die weißen Blüten
erscheinen gleichzeitig mit den Blättern. Die Pflanze
ist kalkmeidend. Stilarten, Größen und Pflege wie
E. campanulatus.

Escallonia 'Apple blossom' *Escallonia*
Ein immergrüner Strauch mit kleinen, glänzenden Blät-
tern und apfelblütenartigen Blüten in rosa und weiß.
Es gibt viele Zuchtformen und Hybriden mit roten, rosa
oder weißen Blüten. Geeignete Stilarten sind frei auf-
recht, geneigt, Halbkaskade, Kaskade, Doppelstamm
und Mehrfachstamm. Für alle Größen.
- ◉ Volle Sonne. Vor Frost und eisigem Wind schützen.
- ◔ Im Sommer täglich. Im Winter feucht halten.
- ⬙ Während der Wachstumsperiode alle zwei Wochen.
- ▣ Jedes zweite Jahr im zeitigen Frühjahr mit
Grunderdmischung.
- ▧ Nach der Blüte stark zurückschneiden, danach
neue Triebe einkürzen.
- ✄ Stecklinge, Absenken.

Euonymus alata *Geflügelter Spindelstrauch*
Eine faszinierende purpurrot-rosa Herbstfärbung und
eine gefurchte, korkige, geflügelte Rinde schmücken
diesen laubabwerfenden Strauch. Stilarten, Größen
und Pflege Seite 65.
- ✄ Stecklinge, Absenken, Abmoosen.

Euonymus europaea *Pfaffenhütchen*
Ein laubabwerfender Baum mit scharlachroten
Samenkapseln. Stilarten, Größen und Pflege Seite 65.
- ✄ Samen, Stecklinge, Absenken, Abmoosen.

Euonymus hamiltonianus ssp. sieboldianus *Japanischer Spindelbaum*
Blaßgrüne Blüten, rosa-weiße Früchte und rote Samen
sind Merkmale dieses laubabwerfenden Baumes.
Stilarten, Größen und Pflege Seite 65.
- ✄ Samen, Stecklinge, Absenken, Abmoosen.

Fagus crenata *Japanische Rotbuche*
Im Herbst wird das Laub dieses Baumes bronzefarben.
Die Rinde ist blaßgrau (Seite 66).

Fagus japonica *Japanische Schwarzbuche*
Die Blätter an diesem kleinen Laubbaum sind oval und
glänzend grün. Stilarten, Größen und Pflege Seite. 66.

Fagus sylvatica *Rotbuche*
Dieser große Laubbaum hat lebhaft grüne Blätter und eine bronzefarbene Herbstfärbung, die lange anhält. Die Rinde ist glatt und grau (Seite 67).

Fagus sylvatica heterophylla *Farnblättrige Rotbuche*
Diese Form hat tiefeingeschnittene, gelappte Blätter. Stilarten, Größen und Pflege Seite 67.
🗹 Stecklinge, Pfropfen.

Fagus sylvatica 'Riversii' *Blutbuche*
Eine Zuchtform mit dunkelpurpurroten Blättern. Stilarten, Größen und Pflege Seite 67.
🗹 Stecklinge, Pfropfen.

Fagus sylvatica 'Rohanii' *Farnblättrige Blutbuche*
Tiefeingeschnittene, purpurrote Blätter zeichnen diese anmutige Zuchtform aus. Stilarten, Größen und Pflege Seite 67.
🗹 Stecklinge, Pfropfen.

Ficus benjamina *Birkenfeige*
In gemäßigten Breiten wird diese zarte, immergrüne Pflanze als Zimmerpflanze gezogen. Die hängenden Zweige haben ovalzugespitzte Blätter, manche Zuchtformen sind panagiert. Stilarten, Größen und Pflege Seite 68.

Ficus macrophylla *Australische Banyanfeige*
Der Stamm dieses zarten, immergrünen Baumes bildet im Alter stützende Luftwurzeln aus. Die dunkelgrünen Blätter sind glänzend und ledrig. Stilarten, Größen und Pflege Seite 68.

Ficus microcarpa (*F. retusa*) *Banyanfeige*
Die Blätter dieses zarten Baumes sind klein, glänzend und ledrig (Seite 68).

Ficus platypoda *Australische Feige*
In der Natur ist dieser zarte, immergrüne Baum oft mehrstämmig. Er hat glatte, elliptische Blätter und kleine, orangerote Blüten. Stilarten, Größen und Pflege Seite 68.

Ficus pumila *Kletterfeige*
Die Blätter an diesem zarten, immergrünen Kletterstrauch sind oval bis herzförmig; an jungen Pflanzen sind sie kleiner. Stilarten, Größe und Pflege siehe Seite 68.

Ficus rubiginosa *Port-Jackson-Feige*
Die Unterseiten der glänzenden, dunkelgrünen, ovalen Blätter dieses zarten Baumes sind normalerweise mit rostfarbenem Flaum bedeckt. Stilarten, Größen und Pflege Seite 68.

Forsythia intermedia *Forsythie*
Dieser laubabwerfende Strauch wird hauptsächlich wegen seiner glänzenden, goldgelben, glockenförmigen Blüten im Frühling gezogen. Die meisten Zuchtformen, außer den Zwergformen, sind nämlich grobwüchsig.

Geeignete Stilarten sind frei aufrecht, geneigt, Halbkaskade, Kaskade, Doppelstamm und Mehrfachstamm. Für alle Größen.
◉ Volle Sonne.
◔ Während der Wachstumsperiode täglich, im Winter sparsam.
❖ Während der Wachstumsperiode alle zwei Wochen.
▣ Jedes zweite Jahr im Herbst oder Spätwinter mit Grunderdmischung.
▧ Nach der Blüte Äste stark zurückschneiden. Triebe in Form schneiden.
🗹 Stecklinge.

Forsythia × intermedia 'Minigold' *Zwergforsythie*
Eine kompakte Zwergform. Stilarten, Größen und Pflege wie *F. intermedia*.

Forsythia ovata 'Tetragold' *Zwergforsythie*
Die goldgelben Blüten dieses laubabwerfenden Strauches erscheinen früher als bei anderen Forsythien. Stilarten, Größen und Pflege wie *F. intermedia*.

Fortunella hindsii *Zwergorange*
Früchte wie Miniaturorangen, sowie kleine, duftende, weiße Blüten sind Merkmale dieses zarten, immergrünen Strauches. Für alle Stilarten, außer der Besen- und Literaturform; für sehr kleine bis große Bonsai.
◉ Volle Sonne. Warmer Standort, Mindesttemperatur 4 °C.
◔ Im Sommer täglich, im Winter einmal in der Woche.
❖ Alle zwei Wochen im Sommer.
▣ Im Frühling alle zwei bis drei Jahre mit Grunderdmischung.
▧ Neue Triebe ständig zurückschneiden.
🗹 Samen, Stecklinge, Pfropfen.

Fraxinus excelsior *Gemeine Esche*
Ein sehr winterharter Laubbaum, aber mit grober Struktur und großen, zusammengesetzten Blättern. Er hat zur Frühlingsmitte weiße Blüten und eine gute Herbstfärbung. Geeignete Stilarten sind frei aufrecht, geneigt, Doppelstamm und Mehrfachstamm. Für große bis sehr große Bonsai.
◉ Volle Sonne.
◔ Im Sommer täglich, im Winter sparsam.
❖ Alle zwei Wochen im Sommer.
▣ Jedes zweite Jahr im Frühling mit Grunderdmischung.
▧ Neue Triebe dauernd stark zurückschneiden, um sie kompakt zu halten.
🗹 Samen, Absenken, Abmoosen.

Fuchsia × bacillaris (*F. microphylla* × *F. thymifolia*) *Fuchsie*
Die Blüten dieses laubabwerfenden Strauches öffnen sich glänzend karmesinrot und dunkeln dann nach. Die äußeren Blütenblätter neigen sich nach hinten. Sie blüht nicht so reichlich wie andere Fuchsien. Die Blätter sind klein, ledrig und oval. Stilarten, Größen und Pflege Seite 69.

Fuchsia 'Lady Thumb' *Lady Thumb-Fuchsie*
Diese laubabwerfende Zwergform bringt eine über-
reiche Fülle weißer und rosa Blüten hervor. Stilarten,
Größen und Pflege Seite 69.

Fuchsia microphylla *Zwergfuchsie*
Eine laubabwerfende Zwergfuchsie mit kleinen, hängenden roten Blüten und dunkelgrünen Blättern (Seite 69).

Fuchsia 'Pumila' *Zwergfuchsie*
Eine laubabwerfende Zwergform mit dunkelpurpur-
roten und dunkelroten Blüten. Stilarten, Größen und
Pflege Seite 69.

Fuchsia 'Tom Thumb' *Tom Thumb-Fuchsie*
Eine Fülle von scharlachroten und violettfarbenen
Blüten ist für diese laubabwerfende Zwergform charak-
teristisch. Stilarten, Größen und Pflege Seite 69.

Gardenia jasminoides *Gardenie*
Dieser kalkmeidende, zarte, immergrüne Strauch trägt
glänzende, dunkelgrüne Blätter und duftende, weiße
Blüten. Für folgende Stilarten geeignet: frei aufrecht,
geneigt, Halbkaskade, Kaskade, Wurzel-über-dem-
Felsen-Stil, Doppelstamm und Mehrfachstamm. Für
alle Größen.
◉ Vermeiden Sie volle Sonne, aber sehr heller Stan-
dort. Im Sommer leicht schattieren. Mindesttemperatur
13°C.
◔ Im Sommer täglich, im Winter sparsam mit kalk-
freiem Wasser.
▨ Alle zwei Wochen im Sommer, sonst monatlich mit
Spezialdünger.
◼ Jedes zweite Jahr im Spätfrühling mit kalkfreier
Erdmischung.
▧ Nach der Blüte neue Triebe zurückschneiden und
danach Formschnitt.
◪ Stecklinge, Absenken, Abmoosen.

Ginkgo biloba *Ginkgo*
Im Herbst werden die Blätter dieser laubabwerfenden
Konifere goldgelb; es erscheinen gelbliche Früchte
(Seite 70).

Gleditsia triacanthos *Gleditschie*
Ein Laubbaum mit farnartigen Blättern, die im Herbst
blaßgelb werden. Lange dreispitzige Dornen; lange,
braune Samenhülsen (Seite 71).

Hamamelis japonica *Japanische Zaubernuß*
Dieser laubabwerfende Strauch wird wegen seiner
kleinen, gelben Blüten gezogen. Sie erscheinen in der
Wintermitte bis zum zeitigen Frühjahr an kahlen Ästen.
Im Herbst haben die Blätter eine schöne Orangefär-
bung. Geeignete Stilarten sind frei aufrecht, geneigt,
Halbkaskade, Kaskade, Wurzel-über-dem-Felsen-Stil,
Doppelstamm, Mehrfachstamm und Gruppenpflan-
zungen. Für mittel- bis sehr große Bonsai.
◉ Volle Sonne.
◔ Im Sommer täglich.
◪ Alle zwei Wochen im Sommer.

◼ Jedes zweite Jahr im Spätherbst oder im zeitigen
Frühjahr in Grunderdmischung.
▧ Neue Triebe während des ganzen Sommers in Form
schneiden.
◪ Stecklinge, Absenken, Abmoosen, Pfropfen.

Hamamelis mollis *Chinesische Zaubernuß*
Dieser laubabwerfende Strauch ähnelt *Hamamelis
japonica*, aber die Blüten kommen früher und sind
größer. Die ovalen Blätter werden im Herbst gelb.
Stilarten, Größen und Pflege wie *H. japonica*.

Hedera helix *Efeu*
Eine immergrüne Kletterpflanze mit gelblichen Blüten
und schwarzen, beerenartigen Früchten. Die Blätter sind
glänzend, dunkelgrün und drei- bis fünffach gelappt.
Geeignet für frei aufrecht, geneigt, Halbkaskade,
Kaskade, Wurzel-über-dem-Felsen-Stil, Doppel- und
Mehrfachstamm. Für alle Größen.
◉ Halbschatten.
◔ Während der Wachstumsperiode täglich.
◪ Alle zwei Wochen während der Wachstumsperiode.
◼ Jedes zweite Jahr im Frühling oder im Frühherbst
mit Grunderdmischung.
▧ Triebe stark zurückschneiden, damit sie einen
Stamm bilden.
◪ Stecklinge, Absenken, Abmoosen.

Ilex crenata *Japanische Stechpalme*
Dieser langsamwachsende, immergrüne Strauch hat
kleine, glatte Blätter, zierliche Zweige und unschein-
bare, weiße Blüten. Im Herbst bringen die weiblichen
Pflanzen glänzende, schwarze Früchte hervor. (Seite 72).

Ilex crenata 'Convexa' *Japanische Stechpalme*
Diese Zuchtform ist kompakter als *Ilex crenata* und
hat glänzende, konvexe Blätter (Seite 72).

Ilex crenata 'Stokes' *Japanische Stechpalme*
Eine Zwergform mit winzigen Blättern. Stilarten,
Größen und Pflege Seite 72.

Ilex serrata (I. sieboldii) *Laubabwerfende japanische
Stechpalme*
Im Herbst sind die dünnen, gezahnten Blätter dieses
Laubbaumes vielfältig gelb und purpurrot schattiert.
Wenn weibliche Pflanzen neben männlichen wachsen,
tragen sie rote Früchte (Seite 73).

Ilex serrata 'Leucocarpa' *Laubabwerfende, weiß-
beerige, japanische Stechpalme*
Eine Zuchtform von *Ilex serrata* mit weißen Beeren.
Stilarten, Größen und Pflege Seite 73.

Ilex serrata 'Subtilis' ('Koshobai') *Laubabwerfende,
japanische Zwergstechpalme*
Diese Miniaturform hat ungewöhnlich kleine Blätter
und Früchte. Sie ist eine Zwitterpflanze und produziert
deshalb viele Beeren und bestäubt die weiblichen Bäume
der Hauptart. Sie eignet sich nur für sehr kleine und
kleine Größen. Stilarten und Pflege Seite 73.

Ilex sieboldii siehe *Ilex serrata*

Jacaranda mimosifolia siehe *Jacaranda ovalifolia*

Jacaranda mimosifolia (J. ovalifolia) Jacaranda
Ein zarter, kalkmeidender Laubbaum mit farnartigen
Blättern und violettfarbenen Blüten im Frühling. Geeig-
net für frei aufrecht, geneigt, Halbkaskade, Kaskade,
Doppelstamm, Mehrfachstamm und Saikei. Für kleine
bis große Bonsai.
◉ Sehr hell, aber vor direktem Sonnenlicht schützen.
Warmer Standort, Mindesttemperatur 16 °C.
◌ Täglich mit kalkfreiem Wasser.
⚇ Alle zwei Wochen im Sommer mit Spezialdünger.
▣ Jedes zweite Jahr im Frühling mit kalkfreier
Erdmischung.
◐ Weiche Leittriebe in Form zupfen.
☒ Samen.

Jasminum nudiflorum Winterjasmin
Dieser laubabwerfende Strauch hat schmale, dunkel-
grüne Blätter. Im Winter schmücken sternförmige, gelbe
Blüten die kahlen Äste (Seite 74).

Jasminum officinale Jasmin
Dieser immergrüne Strauch hat gefiederte Blätter und
im Sommer duftende, weiße Blüten. Die besten Stilarten
sind frei aufrecht, geneigt, Halbkaskade, Kaskade, Wur-
zel-über-dem-Felsen-Stil, Doppel- und Mehrfachstamm.
Für alle Größen.
◉ Volle Sonne. Vor Frost schützen.
◌ Täglich während der Wachstumsperiode.
⚇ Alle zwei Wochen während der Wachstumsperiode.
▣ Jedes zweite Jahr im Spätfrühling mit Grunderd-
mischung.
◐ Nach der Blüte Triebe zurückschneiden, neue Triebe
im Spätfrühling oder zu Herbstanfang.
☒ Stecklinge, Abmoosen.

Juniperus communis Gemeiner Wacholder
Eine immergrüne Konifere mit vielen Zuchtformen.
Das Laub ist nadelartig, die blassen Unterseiten sind an
den Spitzen weißgestreift. Die Früchte sind schwarz.
Stilarten, Größen und Pflege Seite 75.
◌ Während der Wachstumsperiode täglich, im
Sommer übersprühen.
☒ Samen, Stecklinge.

Juniperus chinensis Chinesischer Wacholder
Das graugrüne Laub dieser immergrünen Konifere ist
beim jugendlichen Baum nadelartig; wird der Baum
älter, ist es glatt und schuppenförmig. Die Beeren sind
blauschwarz (Seite 77).

*Juniperus chinensis 'Blaauw' (J. × media) Chinesischer
Wacholder*
Diese immergrüne Strauchkonifere hat eine rauhe Rinde
und graublaues, schuppenartiges Laub (Seite 75).

Juniperus procumbens Kriechwacholder
Eine kriechende Zwergkonifere mit dichtem, nadelartigem Laub. Stilarten, Größen und Pflege Seite 75.

Juniperus rigida Igelwacholder
Innerhalb von zwei Jahren reifen die Beeren zu
rötlichem Schwarz. Das Laub ist immergrün und
nadelartig (Seite 75).

Juniperus sabina Savin-Wacholder
Diese immergrüne Konifere verändert ihr Aussehen.
Sie hat graugrünes, überwiegend schuppenartiges
Laub. Stilarten, Größen und Pflege Seite 75.
◌ Täglich während der Wachstumsperiode. Im
Sommer übersprühen.

Juniperus squamata 'Meyeri' Blauer Wacholder
Eine immergrüne Konifere, die bekannt ist für ihre
rauhe Rinde und ihre graublauen Nadeln, die mit einem
feinen Flaum überzogen sind. Stilarten, Größen und
Pflege Seite 75.
◌ Während der Wachstumsperiode täglich. Im
Sommer übersprühen.

Kadsura japonica Kadsura
Eine immergrüne Kletterpflanze, die in gemäßigten
Breiten das Laub abwirft. Im Spätsommer bringt sie
weiße Blüten hervor, gefolgt von roten Früchten. Die
glänzenden, ovalen Blätter werden im Herbst rot.
Geeignet für folgende Stilarten: frei aufrecht, geneigt,
Halbkaskade, Kaskade, Wurzel-über-dem-Felsen-Stil,
Doppel- und Mehrfachstamm. Für mittel- bis sehr
große Bonsai.
◉ Volle Sonne. Vor Frost schützen.
◌ Im Sommer täglich.
⚇ Alle zwei Wochen während der Wachstumsperiode.
▣ Alle zwei bis drei Jahre während der Wachstums-
periode mit Grunderdmischung.
◐ Während des ganzen Sommers Triebe zurück-
schneiden.
☒ Stecklinge, Absenken.

Laburnum alpinum Goldregen
Ein sehr winterharter Laubbaum mit zusammengesetz-
ten Blättern. Im Spätfrühling und im Frühsommer trägt
er hängende, gelbe Blütentrauben. Die besten Stilarten
sind frei aufrecht, geneigt, Halbkaskade, Kaskade,
Doppel- und Mehrfachstamm. Für kleine bis sehr große
Bonsai.
◉ Volle Sonne.
◌ Täglich während der Wachstumsperiode.
⚇ Alle zwei Wochen während der Wachstumsperiode.
▣ Jedes Jahr im zeitigen Frühjahr mit Grund-
erdmischung.
◐ Neue Triebe auf zwei bis drei Knospen zurück-
schneiden.
☒ Samen.

Laburnum anagyroides Gemeiner Goldregen
Dieser Laubbaum ähnelt dem *Laburnum alpinum*, aber
die Blütentrauben sind kürzer und blühen früher.
Stilarten, Größen und Pflege wie *L. alpinum*.

Lagerstroemia indica Lagerströmie
Ein Hauptmerkmal dieses Laubbaumes ist der grau, rosa und zimtfarbig gesprenkelte Stamm. Im Sommer weiße, rosa oder mauvefarbene Blüten (Seite 78).

Lagerstroemia indica 'Alba' Weißblühende Lagerströmie
Diese Zuchtform hat weiße Blüten, die cremefarben verblassen. Stilarten, Größen und Pflege Seite 78.

Lagerstroemia indica 'Amabilis' Purpurrotblühende Lagerströmie
Purpurrote Blüten sind das Merkmal dieser Zuchtform. Stilarten, Größen und Pflege Seite 78.

Larix decidua Europäische Lärche
Das nadelartige Laub dieser immergrünen Konifere ist im Frühling glänzend grün, im Herbst goldgelb. Die Stengel der neuen Triebe sind gelblich (Seite 79).

Larix × eurolepis (L. decidua × L. kaempferi)
Europäische Lärche (Hybride)
Die Triebe dieser widerstandsfähigen Hybride sind blaß gelborange. Stilarten, Größen und Pflege Seite 79.

Larix kaempferi (Larix leptolepis) Japanische Lärche
Diese laubabwerfende Konifere hat breitere Nadeln als *Larix decidua*. Die neuen Triebe sind orangerot und dunkeln bis zum Winter fast purpurrot nach (Seite 80).

Larix laricina Tamaraklärche
Eine laubabwerfende Konifere mit längeren und lockeren Nadeln, kleineren Blüten und kleineren Zapfen als alle anderen Lärchen. Stilarten, Größen und Pflege Seite 80.

Larix leptolepis siehe *Larix kaempferi*

Lespedeza bicolor Japanischer Buschklee
Purpurrote bis rosa Blüten im Spätsommer und kleeartige Blätter zeichnen diesen laubabwerfenden Strauch aus. Gute Stilarten sind frei aufrecht, geneigt, Halbkaskade, Kaskade, alle Felsen-Stile, Doppel- und Mehrfachstamm. Für kleine bis mittelgroße Bonsai.
- ● Volle Sonne. Vor Frost schützen.
- ◯ Täglich während der Wachstumsperiode.
- ⚬ Alle zwei Wochen während der Wachstumsperiode.
- ▪ Jedes zweite Jahr im Frühjahr mit Grunderdmischung.
- ✂ Nach der Blüte Triebe zurückschneiden. Im Spätherbst Äste bis zum Stamm zurückschneiden.
- ✦ Stecklinge, Samen.

Ligustrum ovalifolium Ovalblättriger Liguster
Weiße Sommerblüten und kleine, ovale Blätter sind die Merkmale dieses halb-immergrünen Strauches. Geeignete Stilarten sind: frei aufrecht, geneigt, alle Felsen-Stile, Doppel- und Mehrfachstamm und Gruppenpflanzungen. Für alle Größen.
- ● Volle Sonne oder Schatten.
- ◯ Im Sommer täglich.
- ⚬ Alle zwei Wochen im Sommer.
- ▪ Jedes Jahr im zeitigen Frühjahr mit Grunderdmischung.
- ✂ Nach der Blüte Triebe zurückschneiden, neues Wachstum während der gesamten Wachstumsperiode.
- ✦ Stecklinge, Absenken, Samen.

Ligustrum vulgare Gemeiner Liguster
Ein halb-immergrüner Strauch mit dunklen, glänzenden Blättern. Stilarten, Größen und Pflege wie *Ligustrum ovalifolium*.

Liquidambar styraciflua Amberbaum
Im Herbst schmückt prächtiges orangefarbenes, rotes und dunkelpurpurrotes Laub diesen Laubbaum. Für alle Stilarten, außer der Literaten- und der Besenform und für alle Größen geeignet.
- ● Volle Sonne.
- ◯ Täglich während der Wachstumsperiode, im Winter sparsam.
- ⚬ Alle zwei Wochen im Sommer.
- ▪ Jedes zweite Jahr im Frühjahr mit Grunderdmischung.
- ✂ Neue Triebe sofort zurückschneiden.
- ✦ Samen, Stecklinge.

Lonicera japonica Japanisches Geißblatt
Diese kräftige halb-immergrüne Kletterpflanze hat ovale Blätter und im Frühsommer duftende, weiße Blüten, die dann gelb werden. Für frei aufrecht, geneigt, Halbkaskade, Kaskade, alle Felsen-Stile, Doppel- und Mehrfachstamm. Alle Größen. Pflege Seite 81.

Lonicera morrowii Geißblatt
Dieser laubabwerfende Strauch hat cremeweiße Blüten, die später gelb werden, und rote Früchte. Geeignete Stilarten sind frei aufrecht, geneigt, Halbkaskade, Kaskade, alle Felsen-Stile, Doppel- und Mehrfachstamm. Für alle Größen. Pflege Seite 81.

Lonicera nitida Zwerggeißblatt
Dieser immergrüne Zwergstrauch hat kleine Blätter und reagiert gut auf andauernden Schnitt. Stilarten, Größen und Pflege Seite 81.

Magnolia stellata Sternmagnolie
Duftende, weiße, sternenförmige Blüten erscheinen vor den Blättern im Spätfrühling an dem langsamwachsenden, laubabwerfenden Strauch. Geeignete Stilarten sind frei aufrecht, geneigt, Halbkaskade, Kaskade, Doppel- und Mehrfachstamm. Für mittelgroße bis große Bonsai.
- ● Volle Sonne oder Schatten. Blüten vor Frühlingsfrösten schützen.
- ◯ Täglich während der Wachstumsperiode. Erde niemals austrocknen lassen.
- ⚬ Alle zwei Wochen während des ganzen Sommers.
- ▪ Alle drei bis vier Jahre im zeitigen Frühjahr mit Grunderdmischung.
- ✂ Formen durch das Einkürzen der neuen Triebe.
- ✦ Teilen, Absenken.

Malus baccata var. **mandshurica** *Nagasaki-Apfel*
Die zahlreichen, rosa Blütenknospen öffnen sich zu weißen Blüten und entwickeln sich zu kirschenförmigen Früchten. Stilarten, Größen und Pflege dieses Laubbaumes Seite 82/83.

▣ Pfropfen, Absenken, Abmoosen

Malus 'Golden Hornet' *Golden-Hornet-Apfel*
Die weißen Blüten an diesem Baum werden zu gelben Früchten, die nach dem Laubfall hängenbleiben. Stilarten, Größen und Pflege Seite 82/83.

▣ Pfropfen, Absenken, Abmoosen.

Malus halliana *Halls Apfel*
Dieser Laubbaum hat schmale, dunkelgrüne Blätter. Den rosa Blüten folgen kleine purpurrote Früchte. Stilarten, Größen und Pflege Seite 82/83.

▣ Pfropfen, Absenken, Abmoosen.

Malus 'Profusion' *Purpurroter Apfel*
Ein Laubbaum mit purpurroten Blättern, weinroten Blüten und tiefroten Früchten. Stilarten, Größen und Pflege Seite 82/83.

▣ Pfropfen, Absenken, Abmoosen.

Malus 'Red Jade' *Apfel*
Die jungen Blätter an dieser Trauerform sind glänzend grün. Den rosa und weißen Blüten folgen kleine, rote Früchte, die den ganzen Winter am Baum hängen. Stilarten, Größen und Pflege Seite 82/83.

▣ Pfropfen, Absenken, Abmoosen.

Malus sieboldii siehe **Malus toringo**

Malus sylvestris *Holzapfel*
Ein kleiner Laubbaum, der oft Ausläufer hat. Er hat gezahnte, ovale Blätter. Die Blüten sind weiß oder rosa überzogen und werden zu rotüberhauchten oder gelbgrünen Früchten. Stilarten, Größen und Pflege Seite 82/83.

Malus toringo (*M. sieboldii*) *Apfel*
Die rosa Blütenknospen an diesem kleinblättrigen Baum öffnen sich zu weißen Blüten. Die winzigen Äpfel sind gelb oder rot. Stilarten, Größen und Pflege Seite 82/83.

▣ Pfropfen, Absenken, Abmoosen

Metasequoia glyptostroboides *Urwelt-Mammutbaum*
Eine konisch geformte, laubwerfende Konifere mit einer rauhen, zimtfarbenen Rinde. Die abgeflachten, nadelartigen Blätter sind hellgrün und werden im Herbst rotbraun. Geeignete Stilarten sind: streng aufrecht, frei aufrecht, geneigt, Doppel-, Mehrfachstamm und Gruppenpflanzungen. Für kleine bis sehr große Bonsai.

◉ Volle Sonne.
◍ Täglich während der Wachstumsperiode.
⚘ Alle zwei Wochen während der Wachstumsperiode.
▣ Jedes zweite Jahr im zeitigen Frühjahr mit Grunderdmischung.
✎ Neue Triebe ständig zurückschneiden.
▣ Samen, Stecklinge.

Millettia japonica *Millettia*
Eine immergrüne Kletterpflanze mit mauvefarbenen Blüten im Frühsommer und kleinen, dunkelgrünen, gefiederten Blättern. Geeignete Stilarten sind frei aufrecht, geneigt, Halbkaskade, Kaskade, Wurzel-über-dem-Felsen-Stil, Doppel- und Mehrfachstamm. Für kleine bis große Bonsai.

◉ Volle Sonne.
◍ Das ganze Jahr sehr großzügig.
⚘ Alle zwei Wochen während der Wachstumsperiode.
▣ Jedes Jahr im zeitigen Frühjahr mit Grunderdmischung.
✎ Nach der Blüte während des ganzen Sommers neue Triebe zurückschneiden.
▣ Stecklinge, Absenken, Pfropfen, Samen.

Millettia japonica 'Microphylla' *Zwergglyzine*
Der volkstümliche Name dieser kompakten, immergrünen Kletterpflanze kommt von ihren sehr kleinen zusammengesetzten Blätter, die denen der Glyzine ähneln. Sie blüht nur selten. Für sehr kleine und kleine Größen. Stilarten und Pflege wie *M. japonica*.

▣ Teilen, Stecklinge, Absenken.

Morus alba *Weißer Maulbeerbaum*
Dieser Laubbaum hat herzförmige Blätter und im Herbst rötliche, eßbare Früchte (Seite 84).

Murraya paniculata *Orangenjasmin*
Dieser immergrüne Strauch hat kleine, gefiederte Blätter. Die weißen, glockenförmigen Blüten duften. Die Früchte sind orangenartig (Seite 85).

Myrtus apiculata (*Luma apiculata*) *Myrte*
Die zimtfarbene Rinde an diesem kleinen, zarten, immergrünen Baum schält sich ab, darunter ist der Stamm cremefarben. Die ovalen Blätter sind stumpfgrün. Die kleinen, weißen Blüten erscheinen im Sommer und werden zu roten und schwarzen Früchten. Geeignete Stilarten sind frei aufrecht, geneigt, Halbkaskade, Kaskade, Doppel- und Mehrfachstamm. Für alle Größen.

◉ Volle Sonne. Vor Kälte und Frost schützen.
◍ Im Sommer täglich. Erde immer feucht halten.
⚘ Im Sommer alle zwei Wochen.
▣ Jedes zweite Jahr im zeitigen Frühjahr mit Grunderdmischung.
✎ Neue Triebe in Form schneiden.
▣ Stecklinge, Absenken.

Myrtus communis *Gemeine Myrte*
Dieser immergrüne Strauch besitzt würziges Laub. Die weißen Blüten erscheinen im Sommer und werden zu schwarzen Früchten. Stilarten, Größen und Pflege wie *Myrtus apiculata*.

▣ Jedes zweite Jahr im Frühling mit Grunderdmischung.

Nandina domestica Heiliger oder Himmlischer Bambus
Ein immergrüner Strauch mit langen, schmalen
Blättern, die im Frühling und Herbst rot überhaucht
sind. Geeignet für Doppel- und Mehrfachstamm und
Saikei-Stile sowie für alle Größen (Seite 46/47).
◉ Volle Sonne. Im Sommer Halbschatten. Im Winter
vor Frost schützen.
◌ Täglich im Sommer.
⋯ Alle zwei Wochen während der Wachstumsperiode.
▥ Jedes zweite Jahr im Frühling in wasserdurchlässiger
Erdmischung.
▨ Neue Triebe in Form schneiden.
▣ Stecklinge, Teilen, Pfropfen, Samen.

Nothofagus alpina (N. procera) Südbuche
Ein schnellwachsender Laubbaum mit deutlich
geäderten Blättern, die im Herbst eine schöne Färbung
annehmen. Für alle Stilarten geeignet, außer der
Literatenform. Für alle Größen.
◉ Volle Sonne.
◌ Im Sommer täglich.
⋯ Alle zwei Wochen im Sommer.
▥ Jedes zweite Jahr im zeitigen Frühjahr mit
Grunderdmischung.
▨ Im Sommer neue Triebe zurückschneiden, Äste im
Winter schneiden.
▣ Samen, Stecklinge, Absenken, Abmoosen.

Nothofagus obliqua Scheinbuche (Robelbuche)
Die länglichen Blätter dieses sehr schnell wachsenden
Laubbaumes haben eine schöne Herbstfärbung. Stil-
arten, Größen und Pflege wie *Nothofagus antarctica*.

Nothofagus antarctica Antarktische Südbuche
Dieser Laubbaum hat kleine, glänzende, herzförmige
Blätter. Das Laub ist dunkelgrün und im Herbst
leuchtend gelb. Stilarten, Größen und Pflege wie
N. alpina.

Olea europaea Olive
Die hellgraue Rinde dieses zarten, immergrünen Baumes
wird im Alter knorrig. Die glänzenden, schmalen,
dunkelgrünen Blätter haben hellgraue Unterseiten. Ihre
unbedeutenden, cremefarbenen Blüten entwickeln sich
zu grünen Früchten, die beim Reifen schwarz werden.
Für alle Stilarten, außer der Besenform geeignet. Für
kleine bis große Bonsai.
◉ Volle Sonne. Warmer Standort mit Mindesttemperatur von 7 °C.
◌ Im Sommer jeden zweiten Tag, im Winter einmal
pro Woche.
⋯ Alle zwei Wochen im Sommer.
▥ Jedes zweite Jahr im Frühling mit wasserdurchlässiger Erdmischung.
▨ Während der Wachstumsperiode neue Triebe
zurückzupfen.
▣ Stecklinge, Samen.

Osmanthus delavayi Duftblüte
Dieser immergrüne Strauch trägt kleine, stechpalmen-
artige Blätter und im Frühling duftende, weiße Blüten.
Geeignete Stilarten sind frei aufrecht, geneigt, Halb-
kaskade, Kaskade, Doppel- und Mehrfachstamm und
Gruppenpflanzungen. Für alle Größen.
◉ Volle Sonne, im Sommer schattieren.
◌ Täglich während der Wachstumsperiode.
⋯ Alle zwei Wochen während der Wachstumsperiode.
▥ Jedes zweite Jahr im zeitigen Frühjahr mit
Grunderdmischung.
▨ Triebe nach der Blüte zurückschneiden, später
sobald sie erscheinen.
▣ Stecklinge, Pfropfen, Absenken.

Parthenocissus tricuspidata Jungfernrebe
Im Herbst werden die dreigelappten Blätter an dieser
immergrünen Kletterpflanze leuchtend rot. Die Früchte
sind dunkelblau. Geeignete Stilarten sind frei aufrecht,
geneigt, Halbkaskade, Kaskade, Wurzel-über-dem-
Felsen-Stil, Doppel- und Mehrfachstamm. Für kleine
bis große Bonsai.
◉ Volle Sonne, im Sommer schattieren.
◌ Im Sommer täglich.
⋯ Alle zwei Wochen im Sommer.
▥ Jedes zweite Jahr im zeitigen Frühjahr mit
Grunderdmischung.
▨ Während der Wachstumsperiode neue Triebe
zurückschneiden.
▣ Stecklinge, Pfropfen, Absenken, Samen.

Phyllostachys aurea Bambus
Die glänzenden, grünen Rohre dieser immergrünen
Pflanze werden gelb, wenn sie reifen. Für Mehrfach-
stamm-Stilarten; für mittlere bis sehr große Bonsai
(Seite 46/47).
◉ Halbschatten. Im Winter warm halten.
◌ Im Sommer täglich, zu anderen Jahreszeiten weniger
aber immer feucht halten.
⋯ Alle zwei Wochen im Sommer.
▥ Jedes zweite Jahr im Spätfrühling mit wasser-
durchlässiger Erdmischung.
▨ Wenn die gewünschte Höhe erreicht ist, die
Mittelknospe entfernen.
▣ Teilen.

Phyllostachys nigra Schwarzer Bambus
Ein mehrstämmiger Bambus mit auffallenden Stengeln,
die im ersten Jahr grün und im nächsten Jahr schwarz
sind. Stilarten, Größen und Pflege wie *Phyllostachys
aurea*, Seite 46/47.

Picea abies Gemeine Fichte
Diese immergrüne Konifere hat dunkelgrünes, nadelartiges Laub, rötliche Triebe und zylindrische Zapfen.
Sie eignet sich für mittlere bis große Bonsai. Stilarten
und Pflege Seite 86.

Picea abies 'Echiniformis' *Zwergfichte*
Diese kompakte Zwergform ist langsamwachsend und hat sehr dichtes Laub. Geeignet für sehr kleine und kleine Größen. Stilarten und Pflege Seite 86.
✂ Stecklinge.

Picea abies 'Little Gem' *Zwergfichte*
Eine sehr kompakte Zwergform mit winzigen Nadeln. Geeignet für sehr kleine bis mittlere Größen. Stilarten und Pflege Seite 86.
✂ Stecklinge.

Picea abies 'Maxwelii' *Zwergfichte*
Grobe, stachelige Nadeln sind für diese Zwergform charakteristisch. Geeignet für sehr kleine bis mittlere Größen. Stilarten und Pflege Seite 86.
✂ Stecklinge.

Picea abies 'Nidiformis' *Nestfichte*
Eine Zwergform mit frischgrünen Knospen. Geeignet für sehr kleine bis mittlere Größen. Stilarten und Pflege Seite 86.
✂ Stecklinge.

Picea glauca var. albertiana 'Conica' *Zwergweißfichte*
Diese langsamwachsende, immergrüne Zwergkonifere hat eine kompakte, konische Gestalt und leuchtend grünes Laub. Geeignet für kleine bis große Bonsai. Stilarten und Pflege Seite 86.
✂ Stecklinge.

Picea glehnii *Sachalin-Fichte*
Diese immergrüne Konifere ist die bevorzugteste Fichte in Japan. Es ist ein schlanker, konischer Baum mit blaugrünem Laub und einer rotbraunen, abblätternden Rinde. Der Export ist jetzt verboten, es gibt aber noch Vorräte, und Samen sind überall erhältlich. Geeignet für mittlere bis große Bonsai. Stilarten und Pflege Seite 86.

Picea glehnii 'Yatsubusa' *Sachalin-Zwergfichte*
Diese Zwergform von *Picea glehnii* ist fast identisch im Aussehen mit *Picea abies* 'Little Gem'. Geeignet für sehr kleine bis mittlere Größen. Stilarten und Pflege Seite 86.
✂ Stecklinge.

Picea jezoensis *Yedo-Fichte*
Die dunkelgrünen Nadeln dieser immergrünen Konifere sind auf den Unterseiten weiß. Die jungen Triebe sind hellbraun. Geeignet für mittlere bis große Bonsai. Stilarten und Pflege Seite 86.

Picea jezoensis var. hondoensis *Hondo-Fichte*
Eine Zuchtform der *P. jezoensis* mit kürzeren Nadeln. Geeignet für mittlere bis große Bonsai. Stilarten und Pflege Seite 86.

Picea mariana 'Nana' *Zwergschwarzfichte*
Dieser immergrüne Zwergbaum hat graugrüne, nadelartige Blätter. Geeignet für sehr kleine bis mittlere Größen. Stilarten und Pflege Seite 86.
✂ Stecklinge.

Pieris japonica (Andromeda japonica) *Pieris*
Ein kalkmeidender, immergrüner Strauch mit glänzendem Laub, das kupferfarben ist, solange es jung ist. Im Frühling trägt er weiße Blütenrispen. Geeignete Stilarten sind frei aufrecht, geneigt, Halbkaskade, Kaskade, Wurzel-über-dem-Felsen-Stil, Doppel- und Mehrfachstamm. Für kleine bis große Bonsai.
◐ Halbschatten.
◌ Im Sommer täglich mit kalkfreiem Wasser.
⚘ Alle zwei Wochen mit Spezialdünger.
▣ Alle drei bis vier Jahre im zeitigen Frühjahr mit kalkfreier Erdmischung.
✃ Während der Wachstumsperiode neue Triebe zurückschneiden.
✂ Stecklinge, Absenken.

Pinus densiflora *Japanische Rotkiefer*
Die blaugrünen Nadeln dieser immergrünen Konifere wachsen in Paaren. Die Rinde ist rötlich. Alle Stilarten, außer der Besenform sind geeignet. Für alle Größen.
● Volle Sonne. Vor Frost und kalten, austrocknenden Winden schützen.
◌ Im Sommer täglich, es sei denn, die Erde ist noch feucht. Überprüfen. Im Winter sparsam, ziemlich trocken halten.
⚘ Monatlich von Mitte Winter bis zur Herbstmitte.
▣ Alle drei bis fünf Jahre im zeitigen Frühjahr bis zur Frühjahrsmitte mit wasserdurchlässiger Erdmischung.
✃ Jedes Jahr im Frühling Kerzen mit den Fingern ausbrechen. Jedes zweite Jahr im Herbst Astspitzen zurückschneiden.
✂ Pfropfen, Samen.

Pinus mugo *Bergkiefer*
Eine kleine, immergrüne Konifere mit dunkelgrünen Nadeln und hellgrünen Trieben (Seite 87).

Pinus parviflora (P. pentaphylla) *Mädchenkiefer*
Diese immergrüne Konifere trägt ihre gebogenen, bläulichen Nadeln in Gruppen zu fünf. Sie hat eine glatte, graue Rinde und kleine Blüten, die, wenn sie befruchtet werden, zu dunkelbraunen Zapfen werden (Seite 88/89).

Pinus parviflora 'Kokonoe' *Zwergmädchenkiefer*
Die dunkelgrünen Nadeln dieser Zwergform von 'Yatsubusa' sind dick und nur wenig gebogen. Sehr beliebt für kleine und sehr kleine Bonsai. Stilarten und Pflege Seite 88/89.
✂ Pfropfen.

Pinus parviflora 'Miyajima' *Zwergmädchenkiefer*
Diese Zuchtform gehört bei Bonsai zu den beliebtesten, da sie einen kompakten Wuchs und kleine, steife, gerade Nadeln hat. Sie eignet sich für kleine und sehr kleine Größen. Stilarten und Pflege Seite 88/89.
✂ Pfropfen.

Pinus parviflora 'Nasumusume' *Zwergmädchenkiefer*
Winzige Nadeln sind ein Hauptmerkmal dieser
'Yatsubusa'-Zwergform. Geeignet für kleine bis sehr
kleine Größen. Stilarten und Pflege Seite 88/89.
▣ Pfropfen.

Pinus pentaphylla siehe *Pinus parviflora*

Pinus pumila *Sibirische Zwergkiefer*
Diese Konifere ist eine Zwergform mit blaugrünen
Nadeln in Bündeln zu fünf und rotbraunen, jungen
Trieben. Stilarten, Größen und Pflege Seite 88/89.
▣ Von Mitte Winter bis Mitte Herbst monatlich.

Pinus sylvestris *Gemeine Kiefer (Waldföhre)*
Eine immergrüne Konifere mit einer deutlich ausladenden Form und abgeflachter Spitze. Die abblätternde
Rinde ist orangefarben; die kurzen, blaugrünen Nadeln
wachsen in Paaren. (Seite 90).

Pinus sylvestris 'Beuvronensis' *Gemeine Zwergkiefer*
Diese Zwergform ist sehr kompakt und hat kurze
Nadeln. Stilarten, Größen und Pflege Seite 90.
▣ Pfropfen auf *Pinus sylvestris*.

Pinus sylvestris 'Watereri' *Gemeine Zwergkiefer*
Diese Zwergform wächst sehr langsam. Stilarten
Größen und Pflege Seite 90.
▣ Pfropfen auf *Pinus sylvestris*.

Pinus thunbergiana *Japanische Schwarzkiefer*
Diese Konifere hat eine grobe Rinde und braune, junge
Triebe. Die langen, dicken, steifen Nadeln sind
dunkelgrün und stehen in Paaren (Seite 91).

Pinus thunbergiana corticosa *Korkrindige Japanische
Schwarzkiefer*
Ein Merkmal dieser Konifere ist die korkige Rinde, die
breite, senkrechte Risse mit flügelartigen Platten hat.
Geeignete Stilarten sind streng aufrecht, frei aufrecht,
geneigt, Halbkaskade, Kaskade, Doppel- und Mehr-
fachstamm. Größen und Pflege Seite 91.
▣ Pfropfen auf *Pinus thunbergiana*.

Podocarpus chinensis siehe *Podocarpus macrophyllus*

Podocarpus macrophyllus (P. chinensis) *Chinesische
Steineibe*
Diese langsamwachsende, immergrüne Pflanze hat
eibenartiges Laub. Geeignete Stilarten sind streng
aufrecht, frei aufrecht, geneigt, Doppel- und Mehrfach-
stamm und Gruppenpflanzungen. Für alle Größen.
◉ Volle Sonne.
◊ Täglich während der Wachstumsperiode.
⚫ Alle zwei Wochen vom Frühling bis zum Herbst,
alle vier bis sechs Wochen im Winter.
▣ Jedes zweite Jahr im Frühling mit Grunderd-
mischung.
▩ Während der Wachstumsperiode neue Triebe
zurückzupfen.
▣ Stecklinge, Absenken.

Potentilla fruticosa *Fünffingerkraut*
Die Rinde dieses laubabwerfenden Strauches ist rissig
und wirkt schon in jungen Jahren alt. Die graugrünen
Blatter sind klein und geteilt. Im Sommer trägt sie gelbe,
dotterblumenartige Blüten. Es gibt viele Zuchtformen
mit einer Vielzahl von Wuchsformen und Blütenfarben.
Alle Stilarten, außer dem Literatenstil, sind geeignet.
Für sehr kleine bis große Bonsai.
◉ Volle Sonne.
◊ Täglich während der Wachstumsperiode. Erde
niemals austrocknen lassen.
⚫ Alle zwei Wochen während der Wachstumsperiode.
▣ Jedes zweite Jahr im zeitigen Frühjahr mit
Grunderdmischung.
▩ Um eine zierliche, kompakte Form zu erhalten,
werden die neuen Triebe ständig zurückgeschnitten.
▣ Samen, Stecklinge.

Potentilla fruticosa 'Kobold' *Fünffingerkraut*
Diese kleine, kompakte Zuchtform hat gelbe Blüten. Sie
eignet sich für sehr kleine bis mittlere Größen. Stilarten
und Pflege wie *Potentilla fruticosa*.
▣ Stecklinge, Pfropfen.

Potentilla fruticosa 'Manchu' *Fünffingerkraut*
Reinweiße Blüten charakterisieren diese kompakte, klei-
ne Zuchtform. Sie eignet sich für sehr kleine bis mittlere
Größen. Stilarten und Pflege wie *Potentilla fruticosa*.
▣ Stecklinge, Pfropfen.

Potentilla fruticosa 'Tangerine' *Fünffingerkraut*
Die Blüten dieser Zuchtform haben ein seltenes
Gelborange. Geeignet für sehr kleine bis mittlere
Bonsai. Stilarten und Pflege wie *Potentilla fruticosa*.
▣ Stecklinge, Pfropfen.

Prunus avium *Vogelkirsche*
Im Alter wird die glatte, graue Rinde dieses Laubbau-
mes rot, rissig und schält sich ab. Attraktive Merkmale
sind die weißen Frühlingsblüten, kleine rötlich-purpur-
farbene Früchte und Laub, das im Herbst karmesinrot
wird. Geeignete Stilarten sind frei aufrecht, geneigt,
Halbkaskade, Kaskade, Doppel- und Mehrfachstamm,
Floßform, gewundene Form, Gruppenpflanzungen und
Saikei. Die Vogelkirsche sieht in allen Größen gut aus.
◉ Volle Sonne.
◊ Täglich während der Wachstumsperiode.
⚫ Alle zwei Wochen während der Wachstumsperiode.
▣ Jedes zweite Jahr im zeitigen Frühjahr mit
Grunderdmischung.
▩ Neue Triebe zurückschneiden, um eine gute
Form zu schaffen und zu erhalten.
▣ Samen.

Prunus avium 'Plena' *Gefüllte Vogelkirsche*
Eine Zuchtform mit gefüllten Blüten. Stilarten, Größen
und Pflege wie *Prunus avium*.
▣ Pfropfen.

Prunus cerasifera *Kirschpflaume*
Kleine, weiße Blüten erscheinen im Spätwinter bis ins zeitige Frühjahr in Massen an diesem Laubbaum. Stilarten, Größen und Pflege wie *Prunus avium*.

Prunus cerasifera 'Pissardii' *Rotblättrige Kirschpflaume*
Im Herbst wird das rote Laub dieses Baumes purpurrot. Im zeitigen Frühjahr hat er unzählige rosa Knospen, die sich weiß öffnen. Die Früchte sind purpurrot. Stilarten, Größen und Pflege wie *Prunus avium*.
◪ Pfropfen, Stecklinge.

Prunus dulcis *Mandelbaum*
Im Spätwinter und im zeitigen Frühjahr erscheinen zarte, rosa Blüten an den kahlen Ästen. Stilarten, Größen und Pflege wie *Prunus avium*.
◪ Pfropfen.

Prunus 'Hally Jolivette' *Hally-Jolivette-Kirsche*
Dieser elegante Baum hat zarte Zweige. Im Frühling trägt er Bündel von kleinen, halbgefüllten Blüten, die rosa überhaucht sind. Stilarten, Größen und Pflege wie *Prunus avium*.
◪ Pfropfen.

Prunus incisa *Fuji-Kirsche*
Im Herbst färbt sich das Laub dieses Baumes orange. Er trägt eine Vielzahl von rosa- weißen Blüten. Stilarten, Größen und Pflege wie *Prunus avium*.
◪ Pfropfen.

Prunus mahaleb *Felsenkirsche (Türkische Weichsel)*
Ein Baum mit kleinen, herzförmigen, glänzend grünen Blättern, die im Herbst gelb werden. Im zeitigen Frühjahr bringt er Unmengen von duftenden, weißen Blüten hervor. Die Früchte sind schwarz. Stilarten, Größen und Pflege wie *Prunus avium*.
◪ Samen, Pfropfen, um die Blüte zu beschleunigen.

Prunus mume *Japanische Aprikose*
Aus Japan kommen viele Zuchtformen dieses klassischen Baumes für Bonsai. Er wird dort auch Wilde oder Blühende Pflaume genannt. Im Spätwinter tragen die deutlich abgewinkelten Äste einfache oder gefüllte Blüten in Weiß, Rosa oder Rot (manchmal am selben Baum). Die Literaturform ist die populärste Stilart. (Seite 92/93)

Prunus padus *Gemeine Traubenkirsche*
Kleine bittere, purpurrote bis schwarze Früchte folgen den weißen, duftenden Blütentrauben. Stilarten, Größen und Pflege wie *Prunus avium*.

Prunus persica *Pfirsich*
Im zeitigen Frühjahr hat dieser Baum blaßrosa Blüten, gefolgt von den vertrauten, eßbaren, goldroten Früchten. Es gibt viele Zierformen, die häufiger für Bonsai verwendet werden. Stilarten, Größen und Pflege wie *Prunus avium*.
◪ Pfropfen.

Prunus persica 'Alboplena' *Pfirsich*
Eine Zuchtform mit gefüllten, weißen Blüten. Stilarten, Größen und Pflege wie *Prunus avium*.
◪ Pfropfen.

Prunus persica 'Klara Meyer' *Pfirsich*
Intensiv hellrosa gefüllte Blüten in der Frühlingsmitte kennzeichnen diesen Zierbaum. Die Blätter sind schmal, elliptisch und glänzend grün. Stilarten, Größen und Pflege wie *Prunus avium*.
◪ Pfropfen

Prunus persica 'Russell's Red' *Pfirsich*
Dieser Baum hat gefüllte, karmesinrote Blüten. Stilarten, Größen und Pflege wie *Prunus avium*.
◪ Pfropfen.

Prunus salicina *Japanische Pflaume*
Im Frühling erscheinen kleine, weiße Blüten am kahlen Holz. Im Herbst werden die Blätter leuchtend rot. Stilarten, Größen und Pflege wie *Prunus avium*.

Prunus serrulata *Bergkirsche*
Dieser Baum ist die Mutterpflanze vieler Zuchtformen, die für den Garten gezogen wurden, sich aber auch gut für Bonsai eignen. Vom Spätwinter bis zum Spätfrühling erscheinen einfache, halbgefüllte oder gefüllte Blüten mit Schattierungen in Weiß, Rosa oder Rot. (Seite 94)

Prunus serrulata 'Hisakura' *Bergkirsche*
Ein Baum mit dunkelrosafarbenen, einfachen Blüten. Stilarten, Größen und Pflege Seite 94.

Prunus serrulata 'Kanzan' *Bergkirsche*
Gefüllte, purpurrot-rosa Blüten sind die Hauptmerkmale dieses Baumes. Stilarten, Größen und Pflege Seite 94.

Prunus serrulata 'Kiku-shidare Sakura' *Bergkirsche*
Bei dieser Zuchtform erscheinen im zeitigen Frühjahr gefüllte, rosa Blüten vor den Blättern (Seite 94).

Prunus serrulata 'Shirotae' *Bergkirsche*
Dieser Baum hat duftende, weiße, halbgefüllte Blüten. Stilarten, Größen und Pflege Seite 94.

Prunus spinosa *Schlehe (Schwarzdorn)*
Im zeitigen Frühjahr besetzen kleine, weiße Blüten die kahlen, dornigen Äste dieses Baumes. Die Früchte sind schwarz. Stilarten, Größen und Pflege wie *Prunus avium* (Seite 92/93).

Prunus subhirtella 'Autumnalis' *Winterblühende Bergkirsche*
Ein Laubbaum mit schlanken, anmutigen Ästen und Zweigen. Im Herbst nehmen die kleinen, zarten Blätter eine leuchtende Färbung an. In Intervallen vom Spätherbst bis zum zeitigen Frühjahr erscheinen halbgefüllte, weiße Blüten an den kahlen Ästen. Stilarten, Größen und Pflege wie *Prunus avium*.
◪ Pfropfen.

Prunus subhirtella 'Autumnalis rosea' *Rosa, winterblühende Bergkirsche*
Dieser Baum hat blaßrosa, halbgefüllte Blüten. Meistens erscheinen sie im Frühling, manchmal auch in Schüben von Herbst bis Winter. Stilarten, Größen und Pflege wie *Prunus avium*.
☑ Pfropfen.

Prunus subhirtella 'Fukubana' *Rosa Frühlings-Bergkirsche*
Tiefrosa, halbgefüllte Blüten im zeitigen Frühjahr sind die Hauptmerkmale dieses Baumes. Stilarten, Größen und Pflege wie *Prunus avium*.
☑ Pfropfen.

Prunus tenella **Russische Zwergmandel**
Im zeitigen Frühjahr bedecken glänzende, rosa Blüten die Äste dieses Baumes. Für alle Größen, außer sehr klein und klein, geeignet. Stilarten und Pflege wie *Prunus avium*.
☑ Pfropfen, Stecklinge.

Prunus tomentosa **Koreanische Zierkirsche**
Ein Baum, der im zeitigen Frühjahr weiße oder rosa Blüten hat. Die jungen Triebe und die Unterseiten der Blätter sind flaumig. Stilarten, Größen und Pflege wie *Prunus avium*.
☑ Pfropfen, Samen.

Pseudocydonia sinensis siehe *Choenomeles sinensis*

Punica granatum **Granatapfel**
Dieser Laubbaum hat glänzende, längliche Blätter. Er trägt scharlachrote Blüten im Spätsommer oder zu Herbstbeginn und gelblich-rote Früchte (Seite 95).

Punica granatum 'Nana' *Zwerggranatapfel*
Alles an dieser Zuchtform ist zwergenhaft, angefangen bei der Größe, den feineren Blättern bis hin zu den kleineren Blüten und Früchten. Besonders gut geeignet für sehr kleine und kleine Bonsai. Stilarten und Pflege Seite 95.

Pyracantha angustifolia **Feuerdorn**
Ein immergrüner Strauch mit glänzenden, dunkelgrünen, ovalen Blättern. Im Sommer hat er kleine, weiße Blüten, die gelben, orangefarbenen oder scharlachroten Früchten vorangehen (Seite 96).

Pyracantha coccinea **Scharlachroter Feuerdorn**
Dieser immergrüne Strauch mit sehr kleinen Blättern hat im Frühsommer weiße Blüten, gefolgt von leuchtend roten Früchten. Stilarten, Größen und Pflege Seite 96.

Pyracantha coccinea 'Teton' *Zwergfeuerdorn*
Eine kompakte Zwergform mit gelb-orangefarbenen Früchten. Für die kleinsten Größen empfehlenswert. Stilarten und Pflege Seite 96.

Quercus cerris **Zerreiche**
Dieser Laubbaum ist widerstandsfähig und schnellwachsend. Seine gelappten, flaumigen Blätter sind im Frühling graugrün und im Herbst bronzefarben. Stilarten, Größen und Pflege Seite 97.

Quercus palustris **Sumpfeiche**
Ein Laubbaum mit eleganten, schlanken Ästen. Die gelappten, leuchtend grünen Blätter laufen spitz zu und werden im Herbst scharlachrot. Stilarten, Größen und Pflege Seite 97.

Quercus petraea **Traubeneiche**
Dieser Baum gleicht *Quercus robur*, hat aber längere Blätter und Stiele und bevorzugt etwas feuchtere Bedingungen. Stilarten, Größen und Pflege Seite 97.

Quercus robur **Stieleiche**
Ein langlebiger, langsamwachsender Laubbaum. Die gelappten Blätter sind glänzend gelbgrün und werden im Herbst bronzefarben (Seite 97).

Rhododendron indicum (Azalea indica) **Satsuki-Azalee**
Es gibt hunderte von immergrünen Satsuki-Azaleen-Zuchtformen mit kleinen, schmalen, dunkelgrünen Blättern. Sie blühen im Frühsommer in Weiß, Rosa, Rot und Purpurrot. An einer Pflanze gibt es oft verschiedene Blütenfarben und auch gestreifte, gesprenkelte oder gefleckte Blüten. Stilarten, Größen und Pflege Seite 98/99.

Rhododendron indicum 'Chinzan' *Satsuki-Azalee Chinzan*
Dieser Strauch hat kleine, tiefrosa Blüten mit rotem Schlund. Die Blätter sind klein, schmal und glänzend. Stilarten, Größen und Pflege Seite 98/99.

Rhododendron indicum 'Hakurei' *Satsuki-Azalee Hakurei*
Cremeweiße Blüten und glänzende, dunkelgrüne, zugespitzte Blätter sind für diese Zuchtform charakteristisch (Seite 98/99).

Rhododendron indicum 'Kaho' *Satsuki-Azalee Kaho*
Ein Strauch mit großen, trompetenförmigen Blüten in weichen, blassen Rosatönen (Seite 98/99).

Rhododendron indicum 'Kazan' *Satsuki-Azalee Kazan*
Diese kompakte, kleinblättrige Zuchtform hat kleine, rote Blüten. Stilarten, Größen und Pflege Seite 98/99.

Rhododendron indicum 'Kinsai' *Satsuki-Azalee Kinsai*
Diese Zuchtform hat tiefeingeschnittene, rote Blüten und kleine, schmale Blätter. Stilarten, Größen und Pflege Seite 98/99.

Rhododendron indicum 'Korin' *Satsuki-Azalee Korin*
Diese kompakte Zuchtform zeichnet sich durch kleine, rosa Blüten aus. Stilarten, Größen und Pflege Seite 98/99.

Rhododendron kiusianum *Kurume-Azalee*
Diese immergrüne oder halbimmergrüne Zwergazalee hat Blüten in purpurroten, roten und rosa Schattierungen. Stilarten, Größen und Pflege Seite 98/99.

Rhododendron × obtusum *Japanische Kurume-Azalee*
Eine immergrüne oder halb-immergrüne Azalee mit roten Blüten und kleinen, glänzenden Blättern (Seite 98/99).

Ribes sanguineum *Johannisbeere*
Im zeitigen Frühjahr bringt dieser laubabwerfende Strauch rosa Blütentrauben hervor. Die kleinen, gelappten Blätter haben einen charakteristischen, beißenden Geruch. Geeignete Stilarten sind: frei aufrecht, geneigt, Halbkaskade und Kaskade. Für sehr kleine bis mittlere Bonsai.
- ◉ Volle Sonne oder Schatten.
- ◍ Täglich während der Wachstumsperiode.
- ⦂ Alle zwei Wochen im Sommer.
- ▣ Jedes zweite Jahr im Frühling mit Grunderdmischung.
- ◩ Nach der Blüte stark zurückschneiden, danach ständig neue Triebe einkürzen.
- ▥ Stecklinge, Absenken.

Robinia pseudoacacia *Scheinakazie, Robinie*
Dieser Laubbaum hat eine rauhe Rinde und gefiederte Blätter. Im Frühsommer hat er weiße, hülsenfruchtartige Blüten. Geeignet für frei aufrecht, geneigt, Halbkaskade, Kaskade, Doppel-, Mehrfachstamm und Gruppen. Für alle Größen.
- ◉ Volle Sonne.
- ◍ Täglich während der Wachstumsperiode.
- ⦂ Alle zwei Wochen während der Wachstumsperiode.
- ▣ Jedes zweite Jahr im Frühling mit Grunderdmischung.
- ◩ Neue Triebe während der Wachstumsperiode ständig zurückschneiden, um die Form zu gestalten und zu erhalten.
- ▥ Samen, Stecklinge, Absenken.

Sageretia thea *Sageretie*
Die rauhe Rinde dieses zarten, immergrünen Strauches schält sich in Platten ab. Die kleinen, ovalen Blätter hängen an schlanken Ästen. Im Sommer hat die Sageretie weiße Blüten und danach blaue Früchte (Seite 100).

Salix babylonica *Trauerweide*
Ein Laubbaum mit langen, schmalen Blättern und schlanken, biegsamen, hängenden Ästen (Seite 101).

Salix helvetica *Schweizer Weide*
Dieser buschige Strauch hat kleine, flaumige, graugrüne Blätter und im zeitigen Frühjahr gelbe Kätzchen. Die besten Größen sind sehr klein bis mittelgroß. Stilarten und Pflege Seite 101.

Salix repens *Kriechweide*
Diese kompakte Weide hat kleine, gräulich-grüne Blätter, die auf den Unterseiten silbrig-weiß sind. Im Frühling trägt sie gelbe Kätzchen. Stilarten, Größen und Pflege wie *Salix helvetica* (Seite 26/27).

Sasa veitchii *Zwergbambus*
Ein immergrünes Gras mit purpurrot-grünen Rohren und schmalen Blättern, die sich im Herbst und Winter bunt färben. Eine Pflanze, die sich nicht für Bonsai eignet, aber eine gute Akzentpflanze abgibt (Seite 46/47).
- ◉ Halbschatten.
- ◍ Reichlich gießen.
- ⦂ Im Sommer jede Woche.
- ▣ Jedes Jahr im Spätfrühling mit wasserdurchlässiger Erdmischung.
- ◩ Um die Höhe zu regulieren, wird der Mitteltrieb entfernt. Die Stengel werden im Sommer bis zur Erdoberfläche zurückgeschnitten.
- ▥ Teilen.

Schefflera actinophylla *Schefflera*
Dieser zarte, immergrüne Baum wird in gemäßigten Breiten als Zimmerpflanze gezogen. Er hat glänzende grüne Blätter an langen Stielen. Der hellgraue Stamm neigt dazu, Luftwurzeln zu bilden. Geeignete Stilarten sind frei aufrecht, felsumfassende Form, Doppel- und Mehrfachstamm, Gruppen und Saikei; für kleine bis mittelgroße Bonsai.
- ◉ Helles Licht. Warmer Standort, Mindesttemperatur 16 °C.
- ◍ Im Sommer zweimal in der Woche, im Winter alle vierzehn Tage.
- ⦂ Im Sommer einmal im Monat.
- ▣ Jedes zweite Jahr im Frühling mit wasserdurchlässiger Erdmischung.
- ◩ Triebspitzen stark zurückschneiden, um Verzweigung anzuregen.
- ▥ Stecklinge.

Sequoia sempervirens *Küsten-Sequoie (Rotholz)*
Der höchste Baum der Welt wird bis zu 115 Meter hoch und ist eine Küstensequoie. Diese immergrüne Konifere ist konisch geformt mit abgeflachten, nadelartigen Blättern und einer schwammigen, rotbraunen Rinde. Geeignete Stilarten sind streng aufrecht, frei aufrecht, geneigt, Doppel- und Mehrfachstamm und Gruppenpflanzungen. Für kleine bis sehr große Bonsai.
- ◉ Volle Sonne.
- ◍ Täglich während der Wachstumsperiode.
- ⦂ Alle zwei Wochen während der Wachstumsperiode.
- ▣ Alle drei bis vier Jahre im zeitigen Frühjahr mit Grunderdmischung.
- ◩ Um eine Form zu schaffen und zu erhalten, werden die neuen Triebe ständig eingekürzt.
- ▥ Samen, Stecklinge.

Sequoiadendron giganteum *Mammutbaum*
Eine konische, immergrüne Konifere mit hängenden Zweigen, die mit glänzend grünem, schuppenartigem Laub bedeckt sind. Die Rinde ist dick und schwammig (Seite 102).

Serissa foetida *Junischnee (Baum der tausend Sterne)*
Unmengen von kleinen, weißen Blüten erscheinen im Sommer an diesem immergrünen Strauch. Die Blätter sind klein und oval; die Rinde und die Wurzeln haben einen unangenehmen Geruch (Seite 103).

Sophora japonica *Japanischer Schnurbaum*
Ein Laubbaum mit gefiederten Blättern. Im Spätsommer haben ältere Bäume weiße, hülsenfruchtartige Blüten. Geeignet für frei aufrecht, geneigt, Halbkaskade, Kaskade, Doppel- und Mehrfachstamm und Gruppen. Für alle Größen.
- ◉ Volle Sonne.
- ◊ Täglich während der Wachstumsperiode.
- ⚡ Alle zwei Wochen während der Wachstumsperiode.
- ▣ Jedes zweite Jahr im zeitigen Frühjahr mit Grunderdmischung.
- ▧ Neue Triebe zurückschneiden, um eine Form zu schaffen und zu erhalten.
- ✂ Samen, Stecklinge.

Sorbus aucuparia *Eberesche*
Im Herbst werden die gefiederten Blätter dieses Laubbaumes goldgelb und orange. Im Frühling hat die Eberesche weiße Blüten und im Herbst rote Früchte (Seite 104).

Sorbus cashmiriana *Kaschmir-Eberesche*
Ein Laubbaum mit weißen Blüten und Früchten und dunkelgrünen, gefiederten Blättern. Stilarten, Größen und Pflege Seite 104.

Sorbus commixta *Koreanische Eberesche*
Das junge Laub dieses Laubbaumes ist kupferfarben und hat im Herbst eine leuchtende Färbung. Stilarten, Größen und Pflege Seite 104.

Sorbus 'Joseph Rock' *Joseph Rock-Eberesche*
Ein Hauptmerkmal dieses Laubbaumes ist das orangefarbene, kupferfarbene und purpurrote Herbstlaub sowie die weißen Blüten und gelben Früchte. Stilarten, Größen und Pflege Seite 104.
- ✂ Pfropfen.

Spiraea japonica *Japanischer Spierstrauch*
Vom Hochsommer an bringt dieser laubabwerfende Strauch flache, rosa Blütendolden hervor. Die Blätter sind klein, gezahnt und oval. Für folgende Stilarten: frei aufrecht, geneigt, Halbkaskade Kaskade, Mehrfachstamm und Saikei. Für sehr kleine bis mittelgroße Bonsai.
- ◉ Volle Sonne.
- ◊ Täglich während der Wachstumsperiode.
- ⚡ Alle zwei Wochen während der Wachstumsperiode.
- ▣ Jedes zweite Jahr im Frühling mit Grunderdmischung.

- ▧ Neue Triebe nach der Blüte und noch einmal im Sommer stark zurückschneiden.
- ✂ Stecklinge.

Spiraea thunbergii *Spierstrauch*
Dieser laubabwerfende Strauch hat im zeitigen Frühling kleine, weiße Blüten. Die Blätter sind schmal und gezahnt. Stilarten, Größen und Pflege wie *Spiraea japonica*.

Stewartia grandiflora siehe **Stewartia pseudocamellia**

Stewartia monodelpha *Scheinkamelie*
Im Herbst werden die ovalen Blätter dieses kalkmeidenden, laubabwerfenden Zwergstrauches oder kleinen Baumes glänzend scharlachrot und purpurrot. Im Sommer blüht die Scheinkamelie weiß. Die Rinde ist glänzend und kupferfarben (Seite 105).

Stewartia pseudocamellia (**Stewartia grandiflora**)
Scheinkamelie
Kalkmeidender, laubabwerfender Strauch oder kleiner Baum mit rotgelbem Laub im Herbst. Die Scheinkamelie hat weiße Blüten und eine abblätternde Rinde. Stilarten, Größen und Pflege Seite 105.

Stuartia monodelpha siehe **Stewartia monodelpha**

Styrax japonica *Japanischer Storaxbaum*
Die fächerförmigen Äste dieses kalkmeidenden, laubabwerfenden Strauches tragen ovale Blätter und im Frühsommer weiße, glockenförmige Blüten. Geeignet für frei aufrecht, geneigt, Wurzel-über-dem-Felsen-Stil, Doppel- und Mehrfachstamm. Für alle Größen.
- ◉ Volle Sonne.
- ◊ Täglich während der Wachstumsperiode.
- ⚡ Alle zwei Wochen mit Spezialdünger.
- ▣ Jedes zweite Jahr im zeitigen Frühjahr mit kalkfreier Erdmischung.
- ▧ Im Sommer ständig zurückschneiden, um eine Form zu schaffen und zu erhalten.
- ✂ Stecklinge, Absenken, Samen.

Syringa patula *Koreanischer Flieder*
Dieser laubabwerfende Strauch hat ovale Blätter und zur Frühlingsmitte lila-rosa Blüten mit starkem Duft. Geeignete Stilarten sind alle Felsenstile, Doppel-, Mehrfachstamm, Gruppen und Saikei. Für sehr kleine bis mittelgroße Bonsai.
- ◉ Volle Sonne.
- ◊ Täglich während der Wachstumsperiode.
- ⚡ Alle zwei Wochen während der Wachstumsperiode.
- ▣ Jedes zweite Jahr im Frühling mit Grunderdmischung.
- ▧ Nach der Blüte und falls notwendig im Sommer neue Triebe zurückschneiden.
- ✂ Stecklinge, Teilen, Absenken.

Tamarix chinensis *Tamariske*

Purpurrote oder bräunlich-rosa Blüten im Frühling und Sommer und schuppenartiges Laub sind die Hauptmerkmale dieses laubabwerfenden Strauches oder kleinen Baumes. Sein gebrechliches, zartes Aussehen wird durch seine Widerstandsfähigkeit Lügen gestraft (Seite 106).

Taxodium distichum *Sumpfzypresse*

Eine laubabwerfende Konifere mit rotbrauner Rinde und hellgrünen, nadelartigen Blättern, die sich im Herbst orange färben. Geeignete Stilarten sind streng aufrecht, frei aufrecht, geneigt, alle Felsenstile, Doppelstamm, Mehrfachstamm und Gruppen. Für alle Größen.

- ◉ Volle Sonne, im Sommer schattieren.
- ◊ Täglich während der Wachstumsperiode. Im Sommer in eine flache Wasserschale stellen, im Winter feucht halten.
- ⚇ Alle zwei Wochen während der Wachstumsperiode.
- ▣ Jedes zweite Jahr im Spätfrühling mit wasserdurchlässiger Erdmischung.
- ◩ Neue Triebe während der Wachstumsperiode zurückzupfen.
- ⊡ Samen, Stecklinge, Absenken.

Taxus baccata *Gemeine Eibe*

Diese immergrüne Pflanze hat dunkelgrüne, nadelartige Blätter. Weibliche Bäume haben glänzende, rosarote Früchte (Seite 107).

Taxus cuspidata *Japanische Eibe*

Dieser Baum ist der *Taxus baccata* sehr ähnlich, hat aber leuchtendere Blätter mit blasseren Unterseiten. Weibliche Bäume haben tiefrosa Früchte mit deutlich hervortretenden Samen (Seite 108).

Taxus cuspidata 'Nana' *Japanische Zwergeibe*

Dichtes Laub ist ein Merkmal dieser Zwergform. Geeignet für sehr kleine bis kleine Größen. Stilarten und Pflege Seite 108.

Thymus serpyllum *Thymian*

Ein immergrüner Zwergstrauch mit mauvefarbenen, rosa oder weißen Blüten und kleinen, würzigen Blättern. Wenn er sehr klein ist, kann man ihn zu allen Stilarten gestalten. Sonst als Akzentpflanze und als Zusatzpflanze bei Felspflanzungen und Saikei und als Bodendecker bei Gruppen geeignet.

- ◉ Volle Sonne.
- ◊ Täglich während der Wachstumsperiode.
- ⚇ Alle zwei Wochen während der Wachstumsperiode.
- ▣ Jedes zweite Jahr, gleich zu welcher Jahreszeit mit Grunderdmischung.
- ◩ In Form schneiden.
- ⊡ Stecklinge.

Tilia cordata *Winterlinde*

Dieser Laubbaum hat limonengrüne, herzförmige Blätter, einen glatten, grauen Stamm und im Sommer duftende, cremefarbene Blüten. Geeignet für alle Stilarten, außer der Literatenform, und für alle Größen.

- ◉ Volle Sonne oder Schatten.
- ◊ Täglich während der Wachstumsperiode.
- ⚇ Alle zwei Wochen während der Wachstumsperiode.
- ▣ Jedes zweite Jahr im zeitigen Frühjahr mit Grunderdmischung.
- ◩ Um eine gute Form zu schaffen und zu erhalten, Triebe ständig zurückschneiden.
- ⊡ Samen, Stecklinge.

Tsuga canadensis *Kanadische Hemlocktanne*

Diese immergrüne Konifere ist der *Tsuga heterophylla* sehr ähnlich, wächst aber in der Natur doppel- und mehrfachstämmig. Sie hat nadelartige Blätter. Stilarten, Größen und Pflege Seite 109.

- ▣ Jedes zweite Jahr im Frühling mit wasserdurchlässiger Erdmischung.
- ◩ Während der Wachstumsperiode neue Triebe zurückzupfen.
- ⊡ Samen, Stecklinge, Pfropfen von namhaften Zuchtformen.

Tsuga canadensis 'Nana' *Kanadische Zwerghemlocktanne*

Eine zarte, kompakte Zwergform. Für kleine und mittlere Größen geeignet. Stilarten und Pflege Seite 109.

- ▣ Jedes zweite Jahr im Frühling mit wasserdurchlässiger Erdmischung.
- ◩ Während der Wachstumsperiode neue Triebe zurückzupfen.
- ⊡ Pfropfen.

Tsuga canadensis 'Pendula' *Kanadische Zwerghemlocktanne*

Zarter, gewölbter Wuchs zeichnet diese Zwergtannenform aus. Das hellgrüne, neue Laub kontrastiert zu den dunkelgrünen, älteren Blättern. Geeignet für kleine bis mittelgroße Bonsai. Stilarten und Pflege Seite 109.

- ▣ Jedes zweite Jahr im Frühling mit wasserdurchlässiger Erdmischung.
- ◩ Während der Wachstumsperiode neue Triebe zurückzupfen.
- ⊡ Stecklinge, Pfropfen.

Tsuga heterophylla *Westamerikanische Hemlocktanne*

Eine zierliche, anmutige, immergrüne Konifere. Die kurzen, nadelartigen Blätter sind zuerst hellgrün und dunkeln, wenn sie älter werden, nach (Seite 109).

Ulmus × elegantissima 'Jacqueline Hillier' *Jacqueline Hillier-Ulme*

Ein Laubbaum mit zierlicher, dichter Gestalt und kleinen, gezahnten Blättern. Für alle Stilarten und Größen geeignet.

- ◉ Volle Sonne. Vor Frost schützen.
- ◊ Täglich während der Wachstumsperiode. Bei sehr heißem Wetter noch häufiger. Im Winter feucht halten.
- ⚇ Im ersten Monat nach der Blattknospenöffnung einmal pro Woche, danach alle zwei Wochen bis zum Spätsommer.
- ▣ Jedes zweite Jahr im zeitigen Frühjahr mit wasserdurchlässiger Erdmischung.

Während der Wachstumsperiode neue Triebe zurückschneiden.

Stecklinge, Pfropfen.

Ulmus minor *Bergulme*
Im Herbst werden die stumpfgrünen Blätter dieses Laubbaumes gelb. Die Rinde ist graubraun. Stilarten, Größen und Pflege wie *Ulmus × elegantissima* 'Jacqueline Hillier'.

Samen, Stecklinge, Wurzelstecklinge.

Ulmus parvifolia *Chinesische Ulme*
Dieser Laubbaum ist die beste Ulme für die Bonsai-Gestaltung. Die kleinen, gesägten, leuchtend grünen Blätter halten sich bis zum Winter. Die Wurzeln sind lang und biegsam (Seite 110).

Ulmus parvifolia '**Hokkaido**' *Chinesische Ulme*
Diese Zuchtform hat winzige, leuchtend grüne Blätter an zarten Zweigen. Geeignet für sehr kleine bis mittlere Bonsai. Stilarten und Pflege Seite 110.

Stecklinge.

Ulmus parvifolia *variegata Buntblättrige chinesische Ulme*
Ein Baum mit bunten Blättern in grün und weiß. Stilarten, Größen und Pflege Seite 110.

Ulmus procera *Englische Ulme*
Dieser Laubbaum hat eine rissige, gräuliche Rinde und dunkelgrüne, im Herbst goldfarbene Blätter (Seite 110).

Vitis vinifera *Weinrebe*
Diese laubabwerfende Kletterpflanze hat dunkelgrüne, gelappte Blätter und im Herbst grüne oder purpurrote, eßbare Früchte. Geeignet für folgende Stilarten: frei aufrecht, geneigt, Halbkaskade, Kaskade und Wurzel-über-dem-Felsen-Stil. Für alle Größen.

Volle Sonne.

Täglich während der Wachstumsperiode.

Alle zwei Wochen im Sommer.

Jedes zweite Jahr im zeitigen Frühjahr mit Grunderdmischung.

Während der Wachstumsperiode neue Triebe zurückschneiden.

Stecklinge, Pfropfen, Absenken.

Weigela florida *Weigelie*
Ein laubabwerfender Strauch mit trompetenförmigen, rosenrosafarbenen Blüten im Frühsommer und ovalen Blättern. Geeignete Stilarten sind frei aufrecht, geneigt, Halbkaskade, Kaskade, Doppelstamm, Mehrfachstamm und Gruppen. Für mittlere bis große Bonsai:

Halbschatten.

Täglich während der Wachstumsperiode.

Alle zwei Wochen während der Wachstumsperiode.

Jedes zweite Jahr im zeitigen Frühjahr mit Grunderdmischung.

Nach der Blüte neue Triebe zurückschneiden, im Sommer ständig neue Triebe einkürzen.

Stecklinge, Absenken.

Wisteria floribunda *Japanische Glyzine*
Hauptmerkmale dieser laubabwerfenden Kletterpflanze sind die langen Trauben von duftenden bläulich-purpurroten Blüten im Spätfrühling und glänzende grüne, gefiederte Blätter (Seite 112).

Wisteria sinensis *Chinesische Glyzine*
Diese sehr wuchsfreudige, laubabwerfende Kletterpflanze ähnelt *Wisteria floribunda*, aber die Blütentrauben sind kürzer und die Blüten duften stärker. Stilarten, Größen und Pflege Seite 112.

Zelkova serrata *Japanische Ulme*
Im Herbst werden die gesägten Blätter dieses Laubbaumes rot und bronzefarben. Die Rinde ist glatt und grau (Seite 113).

Zelkova serrata *variegata Buntblättrige Japanische Ulme*
Diese Zuchtform hat gefärbte Blätter in cremeweiß und grün. Stilarten, Größen und Pflege Seite 113.

Zelkova serrata '**Yatsubusa**' *Japanische Zwergulme*
Die Blätter dieser kompakt wachsenden Sorte sind nur ein Viertel so groß wie die der Art. Stil, Größe und Pflege Seite 113.

Stecklinge.

Zelkova serrata '**Yatsubusa variegata**' *Japanische Zwergulme*
Die Blätter dieser Zwergform sind grün-weiß panagiert. Stil, Größe und Pflege Seite 113.

Stecklinge.

Fachausdrücke

Abmoosen Eine Vermehrungsmethode, die die Bewurzelung an
einem Stamm oder Ast fördert.

Akzentpflanze (Komplementärpflanze) Eine eigene, oft jahreszeitliche
Pflanzung von Gräsern, Zwiebel-
gewächsen, oder kleinen, krautigen
Pflanzen, die mit einem Bonsai
präsentiert wird.

Altes Holz Ein Zweig, Ast oder
Stamm, der im Vorjahr oder früher
entstanden ist.

Anzuchtbeet Der Boden, der für
Sämlinge oder junge Pflanzen benutzt
wird.

Art Eine Klassifizierungseinheit für
Pflanzen mit besonderen Charakteristika, der Name wird durch das
zweite Wort des botanischen Namens
gekennzeichnet. (z.B. *Picea abies*)

Auflaufen Der Zeitpunkt, an dem
ein Samen anfängt zu wachsen.

Ausgraben Das Herausnehmen einer
Pflanze aus der Erde mit intaktem
Wurzelballen

Bodendecker Beschreibung einer
Pflanze, die am Boden entlang
wächst.

Breitblättrig Ein breites, flaches
Blatt im Gegensatz zu Nadeln.

Erwachsenes Laub Die ausgereiften
Blätter eines Baumes, der ein deutlich
verschiedenes, jugendliches Laub hat.

Frucht Der samentragende Teil einer
Pflanze, der eine fleischige Beere, eine
Nuß oder Hülse sein kann.

Gattung Die Klassifizierungseinheit
einer Gruppe von eng verwandten
Pflanzen. Der Gattungsname ist der
erste Teil des botanischen Namens
(z.B. *Picea*).

Gelapptes Blatt siehe unter zusammengesetztes Blatt.

Gesammelter Baum Ein auf natürliche Weise kleingebliebener Baum,
den man in der freien Natur gefunden
hat.

Gestalt Das charakteristische
Wachstumsmuster einer Pflanze
(z.b. aufrecht oder hängend).

Geteiltes Blatt Zusammengesetztes
Blatt.

Haupttrieb Ein Trieb an der Spitze
des Astes, der den Längenwuchs
verursacht. Bei Bonsai ist es normalerweise die höchste Fortsetzung
des Stammverlaufes.

Immergrün Eine Pflanze oder ein
Baum, der seine Blätter das ganze
Jahr über behält.

Internodienabstand Die Länge des
Stengels zwischen zwei Internodien.

Jugendliches Laub Junge Blätter
eines Baumes, die sich deutlich vom
erwachsenen Laub unterscheiden.

Kalium (K) Ein wichtiges Element
der Pflanzenernährung. Verantwortlich für kräftigen Zuwachs, für
Blütenbildung und Früchte.

Kallus Korkiges Gewebe, welches
sich über einer Wunde am Ast bildet.

Kambium Eine schmale Zellgewebe-
schicht zwischen der Rinde und dem
Holz. Das Kambium ist bei lebendem
Holz grün und feucht.

Keimfähigkeit Die Fähigkeit eines
Samens zu keimen.

Knospenaufbruch Der Augenblick,
bei dem sich eine Knospe so weit
geöffnet hat, daß eine grüne Spitze
zu sehen ist.

Knoten Der Punkt an einem Zweig
oder Ast, wo Knospen und Zweige
erscheinen; auch der Punkt, wo ein
neuer Trieb entstehen kann.

Konifere Ein Baum, der Zapfen mit
Samen trägt. Die meisten Koniferen
sind immergrün.

Kreuzung Eine Hybride, die durch
die Kreuzung verschiedener Arten
und Varietäten entstand.

Krone Der obere, verzweigte Teil
des Baumes.

Lage (Aspekt) Eine Position in eine
bestimmte Richtung, besonders in
Richtung Wind oder Sonnenlicht.

Larve Eine flügellose Raupe oder das
zweite Stadium in der Entwicklung.

Laubabwerfend Beschreibt einen
Baum oder Strauch, der jedes Jahr
seine Blätter verliert und meistens den
ganzen Winter über kahl bleibt.

Lehm Teil einer ausgewogenen
Mischung aus Lehm, scharfem Sand
und kompostierten, organischen
Teilen.

Luftfeuchtigkeit Die Menge der
Feuchtigkeit in der Luft.

Nadeln Ein Blatt, das sehr schmal
und ziemlich hart ist.

Neues Holz Zweige, Äste oder
Stengel des diesjährigen Zuwachses.

NPK Abkürzung für die Bezeichnung
der ungefähren Mengenverhältnisse
von Stickstoff (N), Phosphor (P) und
Kalium (K), die im Dünger enthalten
sind.

Perlit Leichtgewichtige, grobe
Körner aus vulkanischem Gestein, die
die Feuchtigkeit und Durchlüftung
der Pflanzerde gewährleisten.

Pfahlwurzel Eine lange Veranke-
rungswurzel, die senkrecht nach
unten in die Erde wächst. Oft die
erste ungeteilte Wurzel eines
Sämlings.

Phosphor (P) Ein wichtiges Element
der Pflanzenernährung für die
Wurzelbildung und für das Reifen
der Früchte und Samen.

Reis Ein verholzter Stengel oder
kleiner Teil der Pflanze, der bei der
Vermehrungsmethode des Pfropfens
auf den Wurzelstock einer anderen
Pflanze gepfropft wird. Die Charakteristika der neuen Pflanze entsprechen
denen des Reises.

Schneiden Das Einkürzen von Trieben, Blättern und Stengeln, um das Wachstum zu kontrollieren und die Pflanze zu formen.

Schnittpaste siehe unter Wundverschlußmittel.

Schößlinge Neue Triebe einer Pflanze, die von der Stammbasis entweder ober- oder unterirdisch entspringen.

Spagnum-Moos Ein Moos, das sehr viel Wasser aufnehmen kann und an feuchten Standorten zu finden ist. Man benutzt es beim Abmoosen oder zum Feuchthalten von Wunden.

Spitze Bei einem Bonsai bedeutet das der oberste Teil des Baumes.

Stickstoff (N) Ein wichtiges Element der Pflanzenernährung, besonders für das oberirdische Wachstum und für Blätter und Stengel.

Stock siehe Wurzelstock.

Stratifizieren Damit Samen zur Keimung angeregt werden, gräbt man sie in feuchten Sand ein und setzt sie vor der Aussaat der Kälte aus.

Sukkulente Pflanzen mit fleischigen Stengeln und Blättern, die große Mengen von Feuchtigkeit speichern können.

Synonym Ein alternativer botanischer Name für eine Pflanze, normalerweise eine alte oder ungültige Klassifikation.

Systemisch Beschreibung eines Insektizids oder Fungizids, welches in den Pflanzensaft eindringt und von innen die Krankheiten oder Schädlinge angreift.

Teilen Vermehrungsmethode bei strauchigen Pflanzen. Man teilt den Wurzelballen und pflanzt die einzelnen Teile gesondert ein.

Tokoname Eine Region in Japan, die ein Zentrum für die Herstellung und den Export für Bonsai-Schalen ist.

Topiary Formschnitt.

Torf Teilweise kompostiertes, organisches Material, das man in Mooren findet. Es hilft, Feuchtigkeit in der Pflanzenerde zu halten.

Trauben Viele individuelle Blüten entwickeln sich mit ihren Stengeln von einem Hauptstengel aus.

Tuffstein Eine sehr poröse, wasserspeichernde Kalksteinart, die leicht bearbeitet werden kann und manchmal bei Bonsai-Pflanzungen benutzt wird.

Übersprühen Mit einem Sprüher, der das Wasser in feine Partikel teilt, wird eine hohe Luftfeuchtigkeit erzeugt.

Umtopfen Das regelmäßige Herausnehmen einer Pflanze aus der Schale. Normalerweise jedes Jahr in frische Erde, um das Wurzelwachstum anzuregen.

Unterart Eine Einheit der Pflanzenklassifikation für eine natürlich vorkommende Variante der Hauptart.

Varietät Die natürlich vorkommende Variante einer Baumart.

Verbrennen Blattschaden durch starke Sonneneinwirkung oder Wind. Wurzelschaden durch Überdosis von Düngern.

Verholzt Beschreibung eines verhärteten Pflanzenstengels, der bei Kälte oder in der Vegetationsruhe nicht abstirbt.

Winterhart Eine Pflanze, die Winterfrösten widersteht.

Wundverschlußmittel Eine Substanz, die Schnitte an Ästen oder am Stamm versiegelt. Das Wundverschlußmittel verhindert das Ausbluten der Pflanze und den Feuchtigkeitsverlust und hilft somit heilen.

Wurzelballen Die Wurzelmasse und Erde, die zu sehen ist, wenn man die Pflanze aus der Schale oder Erde nimmt.

Wurzelschnitt Das Zurückschneiden von Wurzeln einer Pflanze, die in einer Schale steht, um neues Wurzelwachstum anzuregen.

Wurzelstock Das Wurzelsystem und der Hauptstamm, der bei der Vermehrung durch Pfropfen als Grundlage für die neue Pflanze genommen wird. Der Wurzelstock verhilft der Pflanze zu starkem Wuchs.

'Yatsubusa' Eine spezielle Zwergform mit kürzeren Internodienabständen, mehr Knospen und dichterem Spitzenwachstum.

Zarte Pflanze Beschreibung einer Pflanze, die Frost nicht übersteht und abstirbt, wenn sie bei Kälte draußen bleibt.

Zierpflanze Pflanze, die wegen der Schönheit ihres Laubes oder ihrer Blüten und nicht zur Nutzung gezogen wird.

Zuchtform Eine Variante, die durch Züchtung entstand; außer ihrem botanischen Namen trägt sie in Anführungszeichen den Sorten namen (z.B. *Picea abies* 'Little Gem').

Zurückfrieren Das Absterben von jungen Trieben durch Kälte.

Zurückzupfen Eine Gestaltungsmethode, wobei weiche, neue Triebe mit den Fingern sanft entfernt werden.

Zusammengesetztes Blatt Ein Blatt, das sich aus mehreren, ähnlichen Blättchen zusammensetzt.

Zusätzliche Pflanze Ein anderer Ausdruck für eine Akzentpflanze, auch eine zusätzliche Pflanze, die als Unterpflanzung für eine Bonsai-Gruppe benutzt wird.

Zwergform Eine Zuchtform oder Varietät, die der Hauptart sehr ähnelt, aber kleiner ist.

Zwitterpflanze Eine sich selbstbefruchtende Pflanze mit weiblichen und männlichen Fortpflanzungsorganen.

Register

*verweist auf Abbildungen

Die Deutsche Bibliothek–
CIP-Einheitsaufnahme

Bonsai / Harry Tomlinson.
[Fotos: Paul Goff ...
Übers. aus dem Engl.:
Krista Leach]. –
München ; Wien ; Zürich :
BLV, 1996
Einheitssacht.: Pocket
encyclopedia of bonsai
<dt.>
ISBN 3-405-14850-2
NE: Tomlinson, Harry;
Goff, Paul; Leach, Krista
[Übers.]; EST

Bildnachweis
Paul Goff außer Einklinker
S. 10, S. 16, S. 34–5,
S. 184–5, Autor
S. 41 Reiner Goebel
S. 102 Dan Barton
S. 182–3 Bill Jordan
Illustrationen: David
Ashby
Einbandfotos Paul Goff

Danksagung
Ich bedanke mich bei allen,
die mir auf vielfältige Art
und Weise geholfen haben,
unter anderem auch
dadurch, daß sie mir ihre
Pflanzen oder Schalen für
Fotos zur Verfügung gestellt
haben: Mark Abbott, Bryan
Albright, Dan Barton, Mar-
tin Bradder, Gordon Duffet,
Petra Engelke, Reiner
Goebel, Paul Goff, Hoka-en
(Holland), Bill Jordan,
Dorothy Koreshoff, Mike
Limb, Mike Lorimer, John
Naka, Geoff Owen, Roy
Payne, Marcel Sallin, Roy
Stenson, Hotsumi Teraka-
wa, Christine Tomlinson,
Corin Tomlinson, Harry
Tomlinson (sen.), Paul Tom-
linson, William Valavanis.

Kunstvoll gestaltete Natur

Paul Lesniewicz
Bonsai
Miniaturbäume
Bonsai-Formen, Aufzucht, Gestaltung, Kauf
und Pflege; Bonsai für die Wohnung; Fachwörter
und Pflanzennamen, Tabellen zur Pflege und
Gestaltung; Clubs und Fachhandel.

Werner M. Busch
**Bonsai aus heimischen
Bäumen und Sträuchern**
Anzucht, Gestaltung, Pflege
Aus heimischen Pflanzen reizvolle Bonsai kulti-
vieren: 30 attraktive Beispiele; Anzucht, Gefäße,
Gestaltung; praktische Handgriffe – z.B. Rück-
schnitt, Drahten, Anpfropfen – Schritt für
Schritt mit vielen Arbeitsfotos.

Willi Benz / Paul Lesniewicz
Chinesische Bonsai
Penjing
Geschichte, Gestaltung,
Gesunderhaltung und Pflege
Gestaltungstechniken – z. B. Schneiden, Binden,
Drahten; Gestaltungsstile, Werkzeuge, Pflege-
maßnahmen, optimale Präsentation.

Paul Lesniewicz
Bonsai im Haus
Indoors richtig pflegen und gestalten
Geschichte, Grundlagen erfolgreicher Pflege,
Formen und Gestalten, Pflanzungs-Beispiele; die
50 schönsten Indoors aus aller Welt.

Paul Lesniewicz
Bonsai für die Wohnung
Die schönsten Indoor-Bonsai-Arten: Standort-
ansprüche, Pflege, Pflanzenschutz, Gestaltungs-
anregungen, Anzucht.

Willi Benz
Suiseki
Kunstwerke der Natur – präsentiert
von Menschen
Landschafts- und Objektsteine – geschaffen
durch die Natur: Kunstwerke aus Stein, die
durch eine gelungene Kombination von Form,
Farbe und Oberfläche eine große Ausstrahlungs-
und Suggestivkraft besitzen.